一年中楽しめる コンテナ野菜づくり

85種

金田初代 著
金田洋一郎 写真

西東社

▲単体植えの冬野菜も段差をつけて並べると寄せ植え同様見た目に美しく、晩秋から冬に寒さで際立つ野菜のガーデンが楽しめる

見て楽しい、
食べて
おいしい、

喜びいっぱいのコンテナ菜園

日当たりのよいテラスやベランダ、玄関周り、また住まいの周辺にコンテナを置くちょっとしたスペースがあれば、野菜づくりが楽しめます。野菜やハーブを自分で育てれば、葉、花、実の色や形の面白さが身近に見られます。少しずつ大きくなっていく生命力に感動。さらに、収穫後の味わいに感激。食卓での会話も弾むことでしょう。

▼グーズベリーを中心にして葉色の異なるキャベツとレタスの仲間チマサンチュを植えたコンテナ。小果樹を利用すると野菜を収穫した後に、別の野菜を植え込んで変化が出せる

▶玄関前にコンテナを置くときは、コンテナも木製やテラコッタでちょっとおしゃれに。ハンギングバスケットは、空中に浮かぶハーブと野菜のベジタブルガーデン。見ているだけでワクワクする

草花、小果樹、ハーブと野菜の寄せ植え

大型のコンテナは狭いスペースにいくつも置くことはできませんが、一つのコンテナにいくつかの種類の野菜を寄せ植えすると、それだけでコンテナ菜園になります。

寄せ植えするときは、葉の形や葉色が違うもの、高さが違うものを組み合わせると変化に富んだ寄せ植えに仕上がります。

また、小果樹や多年草の野菜と収穫までの期間が短い野菜や一年草の草花を組み合わせ、収穫後や花が終わった後に入れ替えていくと、一鉢で数年楽しめる寄せ植えができます。

△メキャベツを育てて、大きくなって株元があいてきたら、葉色の異なるリーフレタスとビオラを株元に植えると、見てきれい、食べておいしい一鉢になる

△赤と黄色のミニトマトを後方に、前方にコリウスとマリーゴールド、ワイルドルッコラ、バジルを入れ、縁にライム色のイポメアを配した、草花と野菜の配色が楽しい寄せ植え

▽柑橘類のリトルチャイナレモンをメインに横に広がるキャベツ、縦に伸びるパープルスティック、株元でまとまるパセリをバランスよく植え込み、葉色と果実の色鮮やかさを楽しむ

△ラディッシュ、チンゲンサイ、イタリアンパセリ、メキャベツの寄せ植え。大きくなったものから少しずつ収穫していく

◁ルバーブ、ミニトマト、アサツキ、シソ、パセリは苗を植え、手前にラディッシュのタネをまいてつくった寄せ植え

△葉の色や形の異なるレタスとガーデンシクラメン、パンジーの寄せ植え。レタスの葉色が草花を引き立てている

野菜をインテリアとして飾る

窓辺に置く

日当たりのよい窓辺もコンテナを置く場所に最適です。ミニ野菜やコネギ、ベビーリーフ用の葉もの野菜などは、栽培期間がふつうの野菜より短いので、キッチンの窓辺でも手軽につくれて、十分に収穫できます。

チャイブやイタリアンパセリ、コリアンダーなどのハーブやサラダ用の野菜は、窓辺で育てれば冬でも葉を摘んでそのまま食卓にのせられるうえに、グリーンインテリアとしても楽しめます。

△キッチンの明るい窓辺で育てるカラシナの仲間と芽ネギ。カラシナの仲間は葉の切れ込みが深く、単独でも草花と寄せ植えしてもよく映える

◁日常的に使用している食器で栽培すると、見慣れた器もおしゃれに変身。インテリアとしても楽しめる

卓上で育てる

キッチンにあるものを利用して育てたスプラウトやモヤシは、卓上菜園と呼ぶにぴったりの素材です。

キッチンで育てられるので栽培の場所をとらず、栄養満点、おいしくて、かわいらしく、季節を問わず、短時間で1年中つくれるのもうれしい。サラダやサンドイッチにはさんだり、スープや味噌汁に散らしたりと、スプラウトの新芽の新鮮な味、モヤシの濃厚な風味と歯ごたえが毎日の食卓をゆたかにし、グリーンインテリアとしても活躍します。

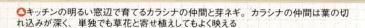

△葉もの野菜などをいろいろなサイズのコンテナで育て、コンテナの大きさや高さの変化をつけて、野菜畑をイメージして並べてみる

△ベビーリーフ用の葉もの野菜をそれぞれ小さめのコンテナで育て、かごに入れると窓辺のキッチンガーデンのできあがり

△ベビーリーフは文字通り「赤ちゃんの葉っぱ」。日当たりのよい窓辺に置けば、冬でも新鮮なグリーンが味わえる

▷ガーデンレタス・ミックス。間引きながら育てることもできるが、徒長させないためにときどき外に出して日に当てるとよい

△スプラウトやモヤシは室内で育てられるので、野菜づくりのできない冬に栽培できるのが魅力

◁モヤシやスプラウトは土を使わずに育てられるので、食卓に置いても違和感がなく、育てる、眺める、食べるの喜びが味わえる

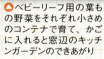

楽しくつくって、おいしく食べる

手軽な寄せ植えのつくり方

上に伸びるナスやミニトマト、小果樹などを中央や後方に植えてポイントをつくり、その周囲には、あまり丈が伸びないもの、縁には下に垂れ下がるものを植えるとバランスのよい寄せ植えがつくれます。

特に、垂れ下がる葉ものを使えばぐんとおしゃれになるのは草花の寄せ植えと一緒です。ここでは、ライムやブラック、トリカラーとさまざまな葉色の美しいイポメアを使いました。イポメアはサツマイモで、葉が美しいばかりでなく、地下においしいイモができます。

1 ローボウルの鉢底に防虫網を敷く

2 ウォータースペースと大きな苗の根鉢の高さを考慮して、用土を1/3ほど入れる

3 コンテナの後方にローズマリーを置いて、土を足しながら植え付ける

4

トウガラシの一種ハバネロを、根鉢を崩さないように取り出す。ハバネロをローズマリーの手前に、土を足しながら植える

5

ハバネロの反対側に、黄色の観賞用トウガラシを根鉢を崩さないように植える

6

赤と黄色のトウガラシの間に、パセリを根鉢を崩さないように植える

7

ハバネロの前にイポメアの品種ライムを、黄色のトウガラシの前にイポメアの品種トリカラーを植える

8

割り箸で土をつついて、用土を落ち着かせる

9

たっぷり水をやる

できあがり。スタンドつきのローボウルは高く飾れるので、垂れ下がった植物がき
見える

CONTENTS

PART 4

コンテナで野菜をつくる 根菜類 …… 167～194

PART 5

コンテナでつくる ハーブ（香草）…… 195～210

PART 6
簡単に育てられる モヤシとスプラウト……211〜217

本書の使い方

コンテナでも育てられる野菜を果菜類、葉菜類、根菜類、料理に使われるハーブに分け、さらに冬でも栽培できるスプラウトやモヤシづくりも含め、タネまきや苗の植え付けから収穫まで手順を追って写真で紹介しています。前半では栽培用具や管理なども紹介しました。

　収穫は少なめでも自分で育てた野菜だから安全、旬のフレッシュな味わいもうれしい。趣味と実益を兼ねた楽しいコンテナ菜園、すぐに始めてみませんか。

データの見方

置き場所

その野菜が好む日照条件に合わせて、コンテナを置く場所を示しています。ほとんどの野菜は日当たりのよい場所を好みますが、必要に応じて、半日陰に移動させる旨も記しています。

コンテナサイズ

コンテナの大きさを、小型、標準、大型、大型で深型の4つに分けました。その野菜を育てるのに適した大きさと合う容器をイラストで示し、袋でも栽培可能なものも表記しています。

栽培用土

実もの野菜、葉もの野菜、根もの野菜、ハーブに分け、栽培する野菜に適する用土を自分でブレンドするときの割合を円グラフにしました。あわせて石灰、元肥の量も記しています。

栽培カレンダー

タネまきや苗の植え付けと収穫の時期を記しています。関東地方での栽培を基準にしているので他の地域では一応の目安としてください。春と秋に栽培可能なものも表記しました。

栽培のポイント

コンテナで育てるためのポイントにしぼり、あわせて野菜の特徴も記しています。ベランダで栽培するときの置き場所での注意などや、コンテナで育てやすいミニ種などにも触れています。

PART
1

コンテナで野菜をつくる前の

栽培準備

栽培準備 1

コンテナで野菜をつくる前に

まず、コンテナの置き場所をチェックしましょう。屋上、ベランダ、テラス、車庫の上、玄関周りなど、日が当たる場所なら工夫次第で置き場所が確保できるでしょう。ここでは、もっとも適切と思われるベランダを置き場所に選びました。

ベランダの環境をチェック

ベランダの向き、広さ、建物の何階か、日当たりや風通しなどのほか、水道栓や排水口の有無、床が防水されているかなどを、前もってチェックします。

集合住宅のベランダは、非常用の通路として共有のスペースになっていることが多く、隣との仕切りのそば、避難ばしごの上などにはコンテナを置かないなどの配慮も必要になります。

また、コンテナ栽培は乾燥しやすいので、水やりは大事な作業ですが、ベランダでの水やりは十分な注意が必要です。水や泥汚れが下に漏れないようにしなければなりません。コンテナは手すりの内側に掛け、用具などの落下にも注意してください。

日照や通風、洗濯ものの邪魔にならないなど、コンテナを置く場所を把握する

! ベランダ菜園の注意点

ベランダの構造を確認する

野菜によっては大型のコンテナで育てなければならないものもあります。たくさんの容器を並べて栽培するとなれば、全体の重量は相当なものになりますから、ベランダの重量制限を確認して守ることが大事です。

集合住宅の場合は、床面の防水や排水口の有無などとともに管理規約などもありますから、事前によく把握しておきましょう。

大型のコンテナを置く場合は、ベランダの構造を確認する

日照と通風のよいベランダはコンテナ菜園に最適

立体的に並べればスペースを有効に活用できる。
コンテナの落下には十分に注意する

水漏れがないように注意する

ベランダは庭に比べると乾燥しやすい場所ですし、そのうえ、コンテナ栽培では限られた土の量で野菜を育てるため、どうしても水やりの回数が多くなります。水漏れで階下の人に迷惑がかからないように気を配ることも大事です。

臭いの出る有機肥料は避ける

肥料は悪臭のないものを用い、追肥も化成肥料や液体肥料を施し、近所に迷惑のかからないようにしましょう。

栽培準備 2

野菜が喜ぶコンテナの置き場所

最近のマンションなどは、省エネ効果を考慮して真夏の日中はベランダ内へ日が入らないように設計されていたり、目隠しのため手すりの部分がコンクリートのつくりになって日が入りにくくなっていたりします。しかし、明るい環境であればつくれる野菜はたくさんあります。光が当たるような工夫をして、野菜づくりを楽しみましょう。

日当たりと風通しがポイント

ほとんどの野菜は日光を好みます。日光不足になると光合成が弱まるためしっかり育ちません。葉や根が育たず、花も咲かないので実もなりません。おいしい野菜を収穫するためには、草花以上に日が当たる場所で育てなければなりませんが、半日陰（1日のうち半日くらい日が当たればよい）や日陰でもできる野菜もあります。まず、栽培する場所の日照時間を知り、日が当たる時間が長い場所にコンテナを置くようにします。

通風が悪いと、蒸れて病害虫発生の原因にもなり、野菜が健全に育ちません。ベランダの向きや手すりの形、近隣の建物などによっても変わりますが、ベランダの中でも風通しのよい場所にコンテナを置きましょう。

日当たりのよい場所を選ぶ

ベランダの夏の日照

日ざしは強いが、太陽の位置が高いため奥まで光が入らないので、日光を好む野菜は手すりのすぐ近くに置く

ベランダの春・秋の日照

太陽の位置が低いため奥まで光が入り、ベランダ全体にコンテナが置ける

手すりがコンクリートの場合

手すりの陰になって光が入らない。半日陰でも育つ野菜を置くか、フラワースタンドで高さを出す

風通しのよい場所を選ぶ

風通しのよいコーナーを選んでコンテナを置く

日照条件とつくれる野菜

野菜も基本的には光を好みますが、日当たりが悪くても育つ野菜もあります。わが家のベランダが1日どのくらい日照が得られるかよく観察してみましょう。季節によっても日照は変わるので、つくれる野菜も多いのではないでしょうか。

日当たりを好む野菜	弱い日光でも育つ野菜	日陰でも育つ野菜
スイカ、メロン、カボチャ、トマト、ナス、ピーマン、キュウリ、イチゴ、ニガウリ、オクラ、タマネギ、ブロッコリー、カリフラワー、スティックセニョール、キャベツ、メキャベツ、ハクサイ、インゲン、ソラマメ、エダマメ、トウモロコシ、ニンジン、ジャガイモ、サツマイモ など	チンゲンサイ、コマツナ、キョウナ、ホウレンソウ、レタス類、ワケギ、パセリ、ニラ、シソ、シュンギク、ルッコラ、セロリ、スイスチャード、小カブ、ショウガ、サトイモ など	ミツバ、セリ、ミョウガ など

ベランダの暑さ、寒さ、風対策

階数や向きによっても違いますが、コンクリートのベランダでの栽培条件は以外に厳しいものです。夏の暑さや冬の寒さ、強風などから野菜を守る工夫が必要です。

冬は穴あきフィルムや不織布をかけて保温する

強い西日は野菜の生育を妨げる。夏はヨシズやスダレで日よけをする

寒さに強い野菜

イチゴ、エンドウ、ソラマメ、ダイコン、カブ、ネギ、エシャレット、ホウレンソウ、ハクサイ、キャベツ、キョウナ、コマツナ、カラシナ、タマネギ など

暑さに強い野菜

ナス、ピーマン、シシトウ、トウガラシ、ニガウリ、オクラ、ショウガ、サツマイモ、サトイモ、シソ、ツルムラサキ、スイスチャード、ニラ など

低層階は風の影響は少ないが、高層階は防風ネットを利用して風を防ぐ

栽培準備
3

ベランダのレイアウトを工夫する

限られたスペースでも、工夫しだいで楽しい菜園に変身させることができます。ただし、集合住宅では非常用の仕切り板のそばにはコンテナを置かないなど、コンテナの配置には十分な注意が必要です。

すくすく育つ配置のヒント

直射日光で熱せられたコンクリートのベランダは、植物にとって過酷な場所です。床にじかにコンテナを置かない工夫をしましょう。ウッドパネルを敷いたり、フラワースタンドなどを利用して高さを出すと日当たりや風通しがよくなり、野菜の生育もよく、ベランダが広々としてすっきり見えます。

草丈の高い野菜を奥に、低い野菜を手前に、また、あまり手入れの必要がない野菜は奥に、頻繁に手入れや収穫をする野菜は手前に、というように手入れを重視してコンテナを配置してもよいでしょう。

手すりにコンテナを掛けるときは、落下事故にならないように、必ず手すりの内側（ベランダ側）に掛け、専用のホルダーやフックで安全に取り付けるこ

コンテナの配置は、日当たり、手入れの頻度などを考えて。また落下を防ぐために、しっかり固定することを忘れずに!

とが大事です。

コンテナは移動できるのが何よりのメリットですから、いろいろ工夫して楽しい菜園コーナーを演出しましょう。

トレリス

壁面やフェンスのそばに立てておくと、ベランダを立体的に飾れる。折りたためるものもあり、不要なときの片づけが簡単

フラワースタンド

コンテナを日当たりのよい場所に置いたり、高さに変化をつけるのに最適

コンテナキャリー

大型のコンテナや袋づくりに利用すると移動が楽

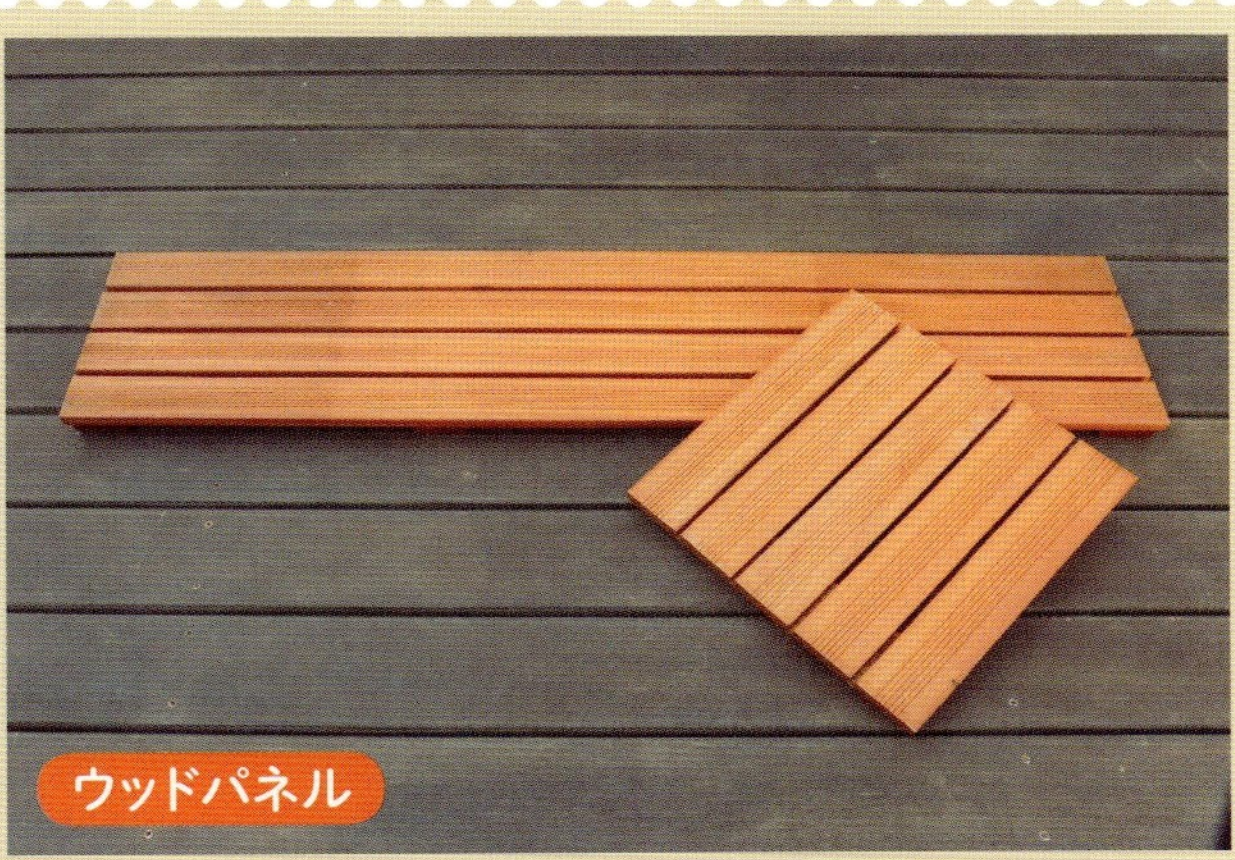

ウッドパネル

コンクリートの照り返しを和らげ、味気ない床面がぬくもりのある空間に一新される。正方形や横長などさまざまなものがある

室外機カバー

エアコンの室外機にカバーをつけると、目隠しになり見た目にもおしゃれに演出できる。また、ファンの風から植物を守ってくれる

栽培準備 4

野菜づくりに適したコンテナ

料理に使いたいときにすぐ収穫できるのも、身近なベランダやテラスで育てるコンテナ菜園ならではの魅力です。コンテナはベランダ菜園に欠かせないアイテム。育てる野菜に合ったコンテナを選びましょう。

野菜の特性に合ったコンテナを選ぶ

長方形のプランターや丸鉢、角鉢、おしゃれな吊り鉢や壁掛け鉢など、大きさも材質もさまざまなものがあります。設置スペースや野菜の種類に適したコンテナを選びましょう。

野菜も生長する分だけ根を張りますから、土がたくさん入るより大きくて深いコンテナのほうがより大きく育ち、収穫も多くなりますが、大きいほど移動が大変で扱いにくいという難点もあります。

大型の野菜にはそれに見合った大きさが必要ですが、葉菜類などは小さなコンテナでも十分な収穫量が期待できます。土を入れて持ち上げられる程度のコンテナを選ぶことも大事です。

大型の葉菜類や果菜類も育てられる、プラスチックの丸形コンテナ

深さも確保できるプラスチックの横長コンテナ

おしゃれなテラコッタのコンテナは、ハーブや葉色を楽しむ野菜にぴったり

窓辺に置いてちょっと収穫するベビーリーフやハーブに向く

日当たりを好む小型の葉もの野菜や、ハーブと野菜の寄せ植えなどが立体的に飾れる

ハーブや垂れ下がるイチゴにも合う壁掛け鉢

底が網状で水はけがよいので、野菜がよく育つ

設置スペースや野菜の特性に合わせてコンテナを選ぼう

カントリー調の演出ができる小判型の木製コンテナ

何種類かの野菜を一度につくれるコンテナ

支柱を立てる野菜に適した支柱留め具つきのプラスチック野菜用スリット鉢

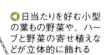

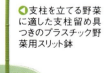

土の容量と深さでコンテナを選ぶ

コンテナの大きさは、野菜の生育や収穫量を左右するので、つくる野菜に合ったコンテナ選びが必要です。

コンテナは土の容量と深さによって、小型タイプ、標準タイプ、大型タイプ、大型で深型タイプなどに分けられます。

一般に栽培期間が長く、大きく育つ野菜は大型や大型で深型タイプに、収穫までの期間が短く草丈も伸びない野菜は小型や標準タイプを選びます。

なお、コンテナのうち横長で直方体のものをプランターと呼び、横幅が65cmのものが標準の大きさで、横長65cm型などといいます。鉢の大きさは「号」の単位で表します。これは口径を示し、1号は約3cmです。

鉢の呼称

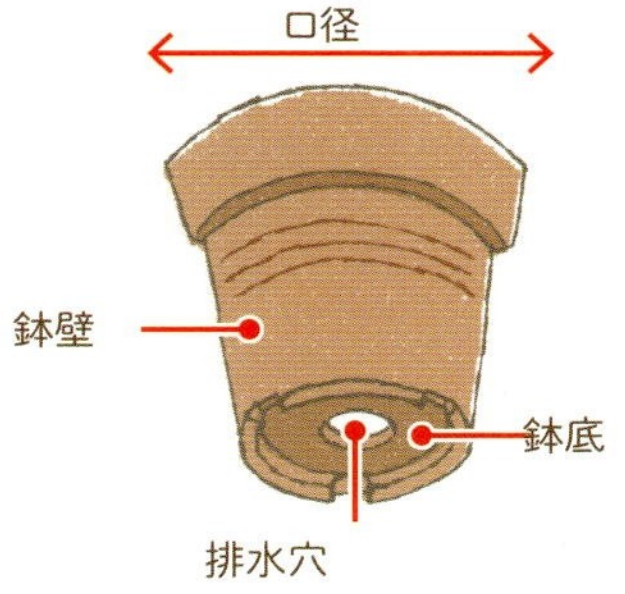

大型タイプ

容量：30〜40ℓ

栽培期間が長く、大きくなる実もの野菜や葉もの野菜に

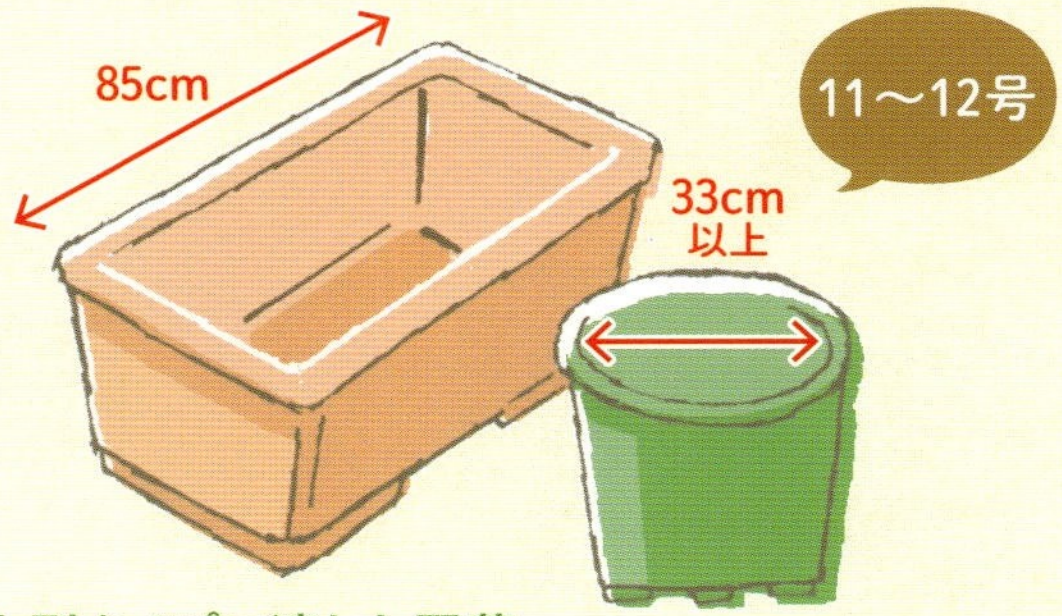

大型タイプに適した野菜

キャベツ、ハクサイ、ブロッコリー、タマネギ、トマト、キュウリ、ナス、ピーマン、エンドウ、スイカ、メロン、ニガウリ、ダイコン など

小型タイプ

容量：6〜10ℓ

草丈が低く、少量つくる葉もの野菜などに

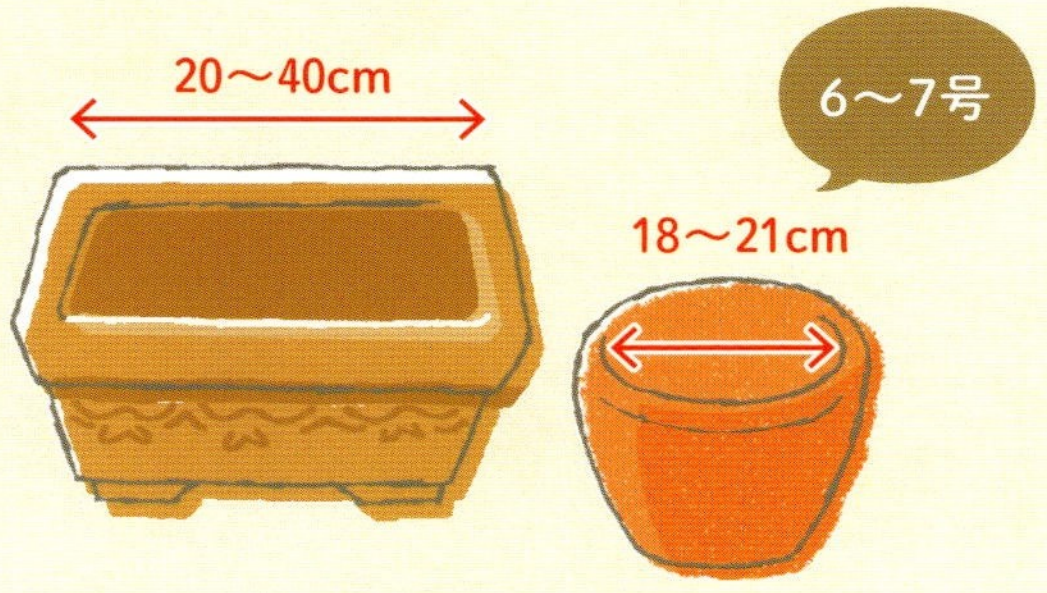

小型タイプに適した野菜

ベビーリーフ、パセリ、ルッコラ、シュンギク、チャイブ、バジル、イタリアンパセリ、芽ネギ、サラダカラシナ など

深型タイプ

容量：20〜30ℓ

根もの野菜や大型野菜の1株植えに

深型タイプに適した野菜

トマト、ズッキーニ、ナス、キュウリ、プチヴェール、ダイコン、サトイモ、ジャガイモ、サツマイモ、ゴボウ など

標準タイプ

容量：12〜20ℓ

収穫までの期間が短く、草丈の低い野菜に

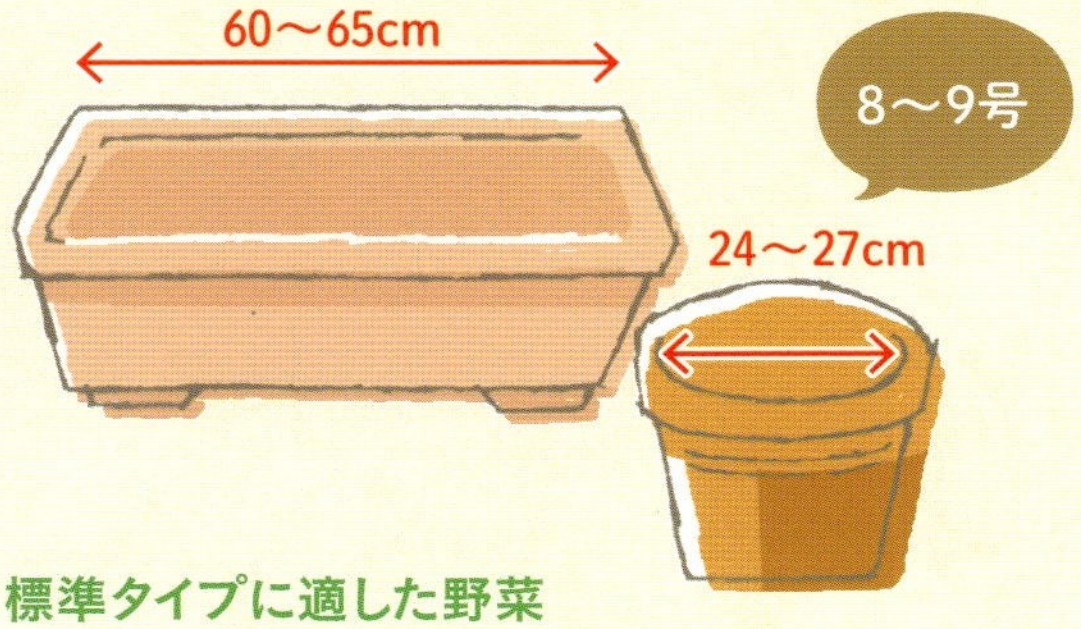

標準タイプに適した野菜

ホウレンソウ、コマツナ、シュンギク、キョウナ、リーフレタス、ツルなしインゲン、チンゲンサイ、テーブルビート、ラディッシュ など

※深型タイプのコンテナは、麻やビニール袋を代用してもよい

材質でコンテナを選ぶ

野菜を育てるのが目的なら、発泡スチロール箱や不用になったポリバケツ、肥料袋などでも排水用の穴をあければ利用できます。しかし、収穫だけでなく眺めて楽しみたいので見栄えもよくしたいというときは、市販の野菜用のコンテナを使ったり、木で好みの大きさのコンテナをつくってもよいでしょう。

コンテナの材質もさまざまですが、大きく分けると、プラスチック鉢、テラコッタ鉢、木製鉢があります。一長一短があるので、好みのものを選ぶとよいでしょう。

野菜の特性を考慮しながら、エクステリアやインテリアにぴったりのものを探すのも楽しい

プラスチック製のコンテナ

プラスチック製のものは、軽くて持ち運びが便利なので実用的です。ただ、保水性が高い反面、通気性が悪いので過湿にならないように注意が必要です。

夏は、鉢壁に日が当たると内部の温度が上がり、蒸れやすく根を傷めるので、レンガやウッドパネルを下に敷くなどして通気をよくする工夫をしましょう。

以前は白いプラスチック製が中心でしたが、最近は色や形も豊富で、テラコッタを模したものも出回り、デザイン性も向上しています。

プランターは購入する際に鉢底ネットがあることを確かめましょう。ない場合は鉢底石などを入れます。

▷丈夫で持ち運びしやすい実用向きのコンテナ

◁深底の丸鉢。ダイコンなどの根菜にも向く

▽45ℓ以上土が入るジャンボプランター。コンテナキャリーに乗せると移動がスムーズ

▽鉢底ネットがついているか確かめる

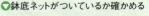

テラコッタのコンテナ

テラコッタはイタリア語で「素焼き鉢」の意味で、洋風デザインの素焼き鉢を総称して呼んでいます。

底がフラットなものが多いので、ポットフィート（足台）などを利用して、鉢底の通風や水はけをよくする工夫をするとよいでしょう。

テラコッタはおしゃれで見た目もよいのですが、野菜を育てるのに適しているのは少し深めのコンテナなので、土を入れるとかなり重くなるため運ぶのが大変ですが、釉薬《ゆうやく》がかかっていないので通気性がよく、野菜の生育によい鉢です。

◀イタリヤ製の素焼き鉢。赤茶けた定番の鉢でシンプルさが人気

◀さまざまな形や大きさがあり、温かみのある落ち着いた風合いは、いろいろなタイプの野菜によくマッチする

▶鉢壁に模様のついた重量感のあるコンテナ。大きく育つ野菜に向く

木製のコンテナ

木製のコンテナは、ナチュラルな質感が魅力で人気があります。ベランダの雰囲気を和らげたいときに使いたいコンテナです。

よく目にするたる型や小判型のほかに、籐で編まれたバスケットも木製コンテナの仲間です。

いずれも内部の温度が上がりすぎず通気性は抜群で、根を傷めることもありませんが、木や金具が腐食して耐久性は劣ります。ベランダに直接置かず、フラワースタンドや台の上に置くとよいでしょう。

▲カントリー調のコンテナ。内側が焼かれているので腐りにくい

▲木目を生かして塗装されたおしゃれな木製鉢

▲たくさん収穫したいときに便利な大型タイプ。土を入れると重くなるので、置き場所を決めてから植えるようにしたい

廃品利用のアイデアコンテナ

ペットボトルや培養土などの、空き容器や空き袋を使って野菜をつくってみましょう。工夫すればいろいろな容器が使えます。プランターでつくるほどの収穫量は期待できませんが、場所をとらず、1年中栽培できるのも魅力です。苗を植え付けるよりも、タネをまいて育てる葉もの野菜に向きますが、袋なら根菜もつくれます。

ペットボトルを使って

サイズは用土がたくさん入る容量2ℓのペットボトルが利用しやすく、上部を切って立てて使うほか、側面を切り取って横向きに使うこともできます。排水のために底になる面にキリや目打ちで4～8か所の穴をあけ、ケガ防止にカットした切り口にビニールテープを張ります。用土は元肥の入っている粒状の培養土がよいでしょう。

ミズナ

タネをまき、間引きながら育てます。
横向きタイプは3～4株育てられ、いずれも子株で収穫します。

イチゴ

果実が下垂してつくので、ペットボトルを立てて使います。角形のほか、丸形のペットボトルも利用できます。

パセリ

発芽に時間がかかるので苗を植えます。根を傷めないように注意。横向きタイプは2株植えも可能。

空き袋を使って

袋で栽培するときは通気性のよい素材がよいのですが、肥料や用土の袋などビニール素材の場合は、直径3～4cmの排水用の穴を数か所あけます。

サツマイモ

培養土などの空き袋に苗を1本植えます。用土に埋めた節から伸びた根が太ってイモになるため、苗は3節ほど土に埋まるように深植えにします。日当たりのよい場所に置き、水は控えめに与えます。

ラッカセイ

用土や肥料袋にラッカセイのタネを2粒まき、間引かずに育てます。追肥後、株元に増し土できるように、用土は少し控えて入れます。

クッキーの空き缶を使って

いろいろな形と大きさがある空き缶で育ててみましょう。クッキーなどのお菓子の缶は大きめなので寄せ植えもできます。底には水抜き用の穴をあけて、鉢底網を敷きます。

ハーブの寄せ植え

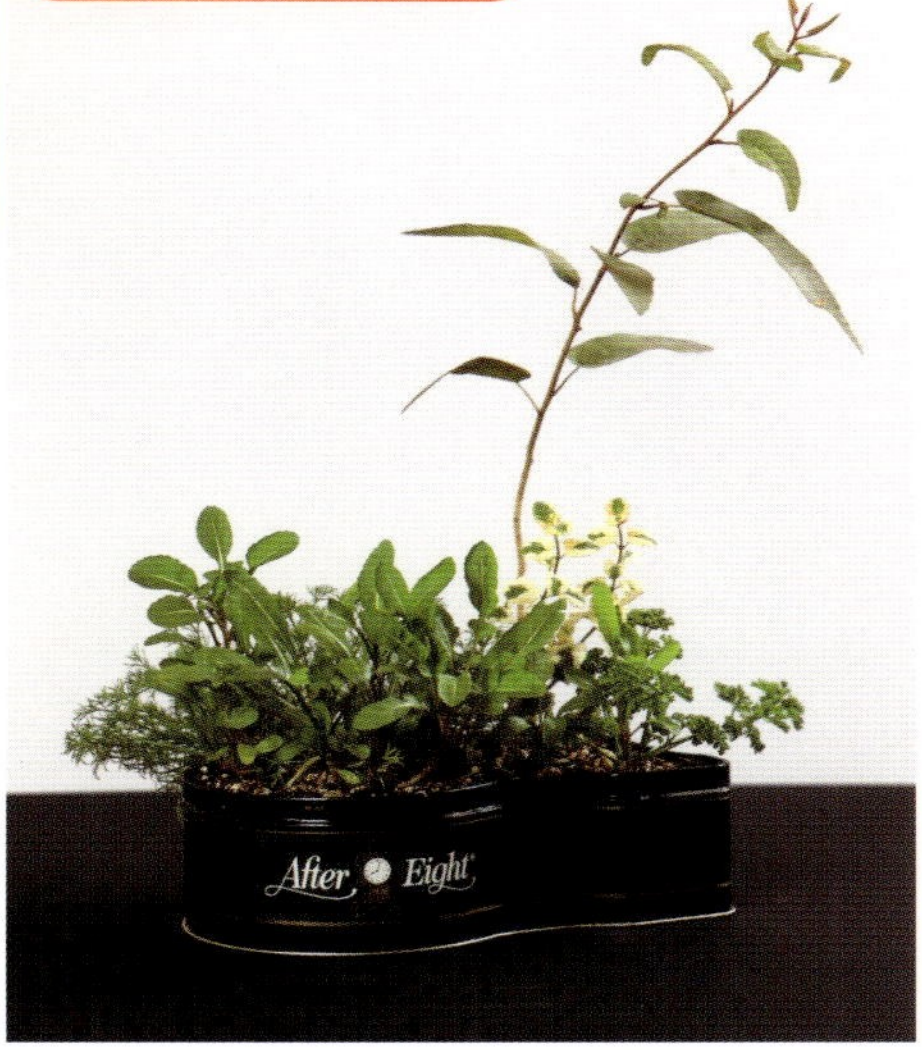

背の高いレモンユーカリ、そのわきにカモミール、斑入り葉のパイナップルミント、パセリ、ルッコラも植えました。

野菜のヘタを利用して

深めの皿に水を張り、料理の際に切り落とした野菜のヘタを置くと、芽が出てきます。大皿ならハクサイも育てられます。

ニンジン、大根、ゴボウのヘタ

新芽は、捨てるくず野菜のものからとは思えないほど瑞々しい。ゴボウ以外はサラダに添えることもできます。

ニンジン、ハクサイ、ネギのヘタ

ハクサイは株の中から茎を伸ばし、花を咲かせるまでに育ちます。

カップ麺の容器を使って

容器をよく洗い、底に水抜き用の穴を数か所あけておきます。入る土の量が少ないので、ベビーリーフで利用できる葉ものなどが適します。

レタス（ガーデンミックス）

タネまき後は乾燥させないように注意し、5〜6㎝に伸びたらカットして収穫し、少し休ませて伸びたら再びカットして収穫します。

ゴボウ

肥料袋の底を抜いて筒状にし、倒れないように支柱を4本立て、タネをまきます。ゴボウなら10本前後、ナガイモは4〜5本つくれます。袋を置く地面の土も耕して軟らかくしておきます。

栽培準備 5

コンテナ栽培に必要な用具

よく使う道具は、土入れ、移植ごて、ジョウロ、園芸バサミです。野菜によっては支柱や紐などの資材も必要です。使う頻度の高いものからそろえましょう。

ポリポット

タネまきや、苗を育てるときに使います。2～3号のポットがよく使われ、土が流れ出ないように鉢底ネット（鉢底網）も必要です。

土入れ

コンテナに用土を入れるときに使います。持ち手がついているものは、一度に多くの土が運べます。

ジョウロ

ハス口《ぐち》が取り外せるものが便利です。一度にたくさん水を運べる大きめのジョウロと液肥を施すときやタネまき後に使う小ぶりなジョウロがあるとよいでしょう。

ハスロ

プラ舟、タフブネ

左官屋さんがセメント、砂を混ぜるときに使うタフブネやプラ舟は、80ℓほどの容量のものが使いやすく、土を入れたり、混ぜたりするときに便利です。バケツでも代用できます。

移植ごて

苗の植え付けや土寄せ、中耕、植え穴を掘ったりするときに使います。幅広型と細型の2種類あると根鉢に合わせて使い分けられます。

水やりキャップ

ペットボトルの口に取り付けるだけで水差しとして利用できる便利な注ぎ口。少量の液肥を希《き》釈《しゃく》するときにも適正に薄められて重宝です。百円ショップで手に入ります。

フルイ

タネをまいた後、土をかけるときに使います。覆土は網目の細かいものを使います。

園芸バサミ

間引きや摘心、収穫のほか、紐を切ったりするときも使います。持ちやすい重さや手になじむ形のものを選びましょう。

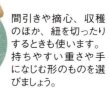

支柱

つるを絡ませたり、トマトやピーマン、ナスなどの枝を支えたり、植え付けたばかりの苗を支えるときなどに使います。

メジャー、定規

タネまきや間引き、植え付けの間隔を測ったりするときに便利です。

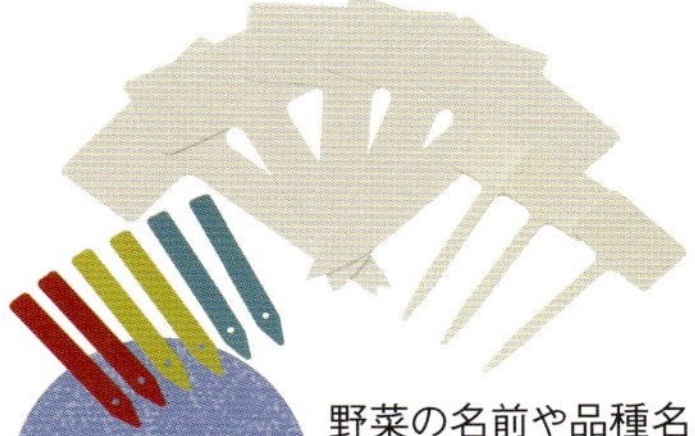

ラベル

野菜の名前や品種名、種まきした日、人工授粉した日を書いておきます。

板

タネまき後、土の表面を押さえて土とタネを密着させるときなどに使います。

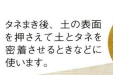

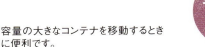

紐

支柱に茎をしばる（誘引）ときに使います。ヤシの葉の繊維から作られたラフィアや麻紐が使いやすいです。

キャップ、ふた

点まきするときにくぼみをつけるのに便利です。タネの大きさに合わせて使い分けます。

コンテナキャリー

容量の大きなコンテナを移動するときに便利です。

鉢底石

水はけをよくするためにコンテナの底に入れるものです。軽石や大粒の赤玉土、発泡スチロールの破片などが使われます。コンテナの底がメッシュ状になっているものなどには不要です。

鉢底石をネットに入れると、再利用するときに拾う手間が省けて扱いやすいです。

ツールボックス

ラベルやハサミ、ピンセットなどの小物をまとめたり、タネまき後のポットや苗をまとめて移動するときに便利。

鉢底網、不織布、洗濯ばさみ

害虫対策や寒さ対策に使います。タネをまいた直後にコンテナにかぶせ、洗濯ばさみでとめます。苗を植えたときは弓形に曲げた支柱の上からかぶせます。鉢底網は鉢底に敷きます。

園芸シート

作業中、ベランダを汚さないように床に敷いて使います。四隅が止められるシートが便利。

栽培準備 6

コンテナ栽培に適した土づくり

コンテナ栽培では、毎日の水やりで土の表面が固まって通気性が悪くなることから、水はけと通気性のよい、肥料もちのよい土づくりをすることが大事です。

野菜がよく育つ土とは

基本的には草花を栽培するときと同じで、水はけ、通気性がよく、有機質に富んで、適度な保水性がある土です。野菜づくりは初めて、とにかくつくってみたいという方は、市販の培養土を購入するとよいでしょう。

また、自分で土をつくることもできます。野菜の種類に合わせ、基本用土に改良用土を混ぜてつくりますが、混ぜ合わせる腐葉土や堆肥などは、野菜の根を傷めないように完熟したものを選びます。

水もち、水はけがよい、通気性に富んだ用土なら、草花同様野菜もよく育つ

基本用土

栽培用土をつくるときの基本となる土で、配合する割合が多く、植物を支えるために適度な重さが必要です。

[赤玉土]

関東ローム層の中層にある赤土を乾燥させて、土の粒の大きさに分けたものです。通気性、保水性、保肥力に優れ、基本用土として最もよく使われます。

[黒土]

関東ローム層の表層土で、黒ボクとも呼ばれる有機物を多く含む軽くて軟らかい土です。保水性はよいが、通気性、排水性が悪いため、腐葉土などを混ぜて使います。

改良用土

基本用土に混ぜて、通気性、排水性、保水性、保肥性を改良する用土です。有機物と無機物があります。

[腐葉土]

広葉樹の落ち葉を積み重ねて発酵させせた代表的な改良用土です。保水性、通気性、保肥性に優れ、土質をよくします。品質にばらつきがあるので、葉の形がないくらいに細かいものを選ぶとよいでしょう。

[堆肥]

樹皮や牛ふんなどの有機物を堆積発酵させたもので、わずかに肥料分を含むが野菜を育てるほどの量はないので、肥料は別に施します。腐葉土のように改良用土として使うが、完熟したものを選びます。

[バーミキュライト]

蛭石《ひるいし》を高熱処理し、元の容積の10倍以上に膨張させたもので、とても軽く、保水性、通気性、保肥性に富み、腐葉土同様改良用土として使います。

自分で土をブレンドする

コンテナでは土の量が制限されるうえにほとんど毎日水やりするので、土がしまりやすく、水はけや通気性が悪くなります。そのため頻繁に水やりしても硬くしまらない土が適します。

保水性、保肥性のよい赤玉土を主体に、排水性や通気性のよい腐葉土や堆肥、バーミキュライトなどの有機物を加えましょう。左の表のように野菜の種類に合わせてブレンドするとなおよいでしょう。

野菜によっては酸度調整が必要になるので、苦土《くど》石灰を加え、養分を補う元肥として化成肥料（できれば緩効性の有機質肥料）も加えてブレンドします。

コンテナ栽培の理想的な土の配合

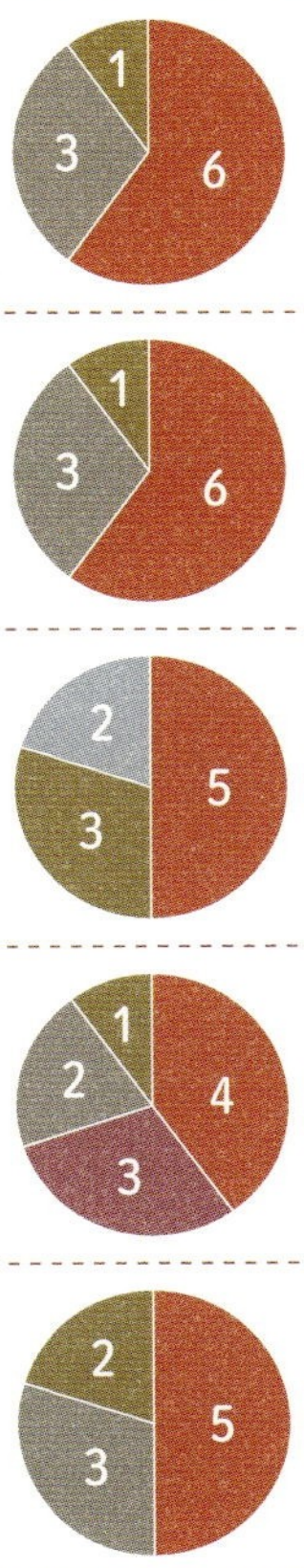

	配合		化成肥料	苦土石灰
実もの野菜	赤玉土6、腐葉土3、バーミキュライト1	＋	10〜30g	10g
葉もの野菜	赤玉土6、腐葉土3、バーミキュライト1	＋	10〜20g	10〜20g
根もの野菜	赤玉土5、バーミキュライト3、砂2	＋	20g	10g
イモ類	赤玉土4、堆肥3、腐葉土2、バーミキュライト1	＋	20g	10g
ハーブ類	赤玉土5、腐葉土3、バーミキュライト2	＋	10〜20g	10〜20g

■赤玉土 ■腐葉土 ■バーミキュライト ■堆肥 ■砂

※苦土石灰と化成肥料は用土10ℓ当たりの分量

酸度調整の方法

用土1ℓ当たり苦土石灰1〜2g、化成肥料7〜10gを入れてよく混ぜる

一般的な配合比率

一般に赤玉土4、堆肥4、腐葉土1、バーミキュライト1を混合する

市販の培養土を使う

市販の培養土は、ブレンドする手間が省け、袋を開けたら、すぐ使えるのでもっとも手軽です。野菜用、鉢花用、ハーブ用などたくさんの種類があるので、目的にあったものを選びますが、肥料分や酸度調整の有無など、袋の表示をしっかり確認しましょう。

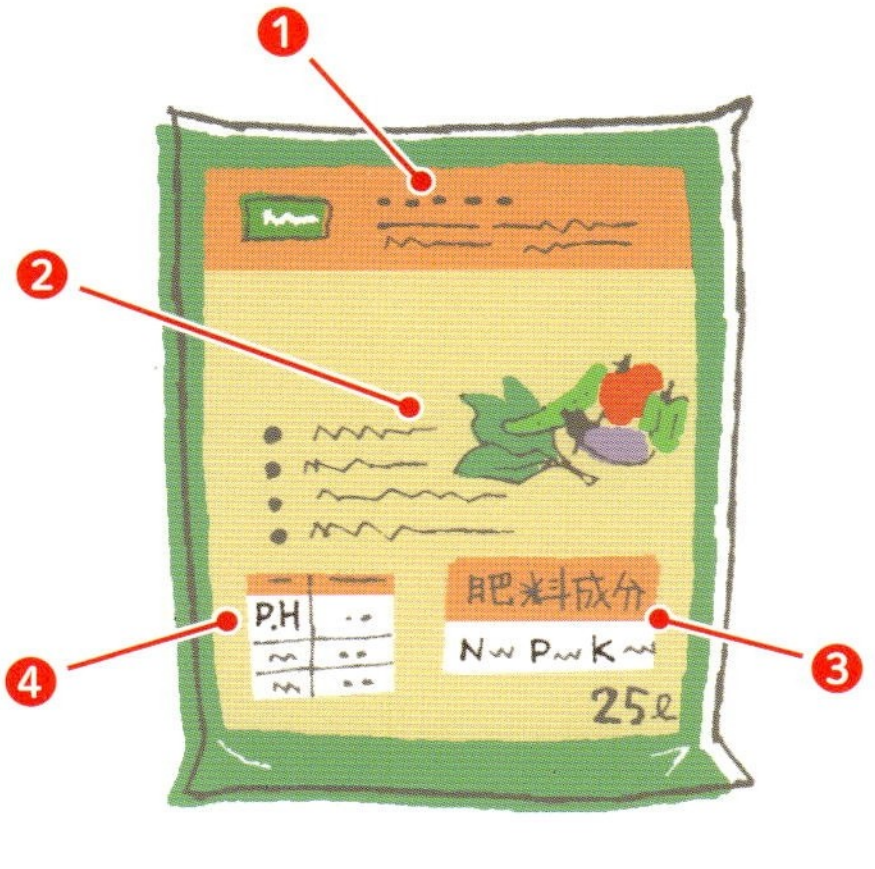

❶ メーカーとその所在地が表示されている
❷ どの作物に合う土かがわかる
❸ どんな肥料が混ぜられているかがわかる
❹ pH矯正などの情報が記載されている

育苗用の培養土（タネまき用土）

市販のタネまき用土は、通常の培養土よりきめが細かく、タネまきがしやすいようになっています。ほかに、赤玉土小粒の単用、バーミキュライトと赤玉土小粒の等量混合土、ピートモスと赤玉土小粒の等量混合土などを使いますが、いずれも発芽に必要な水分と酸素を供給できる用土でなければなりません。

土のリサイクル方法

コンテナ栽培でも、同じ科の野菜をそのまま同じ土でつくると、連作による障害が見られます。品目や科の異なる野菜を栽培すれば、1年くらいは同じ土を使っていくつかの野菜が栽培できます。

しかし、使用した土には細根や害虫、病原菌、肥料分などが残っているので、再利用するときは使いまわさず、再生してから使いましょう。再生には日光消毒が欠かせないため、日ざしの強い夏に行うのがベストです。

古土に混ぜるだけで再利用できるさまざまなリサイクル材も市販されているので、利用すると手軽に再生できますから、一度使った土は捨てずにリサイクルして使いましょう。

再生させた土はビニール袋に入れて、日光や雨の当たらない場所で保管します。

古土はリサイクル使用する

[古土の天日干し]

1 枯れた野菜を取り除く

2 広げた新聞紙の上にコンテナの土をあける

3 土を混ぜ返しながら、夏に1週間ほど天日干しをして乾燥させる

4 乾燥した土をフルイにかけて、みじんをとる

[古土の再生]

古い土と、その1割のリサイクル材、土1ℓ当たり苦土石灰3g、化成肥料7～10gをよく混ぜる

[古土の再利用]

再生させた古土5に新しい土5（赤玉土6、腐葉土4）を混ぜる。元肥の化成肥料を加えてよく混ぜてから再利用する

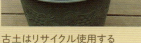

栽培準備 7

コンテナ栽培に必要な肥料の準備

植物が大きく育つためには肥料分が必要です。特にコンテナ栽培では、毎日の水やりのたびに肥料分が流れて養分が不足しますから、追肥を施さなければなりません。野菜の生育状況をみながら施しましょう。

肥料の三要素

特に大切なのがチッ素、リン酸、カリで、これらを「肥料の3要素」と呼んでいます。

チッ素は葉肥ともいい、葉や茎を育てます。リン酸は実肥ともいい、花や実つきをよくします。カリは根肥ともいい、根を発達させ、イモ類の収量をアップさせます。

肥料の袋には3要素の配合が数字で書かれています。たとえば「8-8-8」という表示は、チッ素、リン酸、カリがそれぞれ100g中に8gずつ含んでいることを示しています。これを俗に「サンパチ肥料」といい、3大要素がバランスよく含まれているので、どんな野菜にも使える「8-8-8」の化成肥料を基本に使うとよいでしょう。

肥料の施し方

肥料の施し方には、元肥と追肥があります。元肥は、タネまきや苗を植え付ける前に土に混ぜ込んでおく肥料で、効果がゆっくり現れる緩効性肥料が主に使われます。

追肥は、生育の具合を見ながら施す肥料で、化成肥料をぱらぱらとまく方法と、液体肥料(液肥)を施す方法があります。元肥が配合された市販の培養土を主に利用するコンテナ栽培では、追肥がメインの作業になるでしょう。

化成肥料は野菜が育ったら、株元から離してコンテナの縁に沿って施すと根が伸びるあたりに肥料が施されることになり、効果が大きくなります。

液肥はすぐに効果が現れるので、肥料切れで弱った株や短期間で収穫できる葉もの野菜などに水やりを兼ねて施すと効果的です。目盛りのついた水差しに水を入れ、目盛り付きのふたやピペットで原液の量を量り、水に入れて適性に薄めて使います。

三要素の働き

葉菜類に重要なチッ素、果菜類に重要なリン酸、根菜類に重要なカリは大量に必要とされるので「肥料の3要素」と呼ばれる

化成肥料の３要素

化成肥料には、植物が大きく育つために必要な肥料の3要素（チッ素、リン酸、カリ）がバランスよく含まれている

どんな野菜にも使える「8−8−8」の化成肥料

大きく育ったら、コンテナの縁に沿って化成肥料を施す

水差しの目盛り1ℓまで水を入れ、原液のふたで1mℓ量ってジョウロの水に混ぜると1000倍液がつくれる

栽培準備 8

収穫までの作業を覚えよう

上手にタネをまき、よい苗を植えることができれば、後は楽です。生長に合わせて行ういくつかの作業はどの野菜でも基本的には同じ。収穫までの作業の流れを覚え、ポイントをおさえると栽培も楽しくなるでしょう。

コンテナに土を入れる

コンテナでの野菜づくりはここからスタートします。野菜づくりは、タネをまくか、苗を購入して植え付けるかですが、どちらにしてもコンテナ栽培は、コンテナに用土を入れることから始まります。土はコンテナの上の縁から2〜3㎝のウォータースペースをとって入れ、表面を平らにならしておきます。

タネをまいて育てる

タネをまいて野菜を育てるとき、コンテナに直接まく「直《じか》まき栽培」(⬇P31)と、ポリポットなどにまいて、ある程度育てた苗を植え付ける「移植栽培」(⬇P32)があります。

直まき栽培は、ダイコンなどの根もの野菜やホウレンソウなど栽培期間が短い葉もの野菜に適しています。タネのまき方にはばらまき、条《すじ》まき、点まきの三通りがあります。コンテナの

土の入れ方

[コンテナの場合]

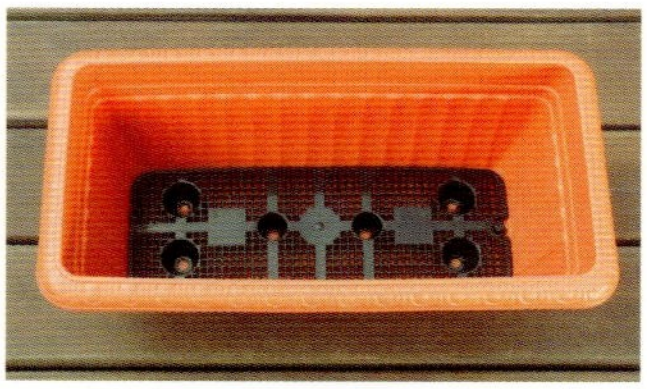

1 脚をつけた底上げ網と一体になったプランターは鉢底石は不要。直接土を要れてよい

2 ウォータースペースをとって、縁から2㎝くらい下まで用土を入れる

3 用土を入れた後、板切れなどで表面をていねいにならして平らにする

4 土の流出と防虫のため、鉢の底に鉢底ネットを敷く。メッシュ状になっているコンテナには不要

5 水はけをよくするため、発泡スチロールの破片などを底が隠れるくらい敷く

6 コンテナの上部に2㎝くらいのウォータースペースを残して用土を入れ、平らにならす

ウォータースペースは水代《みずしろ》ともいい、コンテナの上部に水がたまるようにした空間。この空間がないと水やりの際に、水と一緒に土が流れ出てしまう

[ポットの場合]

1 ポリポットの底に鉢底ネットを敷く

2 8分目くらいまで用土を入れる

3 用土の表面を平らにならす

形や野菜の種類によって、適切なまき方を選びましょう。

移植栽培は、レタス類やブロッコリー、ハクサイ、キャベツ、エンドウなど育苗期間が長い野菜やつくる株数が少ない野菜に適しています。育苗期間が長くて苗づくりが難しいトマトやナス、ピーマン、キュウリなどは苗を求めるのが一般的です。

直まき栽培

[点まき]

あらかじめ株間をとって、1カ所に数粒ずつタネをまきます。ダイコン、ハクサイ、トウモロコシ、エンドウ、インゲンなどのタネの大きな野菜や生育期間の長い野菜に向き、タネの節約にもなり間引きも手軽に行える方法です。

1 ペットボトルやビンのふたなどを利用すると、大きさのそろったくぼみがつけられる

2 くぼみの中に、数粒のタネを等間隔にまく

3 くぼみの周囲の土を寄せるようにかぶせ、手で押さえてタネと土を密着させる。まき終わったら水をやる

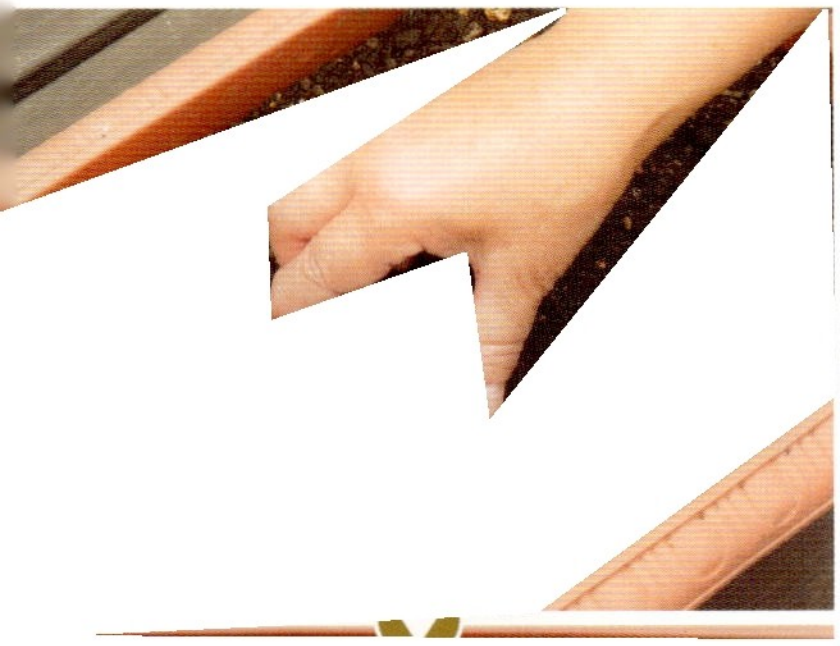

[条まき]

条まきは、まき溝にタネが重ならないように1列にまく方法で、まき溝が1本なら1条まき、2本なら2条まきといいます。ゴボウやカブ、ニンジン、コマツナ、ホウレンソウなど多くの野菜にむき、発芽後の間引きや追肥などの作業が楽に行えます。

1 支柱などの細い棒を利用すると、真っ直ぐで均等な深さのまき溝ができる

2 まき溝に1cm間隔に1粒ずつタネを落としていく

3 まき終わったら、まき溝の両脇の土を親指と人差し指でつまんで、均等に土をかける

4 手のひらで軽く押さえタネと土を密着させてから、水をやる

[ばらまき]

コンテナ全体にタネをぱらぱらとまく方法です。ベビーリーフなど小さな苗のうちから間引きながら利用する葉菜やラディッシュなどに向いていますが、間引きが遅れると徒長するので、注意が要ります。

1 親指と人差し指をひねるようにして、タネが重ならないようにぱらぱらとまく

2 まき終わったら、フルイで土をふるいながら細かい土を上から均等にかける

3 手のひらで軽く押さえて、タネと土を密着させ、水をやる

移植栽培

コンテナに直接タネをまかずに、ポリポットにタネをまき、間引きながら育てます。ある程度の大きさに育ったら、コンテナに定植します。育苗期間が長い果菜類に多く利用されますが、市販の苗を利用するほうが簡単です。

[ポットまき]

1 人差し指の第一関節の深さに穴をあけると、均一の深さにタネがまける

2 指であけた穴にタネを1粒ずつ落とし込むようにまく

3 まき終わったら、まき穴の回りの土をつまむようにして穴をふさぐ

4 手で軽く押さえ、タネと土を密着させて、水をやる

上手にタネをまくコツ

慣れないとタネまきは意外に難しいもの。小さなタネは、折った紙の上に乗せて、楊枝《ようじ》などで一粒ずつ落としていくと効率よくまけます。

また、発芽しにくいタネは芽だしまきや、一晩水につけてからまくようにします。

[小さなタネの場合]

楊枝で1粒ずつ落とす

[硬いタネの場合]

一晩水につけてまくと、発芽がよくなる

[発芽しにくい場合]

水につけてから濡らした布などに包んで、根を出させてからまく（芽出しまき）

タネをまき終わってからかける土の量は、野菜の種類によって異なります。

発芽するときに、光が必要な好光性種子(下表)は、タネが見え隠れする程度に軽く土をかけます。

反対に光を嫌う嫌光性種子(下表)は、タネの厚みの3倍量の土をかけるのが基本です。

[微細なタネや好光性種子の場合]

1 ごく薄く土をかけた後、板切れで軽く押さえる

2 発芽するまで、新聞紙をかけておく（乾燥防止）

3 タネが流れやすいので、容器ごと水につけ、底部から水を吸わせる腰水で水やりする

好光性種子
ゴボウ
シソ
セロリ
ニンジン
パセリ
ミツバ
レタス類
シュンギク など

タネが見え隠れする程度

嫌光性種子		
ウリ科	ナス科	アブラナ科
カボチャ	トマト	ダイコン
スイカ	ナス など	ブロッコリー
ウリ類 など		ハクサイ など

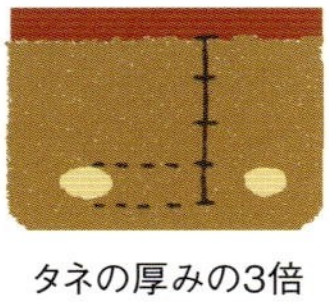

タネの厚みの3倍

タネまき後の管理

アブラナ科の野菜は害虫の被害が多いので、タネまき後に防虫ネットや不織布をかけて防虫対策をするとよいでしょう。

かぶせたままで水やりもでき、防虫のほか乾燥防止にも役立つ

発芽後の管理

季節にもよりますが、タネをまくと3～10日ほどで発芽します。発芽後は、成育のよい苗を残して適正な間隔になるように間引きます。間引くときは残す株を傷めないように注意しましょう。

発芽がそろい双葉(子葉)が開いたら、込み合っている苗を抜き取り、苗と苗の間隔を広げる作業をします。これが間引きです。間引きをすることによって、日当たりや風通しがよくなるので、早めに間引いて徒《と》長《ちょう》を防ぎます。一般に間引きは1度に行わず、野菜の生長に従い2～3回に分けて少しずつ行います。

間引き後は、株元に土を寄せて苗が倒れないようにします。この作業が土寄せです。

双葉が開いたら1回目の間引き。葉の形が悪いもの、病虫害の被害があるもの、小さいもの、大きすぎるものなどは間引く

間引きのポイント

［1回目の間引き］

1 発芽後、込み合っている部分を間引く。ハサミで切ると根を傷めない

2 間引き後は必ず土寄せして苗を立たせる

2回目の間引きは本葉が出そろった頃。隣り合った株の葉が触れ合わない程度に間引いて、適正な株間をとる

［2回目以降の間引き］

1 本葉が出そろったら、生長に合わせて2～3回間引いて株間をあける

2 2回目の間引き後からは、移植ゴテで土寄せを行う

本葉が3～4枚になったら3回目の間引き。その野菜に合った十分な株間をとる

苗の植え付け

発芽に高い温度が必要で、さらに育苗期間が長くかかるイチゴやキュウリ、トマト、ナス、ハクサイ、パセリ、ピーマン、レタスなどは市販の苗を購入して育てたほうが失敗が少なくてすみます。育てる株数が少ないときなども苗を利用したほうがよいでしょう。

　ポットにタネをまいて育苗した苗も、購入した苗も植え付ける方法は同じです。ポットから抜くときは根鉢を崩さないように気を付けます。植え付けるときは深植えに注意し、根鉢の高さとコンテナの土の高さが同じになるように植え、株元を軽く押さえて苗を落ち着かせたあと、たっぷり水を与えます。

トマトは一回り大きなポットに植えかえて、1番花が咲くまで育苗してから定植する

市販の苗を植え付けるポイント

[よい苗の植え付け]

根鉢を崩さずに、根鉢の上面が用土の高さとそろう程度の浅植えにする

苗の頂部に新芽が伸びて、順調に生育している。トマトなどは1番花がついている

葉に病害虫の被害のあとがなく、下葉の緑色が濃く、充実した子葉がついている

[悪い苗の植え付け]

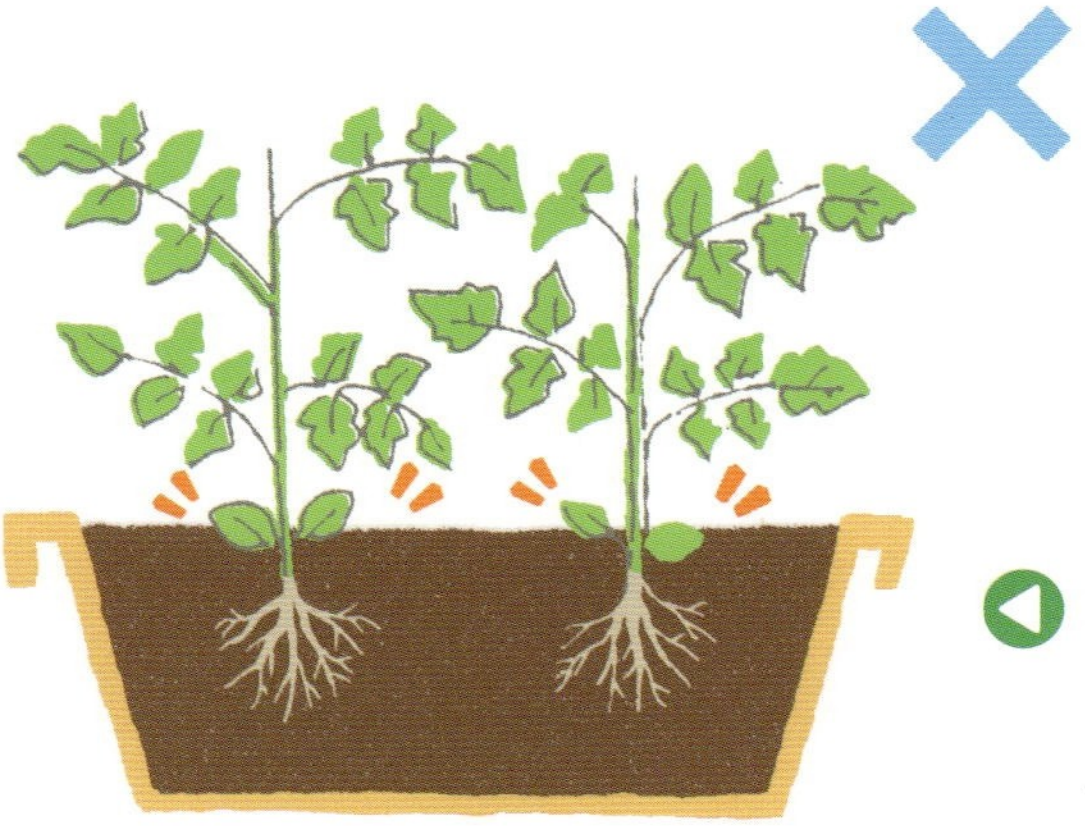

根鉢が崩れて、子葉を埋めてしまうような深植えは避ける

茎が細く軟らかく、ひょろひょろと長く伸びて、節と節の間隔があいている

子葉や下葉が枯れたり黄色くなっている。葉の裏にアブラムシなどの虫がついている

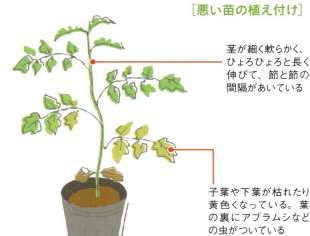

生育中の管理

乾燥しやすいコンテナ栽培に欠かせない毎日の水やり、と同時に水と一緒に肥料分が流れるので追肥もしっかり施さなければなりません。野菜によっては支柱を立てたり、摘心などの作業も必要です。

水やり

コンテナ栽培では毎日の水やりが欠かせませんが、水のやりすぎで根ぐされをおこし、野菜が枯れることもあります。

水やりのコツは、鉢土の表面が乾いたらたっぷりと与え、乾くまでやらないことです。

追肥

土の量が制限されるコンテナ栽培では、水やりの回数も多いために、肥料分が水とともに流れるので追肥が重要です。追肥は、主に固形の化成肥料と液体肥料が使われますが、化成肥料はチッ素、リン酸、カリの３要素の含有率(％)が低い、肥当たりしにくい肥料を、回数を多く施すのがコツ。施すとき葉にかけないように注意します。

追肥の方法

コンテナでは、雨や水やりのたびに少しずつ溶けて効く粒状の化成肥料を施し、肥料と土がなじむように移植ゴテで混ぜ合わせ、土寄せしておきます。この後に水やりをすると、肥料分が土にしみこみ、効果的に施せます。

［条まきの場合］

条まきの場合、土の量1ℓ当たり1gの化成肥料を条間にぱらぱらとまく。移植ゴテなどで、肥料を土に混ぜ込んでなじませる

［ばらまきの場合］

ばらまきの場合、土の量1ℓ当たり1gの化成肥料を葉にかけないようにまく。肥料を土に混ぜ込むだけで、株元に土寄せはしない

［点まきの場合］

点まきの場合、土の量1ℓ当たり1gの化成肥料を株の周りにぐるりとまく。肥料を軽く土に混ぜ込んで、株元に寄せる

液体肥料は株元に注ぐ

水で薄めるタイプの液体肥料はすぐに効く肥料です。葉もの野菜に水やりを兼ねて施したり、肥料切れで株が弱っているときに施すと効果的です。説明書に書かれた適切な倍率で薄め、ジョウロや水差しなどで株元に注ぎます。1～2週間に1回の割合で施すとよいでしょう。

水やりの方法

水は、コンテナの底から流れ出るまでたっぷりと与えるのが基本

［小さな苗］

小さな苗は、ジョウロのハス口を上に向けてやさしく与える

［大きな苗］

大きな苗や大きく育った株は、ハス口をはずして株元にたっぷり与える

［タネまき後］

タネまき後は、タネが浮き出たり流れないように慎重に与える

支柱立て

つる性の野菜や丈が高くなる野菜には支柱を立てます。トマトやナス、ピーマン、ニガウリ、オクラ、サヤエンドウ、キュウリなどは倒れるのを防ぐために支柱が必要です。支柱に誘引するときは、生長したときに紐に茎が食い込まないようにゆとりをもたせて結びましょう。

▷植えたばかりの苗には仮支柱を立てる。紐はゆとりをもたせて結び、風の害から守る

▽つる状に伸びるスイカは、あんどん型の支柱を立ててつるを絡ませる

△スイカは主枝を摘心し、雌花をつける子づるの発生を促す

芽かき

よい果実を収穫するには芽かきをします。トマトやピーマン、ナスなどは不要な枝をつけないためにわき芽をかき取り、日当たりや風通しをよくして実を大きく育てます。

△トマトは葉の付け根から出る芽をすべて取り除く

▽ナスは1番花の下2本のしっかりした芽を残し、ほかは取り除く

△ジャガイモは大きなイモを収穫するために、太い芽を1～2本残してほかは取り除く

まし土

水やり回数の多いコンテナ栽培。十分に入れた用土も水やりのたびにかさが減り、根元が露出して株が倒れやすくなります。土が減ったときは新しい土を足してまし土をします。ニンジンやジャガイモなどは、緑化を防ぐためのまし土が大切です。

▷土が沈み、根がみえてきたらまし土をする

▽ニンジンなど緑化を防ぐまし土は大事な作業

△追肥後にまし土をすると肥料の効果が高まる

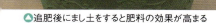

摘心

摘心は茎の先端の芽を摘み取ることです。収穫をふやしたいときに行う作業です。バジル、クウシンサイ、シュンギク、シソなどは摘心してわき芽を出させると次々と収穫できます。また、トマトやキュウリは支柱より高く伸びたら摘心して、養分を下に回して実を充実させます。

乾燥防止

夏は土の乾きが早く、水やりが大変です。コンテナに敷きわらをして乾燥を防ぐとよいでしょう。

△野菜の中で最も乾燥に弱いサトイモは、株の周囲に敷きわらをして水やりをする

△多湿を好むクウシンサイは、敷きわらをする

霜よけ

シュンギクや小カブ、ミズナ、ホウレンソウなどを寒さの厳しい時期に作るときは、不織布や寒冷紗をかけてトンネル栽培すると軟らかい上質のものが収穫でき、収穫期間も伸ばせます。

△寒冷紗のトンネルを掛けて防寒すると生育が順調になる

▷春先や晩秋にタネをまいたときは、ビニールなどで覆って保温をすると発芽がよくなる

受粉

高層階のベランダでは、飛来する昆虫も少ないため、実を収穫する野菜は人工授粉が大事。雌花の開花に合わせて雄花を咲かせなければならないので、複数の株を育てると人工授粉の機会が増えます。

▽花粉の寿命が短いため、受粉は朝9時ころまでには済ませる

収穫

手近で栽培できるので、必要な分だけ収穫できるのがベランダ菜園のよいところです。おいしい時期を逃さず、適期に収穫しましょう。

▽サラダカラシナは間引きながら収穫して、残す苗の株元に光が当たるようにする

◁セロリは使う分だけ外葉からかき取って収穫すると、長く楽しめる

栽培準備 9

病害虫の出にくい環境をつくる

病害虫の発生を減らすには、日照や風通しなど丈夫な株に育てる環境をつくることです。野菜はできるだけ無農薬で育てたいので、毎日こまめに野菜の状態をチェックし、被害がほかに広がらないように注意しましょう。

病害虫の予防と防除

日当たりや風通しが悪かったり、梅雨時の湿った環境などで、病気の被害が広がります。適切な株間をとり、日当たり、風通しをよくして、肥料や水のやりすぎにも注意します。また、無理をせずにその野菜に合った時期につくることも大事です。

害虫は、見つけ次第退治しますが、防虫ネットを利用してネット栽培をすると防げます。ネットは紐や洗濯ばさみで裾をしっかり固定します。枯れ葉や黄色くなった下葉は病気の発生源になるので取り除きます。

薬剤は正しく使って安全に

予防に努めていても、病気や害虫を完全に防ぐことはできません。虫が多発したり病気がで

病気の予防

適切な株間をとるとともに、コンテナとコンテナの間も適度に間隔をあけ、コンテナの下にレンガやポットフィート（足台）を置くなどして、風通しや水はけをよくする工夫をしましょう。

◀ポットフィートを敷くと、鉢底の風通しや水はけがよくなる

◀病気の発生源となる緑色がぬけた下葉などは早めに取り除く

◀しっかり間引いて、その野菜にあった株間を十分にとる

害虫の防除

△タネをまいたらすぐネットで覆い、隙間ができないようにすそを紐で結ぶ

△コンテナ栽培に最適なアブラムシなど、飛び回る害虫を捕獲する粘着テープ

スプレー剤は薄めずにそのまま使え、冷害の心配がないので、ねらったポイントに近くから散布できる

て、被害を抑えるために薬剤に頼らざるを得ないこともあります。適正な薬剤を正しく使えば、安全に利用することができます。

薬剤を使うコツは、被害が小さいうち、発生初期に対処することです。まず、病気なのか害虫の被害なのかを見極め、説明書をよく読んで使用法を守って散布します。

最近は、人間には無害と考えられる自然素材や、食品添加物を主成分とする安心して使える天然系薬剤も出回っていますから、これらをうまく利用するとよいでしょう。

薬剤の正しい使用方法

粒剤は量を守って1カ所に集中させず、全体に均一にまく

害虫は葉の裏にも潜んでいる。また、菌は葉裏の気孔から入るので、葉の裏も万遍なく散布する

薬剤を使わずに害虫を防ぐには、防虫ネットや不織布で覆う方法がおすすめです。葉もの野菜などはタネまきしたときからネットをかけ、苗を植えるときは、苗に虫や虫の卵がついていないか十分に確かめてからネットをかけます。

寒冷紗のネット

苗を植えたときは、支柱でトンネルをつくってネットをかける

アブラムシは粘着テープでとる

アオムシなどはピンセットや割り箸で捕まえ、退治する

安全な薬剤

BT剤

BT剤は、バチルス・チューリンゲンシスという微生物の頭文字からとった名称です。アオムシやコナガなどを対象にした環境にやさしい天然系の薬剤で、有機栽培での使用も認められています。納豆菌もバチルス菌の一種で、特定の昆虫だけを死滅させます。

食品成分由来の薬剤

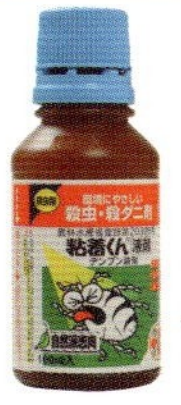

でんぷん由来の「粘着くん液剤」

ジャガイモやトウモロコシのでんぷんから作られたもの、シイタケの菌糸やジョチュウギクから抽出した成分でつくられたもの、石鹸を主成分とするものなど、さまざまなものがあります。化学殺虫・殺菌成分は使っていないので安全です。

主な害虫

アブラムシ

発生しやすい野菜

- ホウレンソウ
- パセリ
- ソラマメ
- ダイコンなど
- ほとんどの野菜

新芽や葉に群生して、汁を吸う

予防と対策

▶寒冷紗をかける。指でつぶす

ハダニ

発生しやすい野菜

- ナス
- アサツキ
- インゲン
- モロヘイヤ
- シソ など

葉裏に群生して汁を吸う。葉の色があせる

予防と対策

▶繁茂を避ける。葉裏に水をかけて洗い流す

アオムシ、ヨトウムシ

発生しやすい野菜

- カリフラワー
- ハクサイ
- ダイコン
- コマツナ など
- ほとんどの野菜

葉を食害する。ヨトウムシは夜間に活動する

予防と対策

▶寒冷紗をかける。捕殺する

コナガ

発生しやすい野菜

- コマツナ
- チンゲンサイ
- ハクサイ
- ダイコン
- カブ など

葉を食害する

予防と対策

▶寒冷紗をかける。捕殺する

主な病気

うどん粉病

発生しやすい野菜

- キュウリ
- カボチャ
- エンドウ
- イチゴ
- ナスなど

葉が白い粉をまぶしたようになる

予防と対策

▶密植を避け、水はけ、風通しをよくする

ベト病

発生しやすい野菜

- キャベツ
- シュンギク
- キュウリ
- ダイコン
- レタスなど

葉に黄色い角ばった斑紋ができる

予防と対策

▶水はけ、風通しをよくする

疫病

発生しやすい野菜

- キュウリ
- トマト
- ピーマン
- ジャガイモ
- カボチャ など

葉や茎、果実に大きな褐色の病斑が入る

予防と対策

▶密植を避け、水はけ、風通しをよくする

軟腐病

発生しやすい野菜

- タマネギ
- ハクサイ
- キャベツ
- セロリ
- レタスなど

根元が腐り、悪臭を発する

予防と対策

▶密植を避け、水はけ、風通しをよくする

PART

2

コンテナで野菜をつくる

果菜類

1 苗の植え付け

初めて栽培するときは市販の苗を購入してスタートします。深植えすると生育が悪くなるため、葉の付け根のクラウン（生長点）が少し隠れる程度の浅植えにします。また、花はランナーの切れ端がついている反対側に咲くので、ランナーを内側にして植え付けます。

1 容器の縁から3cmほどウォータスペースをとり、用土を入れる

2 ポットの底穴に指を入れて、苗を押し出すように抜く

3 根が回っているようなときは、用土になじむように底のほうの根を取り、少し根鉢を崩す

置き場所 日当たりのよい場所

コンテナサイズ プランター または 鉢

標準　標準　※ストロベリーポットでも栽培可

栽培用土 実もの野菜用の配合土

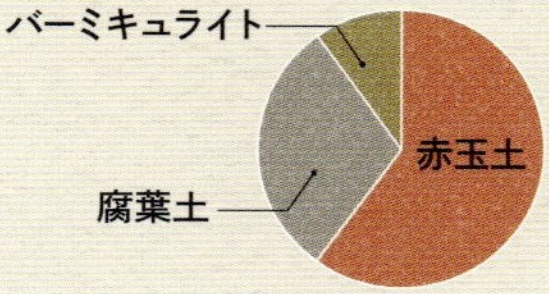

石　　灰：用土10ℓ当たり 10g
化成肥料：用土10ℓ当たり 10〜30g

栽培カレンダー

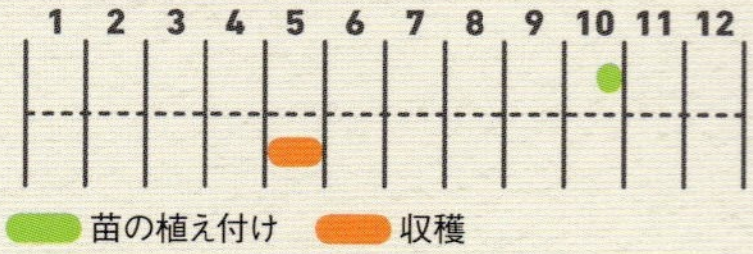

栽培のポイント

- 冷涼な気候を好み、暑さと乾燥を嫌うので、夏越しの心配がない秋植えがおすすめです。
- イチゴは根が弱く、肥料あたりしやすいため強い肥料には注意します。
- 乾燥させると生育が悪くなるので、冬でも鉢土が乾いたらたっぷり水をやりましょう。

4 根鉢より少し大きめの植え穴を掘り、苗をおく。周りの土を寄せてクラウンを埋めないように植え付け、軽く手で押さえる

5 コンテナのわきをたたいて土を落ち着かせる

POINT
コンテナには しっかり用土を入れる

植えたあとは割り箸などでつつき、根の周囲に土がまんべんなくゆきわたるようにし、沈んだ部分の土は足しておく

7 2段目も同様に植え付ける

6 泥跳ねが葉にかからないように手を添えてたっぷり水をやる

POINT
手を添えて 水流を弱める

8 すべてのコンテナの植え付けが完了

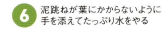

2 花摘み

イチゴは寒さに強いのですが、冬に咲いた花やつぼみは霜にあうと傷んで実をつけることがないため、茎の太い株に育てるためにも早めに摘み取ります。また、枯葉があったらそれも取り除きましょう。

3 追肥

追肥は2回施します。2月下旬になると休眠からさめて生育を開始します。このころに1回目の追肥を、花が咲き始めたら2回目の追肥をします。肥料は専用の有機肥料がおすすめですが、化成肥料でもよく、量は1株当たり5gほどです。

1 休眠からさめたら追肥を施す。肥料に弱いのでイチゴ用の有機肥料を施すとよい

»POINT イチゴは肥料に弱いので株元から少し離して与え、土と混ぜ込む

2 花が咲いたら2回目の追肥を1回目同様施す

4 ランナー摘み

暖かくなってくるとランナーが伸びてきますが、実を肥大させるためにランナーは適宜摘み取ります。

果実の肥大を妨げるランナーは取り除く

5 人工授粉

イチゴは虫によって花粉が運ばれて受粉します。受粉がうまくいかないと奇形果になりますから、ベランダなどで昆虫がいないときは人工授粉をします。

形のよい果実をつけさせるために耳かきの羽毛の部分や筆の先で、花の中心部を軽くなでる

こんなときどうしたらいいの？

イチゴの実が真っ白に!?

く管理して病気の予防をすることが大事です。

全体が白い粉におおわれた果実

6 収穫

開花後30日程度が目安で、赤く熟したものから収穫します。赤く色づくと鳥に狙われるので注意しましょう。

《POINT

ヘタの近くをハサミで切る

7 来年の苗づくり

収穫後は、伸び出たランナーについた子苗を来年用の苗にすることができます。

1 培養土を入れたポリポットを子苗の下に置き、U字形に曲げた針金でランナーを固定する

2 しっかり根付いたらランナーを切り離して苗として育て、秋に植える

栽培のヒント 子苗の選び方

ランナーの1節目についた子苗は親の病気を受け継いでいる可能性があるため、2番目から3番目の本葉3枚以上の子苗を選んで苗づくりをします。

イチゴの病気に葉裏や果実などが白いカビに覆われるうどん粉病があり、茎葉が茂りすぎたときに発生します。また、結実期に雨が多いと多発する灰色かび病もあり、実がなっている時期は雨の当たらない場所に置き、密植を避け、冬の間に枯れあがった下葉などはきれいに取り除いて風通しよ

1 タネまき

一般には5月にタネをまきますが、雨、高温、乾燥に弱く、真夏は実つきが悪くなるため、早めにタネをまくようにしましょう。ツルなし種は、順次タネをまくと長い間収穫を楽しむことができます。ひと晩水につけて水分を含ませてからタネをまくとよく発芽します。

1 ウォータースペースをとり、用土を入れる

2 タネまき用のくぼみを20㎝間隔で3箇所つける

3 くぼみに3～4粒ずつ、タネが重ならないようにまく。周囲の土を寄せて2㎝くらい土をかける

4 たっぷり水をやる

POINT

手で軽く押さえて
土とタネを密着させる

置き場所 日当たりのよい場所

コンテナサイズ プランター または 鉢

栽培用土 実もの野菜用の配合土

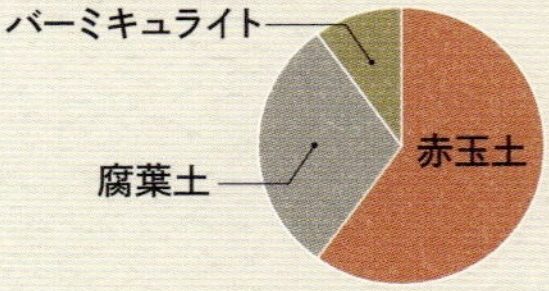

石　　灰：用土10ℓ当たり 10g
化成肥料：用土10ℓ当たり 10～30g

栽培カレンダー

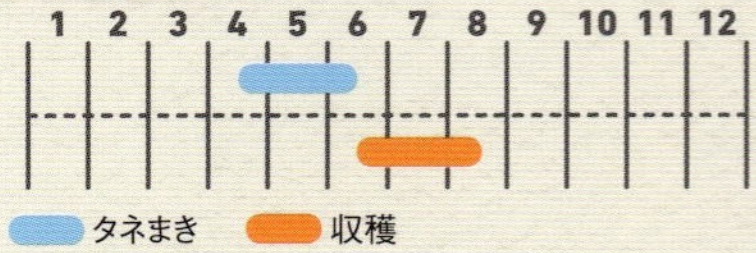

栽培のポイント

- ベランダなどでは支柱を立てる手間も省けるので、コンパクトなツルなしの品種がつくりやすいです。
- 肥料が多すぎると実がつかないことがあるので、追肥は適量をタイミングよく施します。
- 夏は風通しのよい涼しい場所で栽培します。

2 間引き

タネまき後7〜10日で発芽します。本葉2〜3枚になったら、元気なよい苗を残して1カ所2本にします。

生育の悪い株をハサミで切り、1カ所2本立ちにする

3 支柱立て

ツルなし種は支柱を立てなくても育てられますが、20㎝以上に育ったら風で倒れないように支柱を立てると安心。2株ずつまとめて支柱に結んでおくとよいでしょう。

株をまとめて紐で支柱にとめておく

4 追肥

つぼみがふくらみ始めたら、化成肥料を1カ所10gほど株の周りにまき、土に軽く混ぜて株元に土を寄せます。

5 収穫

開花後10〜15日くらいの若いさやを収穫します。とり遅れるとさやが硬くなるので、豆のふくらみがあまり目立たないうちに収穫します。

さやの長さが10〜15㎝ほどになったものからハサミで切り取る

栽培のヒント 敷きわらをして雨の当たらない場所に置く

日当たりのよい場所に置きますが、花が咲いてから雨に当てると花粉のつきが悪くなるので、雨の日は直接雨の当たらない場所にコンテナを移動します。ただし、開花期に乾燥させると花が落ちるので、鉢土が乾かないように水やりに努めます。わらや腐葉土で株元をマルチングすると効果があります。

ツルなしインゲンの花

1 タネまき

栽培期間の短い早生種がおすすめですが、早生種と中生種を同時にまいておけば、引き続いて長い間収穫できます。ポットまきにすると早まきができ、鳥害の心配もありません。

1 3号のポリポット3つに用土を入れ、人差し指の第1関節の深さに穴を3つあける。穴にタネを1粒ずつまき、土をかけて手で軽く押さえる

2 苗の植え付け

本葉が2枚出たら、10～15cm間隔に2本立ちのまま根鉢を崩さずに植え付け、仮支柱を立てます。本葉2枚以上に大きくなると移植しにくいので注意しましょう。

1 3cm程度のウォータースペースをとり、用土を入れて根鉢より少し大きめの植え穴を3つ掘る

2 根鉢を崩さないようにポットから苗を抜いて植え、株元を軽く押さえる

置き場所 日当たりのよい場所

コンテナサイズ プランター

栽培用土 実もの野菜用の配合土

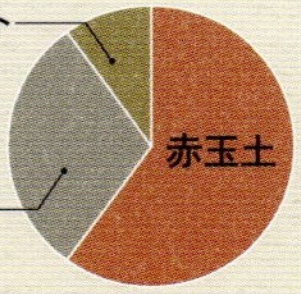

石　　灰：用土10ℓ当たり10g
化成肥料：用土10ℓ当たり10～30g

栽培カレンダー

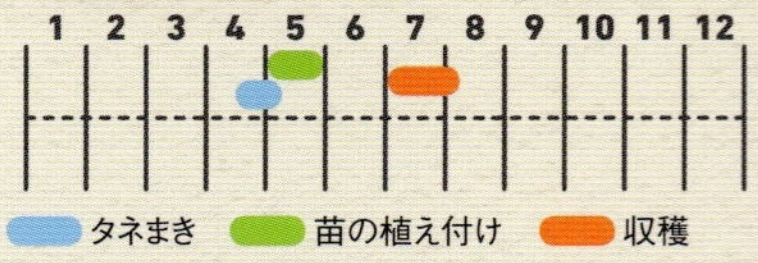

栽培のポイント

- 夏の高温期は花つきが悪くなるため、早生種をつくると失敗が少ないです。
- マメ科なので窒素肥料は少なく施し、日当たりのよい場所に置くと多くの実が収穫できます。
- 開花期に土が乾燥すると花が落ちる原因になり、実入りも極端に悪くなるので、こまめに水やりをします。

3 追肥・まし土

つぼみがつき始めたら追肥を施します。肥料が多すぎると葉ばかり茂り実つきが悪くなるので、控えめに施しましょう。また水やりなどで減った分の用土を足します。

1 つぼみがついたら化成肥料10gを全体にまく

2 減った分の用土を化成肥料の上から足す

4 収穫

タネまき後60～70日くらいで収穫できます。さやが十分に膨らみ、さやを押すとマメがはじけるくらいが収穫適期です。収穫が遅れるとマメが硬くなるので、硬くならないうちにとります。

ハサミで株元から切って収穫する

膨らんださやから収穫してもよい

2 初生葉が開いたら2本に間引き、本葉2枚まで育苗する

3 たっぷり水をやる

4 倒れないように短い仮支柱を立て、2本の苗をいっしょに紐で結ぶ

オクラ

アオイ科

1 タネまき

直まきもできますが、高温を好むのでポットで苗をつくります。タネが硬く吸水しにくいので、一晩水につけてからまくと発芽がそろいます。

1 3号のポリポット3つに用土を入れ、タネを3粒ずつ重ならないようにまく

2 子葉が開いたら、1本間引いて2本残す

3 本葉3〜4枚で1本立ちにする

2 苗の植え付け

オクラは細かい根が少ないので植え傷みするため、本葉3〜4枚の小苗を根鉢を崩さずに植えます。また、多湿を嫌うのでメッシュ状の底敷きがないプランターは、砕いた発泡スチロールを敷くと水はけがよくなります。

1 網に入れた発泡スチロール片をプランターの底に敷き、ウォータースペースを残して用土を入れる

2 15〜20㎝の株間をとり、根鉢より少し大きめの植え穴を3つ掘る

3 苗を指の間に挟んで、ポットから根鉢を崩さないように抜く

4 ていねいに植え付けて、株元を軽く押さえる。その後、たっぷり水をやる

置き場所 日当たりのよい場所

コンテナサイズ プランター

栽培用土 実もの野菜用の配合土

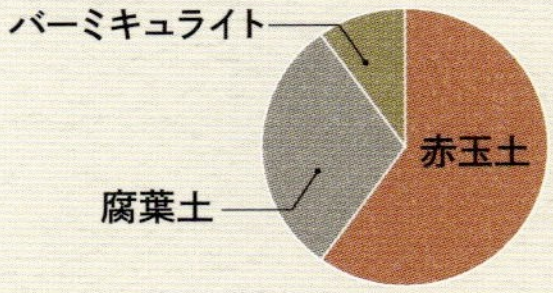

石　灰：用土10ℓ当たり 10g
化成肥料：用土10ℓ当たり 10〜30g

栽培カレンダー

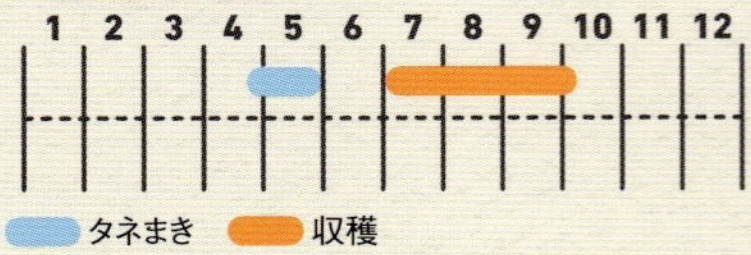

栽培のポイント

- 高温を好むので、ポットにタネをまき、育苗して温度が上がったらすぐ定植できるように準備します。
- 草丈が高くなる野菜です。コンテナでは根がしっかり張れないため、支柱を立てます。
- 生長が早いので、適期を見極め、軟らかいうちに果実を収穫します。

3 追肥（1回目）・まし土

気温が上がり本葉5～6枚になるころから急に生長します。生育期間が長く、次々と収穫するためには肥料切れしないように追肥を施します。

1 化成肥料10gを月に1～2回施す。株元から離して全体にばらばらとまく

2 減った分の用土を肥料の上に足す

4 支柱立て・追肥（2回目）

草丈が30㎝ほどに伸びたら、風で倒れないよう支柱を立て、茎を支柱に結びます。このとき、2回目の追肥を施します。

1 茎が傷まないように、紐は支柱側で結ぶ

2 収穫が始まったら、化成肥料10gをプランターの縁に沿って施し、土に軽く混ぜる

5 収穫

開花後、1週間くらいで収穫できるようになります。長さ6～7㎝を目安に収穫します。果実は次々と大きくなるのでさやが軟らかなうちに収穫しましょう。同時に収穫した果実の下の葉を摘み取って風通しをよくします。

1 さやが硬くならないうちに早めに収穫する

2 収穫する果実より下の葉1、2枚を残してそれ以下の葉を切り取る

ウリ科

カボチャ(ミニ種)

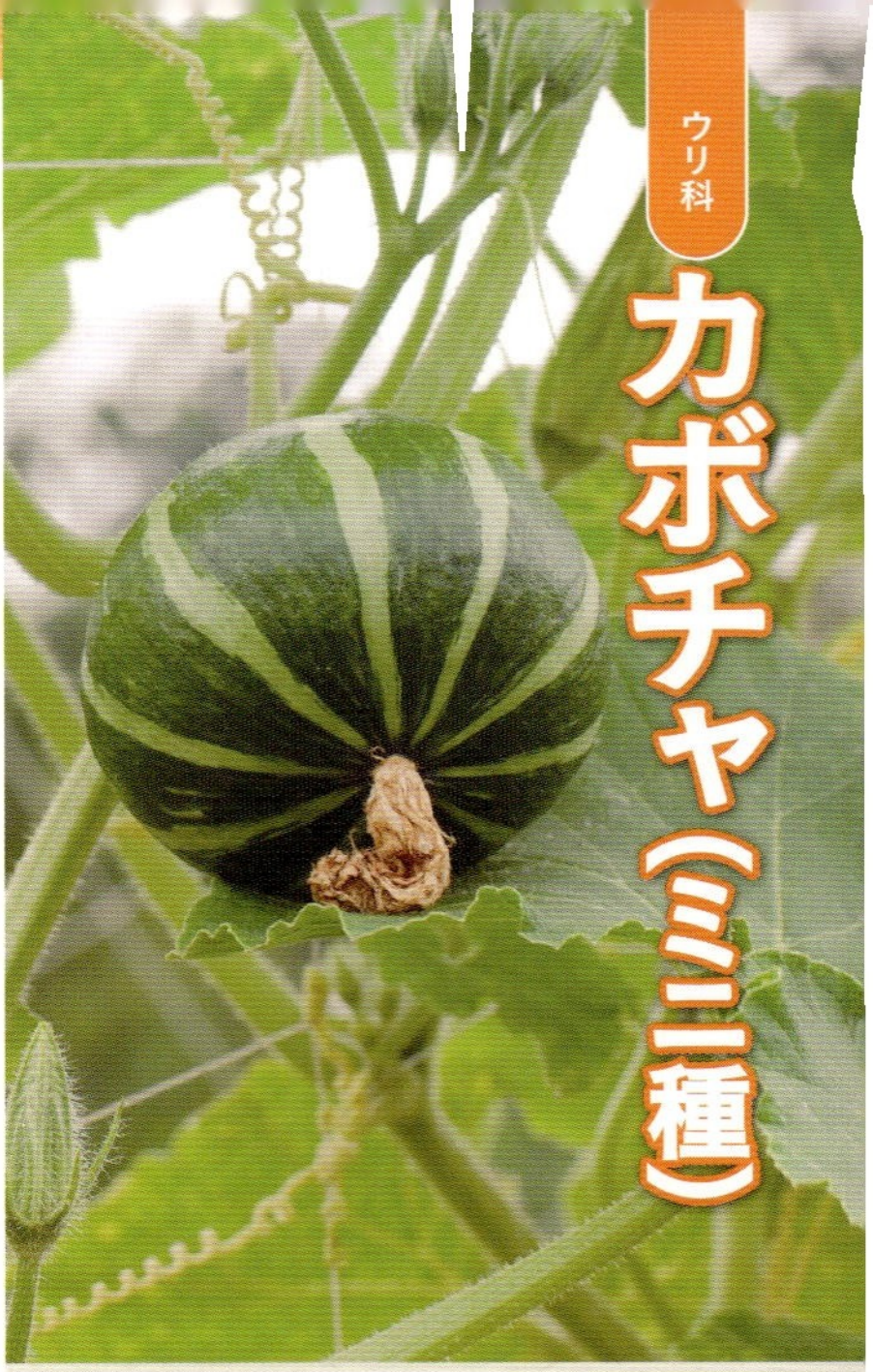

置き場所 日当たりのよい場所

コンテナサイズ プランター または 鉢

栽培用土 実もの野菜用の配合土

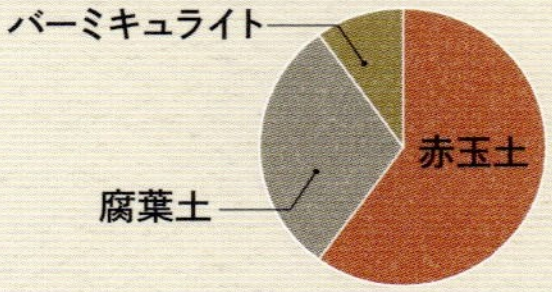

苦土石灰:用土10ℓ当たり 10g
化成肥料:用土10ℓ当たり 10g

栽培カレンダー

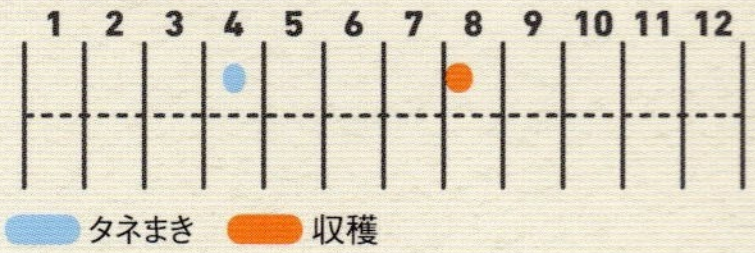

栽培のポイント

- ベランダなど昆虫の飛来が少ない場所では、人工授粉をして実をつけます。
- あんどん仕立ての場合は、果実全体に日が当たるように、ときどきコンテナを回すとよいでしょう。
- つるボケしないように、元肥として化成肥料などでもチッ素分が少ないものを用います。

1 タネまき

市販のタネまき用土を用いて3～5号のポリポットにタネを2粒まきます。暖かい場所で管理し、発芽後に1本に間引きます。

1 ポリポットに用土を入れ、2粒のタネを離して置く。1～2cm程度覆土し、たっぷり水をやる

2 発芽したら1本に間引き、本葉3～4枚まで育苗する

2 苗の植え付け

タネをまいてから約1カ月で本葉3枚になります。遅霜の心配がなくなってから植えますが、表面の根が見える程度に浅植えにします。

1 コンテナの中心に根鉢より大き目の植え穴を掘る

2 根鉢の表面と用土が同じ高さになるように植え、株元を押さえて水をやる

3 支柱立て・整枝

つるが伸びてきたら、あんどん型の支柱やオベリスクを立て、親づる1本を伸ばします。子づるは伸びるごとに切り取ります。

1 実がかなり重くなるので、しっかりしたオベリスクを立てる

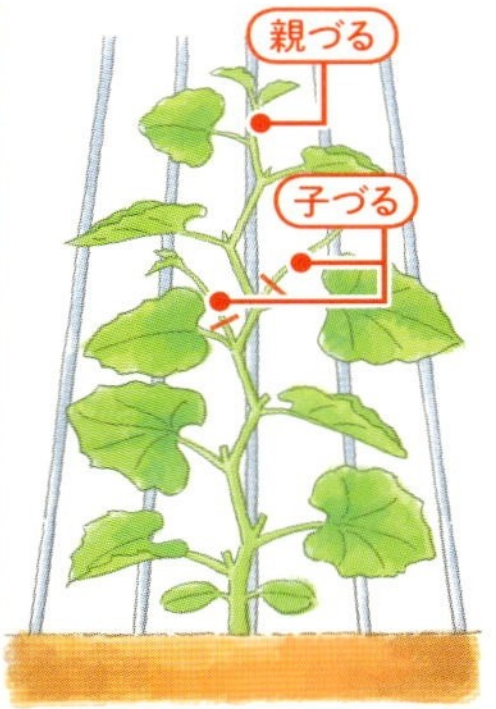

2 巻きひげがでるが、自分では這い上がれないので親づるを誘引する

4 人工授粉・追肥

親づるの1番花を結実させると、つるや葉の茂りすぎを抑えられます。人口受粉をして着果させましょう。受粉は午前9時ころまでに済ませ、着果が確認できたら追肥を施します。

1 雄花の花弁を取り除き、花粉を雌しべにつける

2 果実が肥大し始めたら、化成肥料10gを施して軽く土に混ぜる

POINT
こどものこぶし大を目安に追肥

5 収穫

人工授粉後約40日が収穫の目安です。果実の表面が硬くなり、ヘタにコルク状のひびが入ったら収穫します。

POINT
ヘタが白っぽく変色したら収穫

ヘタが白っぽく変色したらヘタをハサミで切り取る

つくってみたい

カボチャの品種

コリンキー

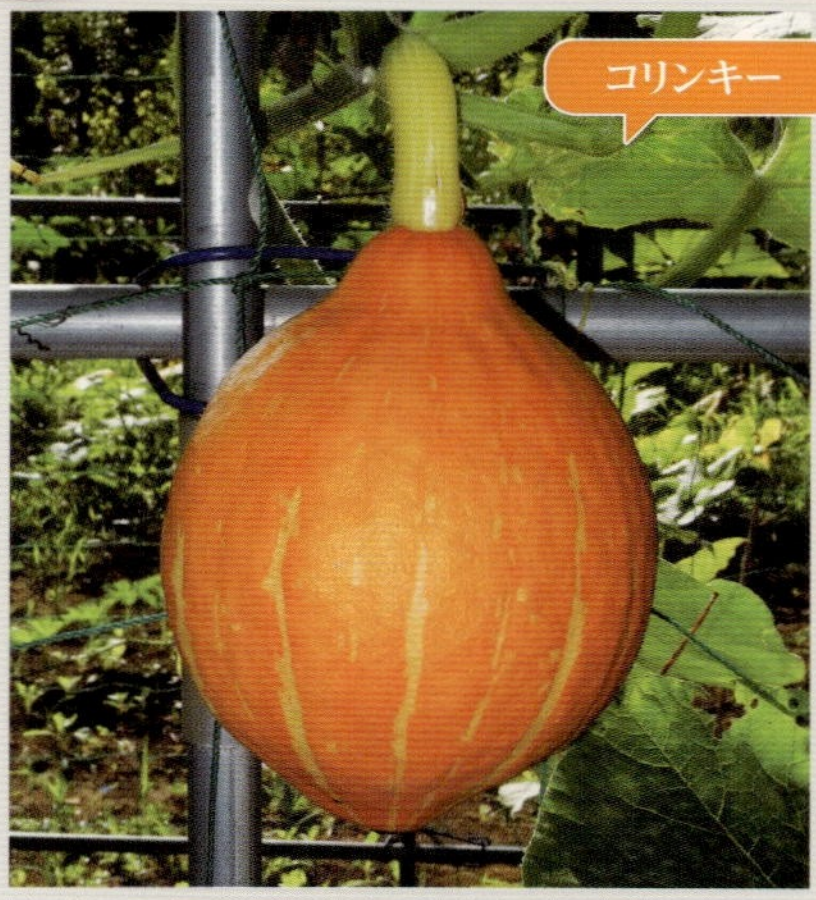

未熟果で収穫して皮ごと生食するミニ種。開花後10日ほどで収穫でき、サクサクとした歯触りでサラダや甘酢漬けに向く

プッチーニ

手のひらサイズのミニ種。電子レンジで3～4分加熱するだけで食べられる。日持ちし、収穫してから1カ月ほど置くとさらにおいしい

栗坊《くりぼう》

重さ500～600gのミニ種。ホクホクした甘い実が特徴で、1本のつるに3～4個つき、支柱を立てたアーチ仕立てなどの立体栽培に向く

マッチャン

韓国のカボチャ。開花後10日ほどで、ズッキーニのような果実を若どりする、加熱すると皮はさっくり、果肉はとろっとしておいしい

ロロン

重さ1.8～2kgのラグビーボール形の果実。濃緑色の果皮にちらし斑が入り、上品な甘さと滑らかな舌触りで濃厚な味わいが楽しめる

バターナッツ

ヒョウタン形のミニカボチャ。果肉は濃黄色で日本カボチャに近く、繊維質が少なくねっとりとして甘みが強くポタージュに向く

朱姫《あけひめ》

オレンジ色の果皮が目を引く赤皮のミニ種。重さ450～550g、手のひらサイズで開花後約30日で収穫。種子部が小さく肉厚で甘みが強い

日向《ひゅうが》14号

日本カボチャの代表品種で「日向カボチャ」とも呼ばれる。濃黒緑色の皮はごつごつして溝がある。粘質でさっぱりした甘みがある

会津《あいづ》カボチャ

日本カボチャの一種。緑色の皮に黄色の斑点があり、溝が入ってでこぼこしている。水分が多くねっとりして特有の香りがある

ウリ科

キュウリ

1 苗の植え付け

タネをまいても育てられますが、保温など温度管理が難しいので、市販の苗を利用すると簡単です。子葉がついて茎が太くがっちりした本葉3～4枚の苗を選び、根鉢を崩さず浅植えします。

1 軽量化のために、砕いた発泡スチロールを網に入れて底に敷く

発泡スチロールで
水はけもよくなる

2 ウォータースペースをとり、用土を入れる

3 株間を20㎝とり、根鉢より少し大きめの植え穴を掘る

4 浅植えして株元を軽く押さえる

POINT

植え付け後
たっぷり水をやる

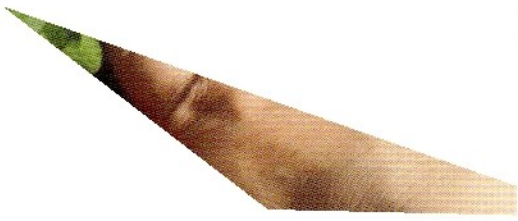

置き場所 日当たりのよい場所

コンテナサイズ プランター または 鉢

大型　　大型 深型

栽培用土 実もの野菜用の配合土

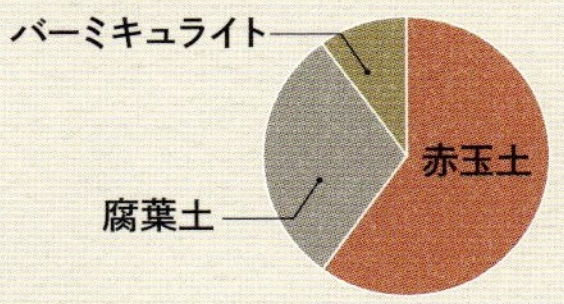

石　　灰：用土10ℓ当たり 10g
化成肥料：用土10ℓ当たり 10～30g

栽培カレンダー

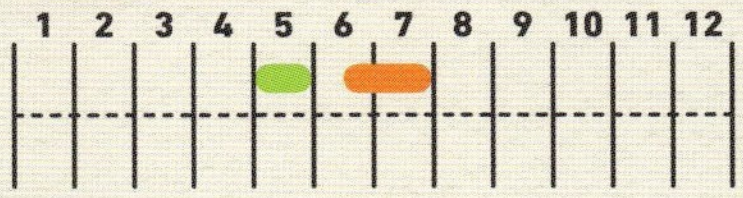

栽培のポイント

- 温和な気候を好み、寒さに弱いため、夏キュウリがつくりやすいでしょう。
- 日照不足になると雌花の花つきが悪くなるため、強い風の当たらない、よく日の当たる場所で育てます。
- 根が浅く地表面近くに張るため、真夏はわらなどでマルチして乾燥から守ります。

2 支柱立て

定植後、1～2週間たつとつるが伸びてくるのでしっかりした支柱を立てます。支柱を立てた後は茎やつるを生長に従って順次誘引していきます。つるが曲がったままでは成育が抑えられるため、親づるが真っ直ぐ伸びるように誘引することが大事です。コンテナの外に伸びだしたつるもていねいに誘引しましょう。

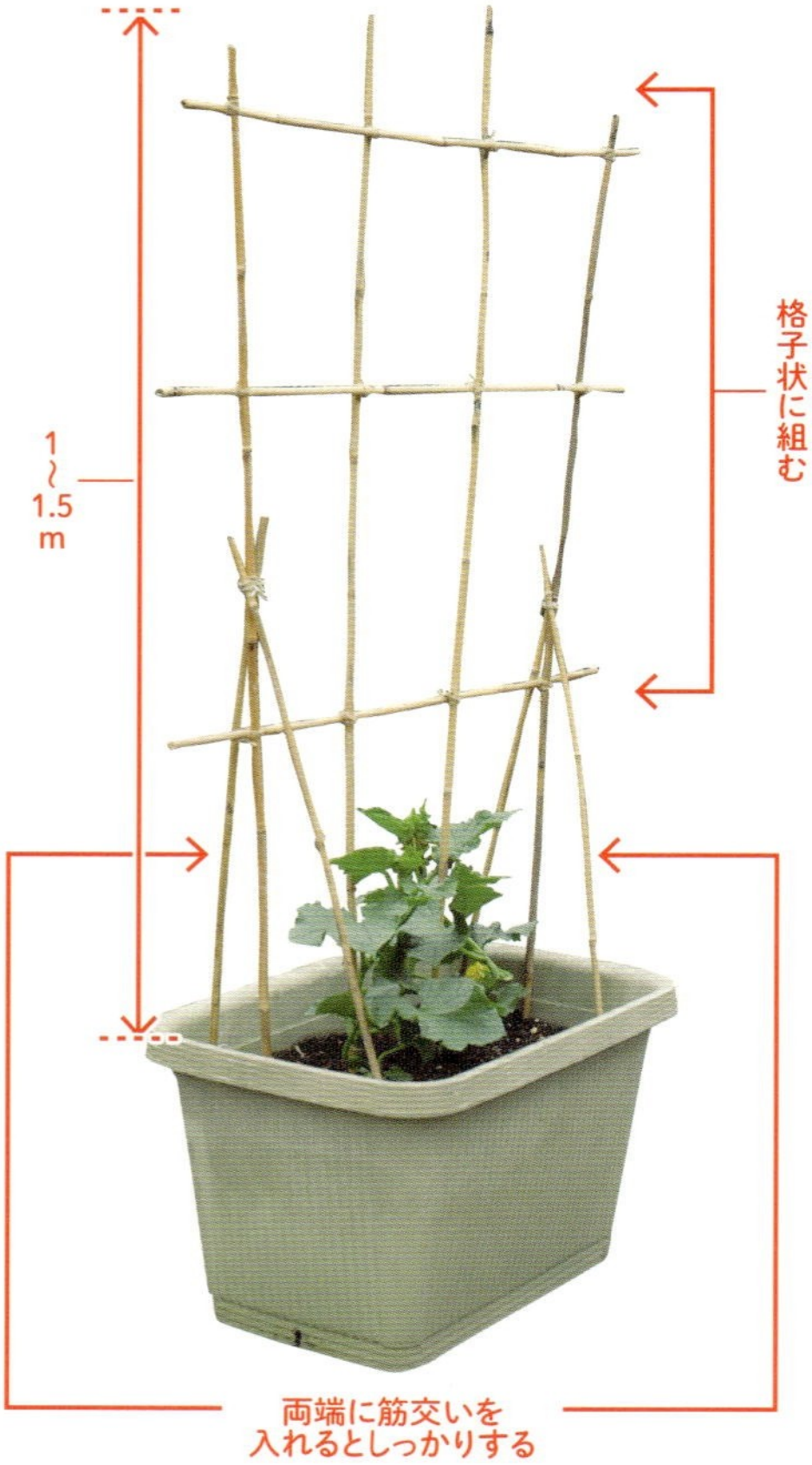

1～1.5m
格子状に組む
両端に筋交いを入れるとしっかりする

POINT
茎のほうに余裕を持たせて誘引する

つるが伸びる前は株元を誘引する

3 追肥

株がしっかりしてきたら追肥を施します。追肥は1度にたくさん施すより、定期的に少しずつ施したほうが効果があります。

1 1株当たり化成肥料5gを追肥する

2 軽く土に混ぜ込む

4 整枝

株をつくるために本葉5枚目までの子づるは早めに取り除き、6枚目以降の子づるは本葉2枚目の先で摘心します。主枝は支柱の高さを超えたら先端を止めて子づるの生長を促します。

1 本葉5枚目までに出る子づるは元から切る

2 支柱の高さを超えた主枝は先端を摘む

5 敷きわら

キュウリは根を地表面に近いところに張るため、敷きわらをして湿った状態にして乾燥を防ぎ、根を保護することが大事です。敷きわらをすると雨の跳ね上がりからくる葉の病気も防げます。

夏期は土が乾くので敷きわらをして、時々水をやる

6 収穫

植え付けてから1カ月後くらいで1番果がつきます。株に負担がかからないように1番果は小さなうちに収穫します。その後にできる実も長さ18～20㎝くらいで早めにとります。収穫が始まったら2週間に1回追肥をします。

POINT

1番果は小さなうちに収穫する

コンテナでは土の量が限られているので、果実を大きくしないで収穫する

つくってみたい

キュウリの品種

節成りで雌花の数が多く、イボが小さく味がよい実が名前どおりたくさん収穫できる。うどんこ病やベト病にも強く、栽培しやすい

タネまき後30日程度で収穫できるミニ種。長さ6～8cm程度が収穫適期で、歯切れがよくサンドイッチや甘酢漬けの材料にもよい

中国系「四葉」の改良種。表面にイボが多くごつごつした感じだが、果皮が薄く香り、歯ごたえがよい。実の長さ21～25cmで収穫する

実の下半分が薄い緑色なので「半白」の名がある。節成り性が高い黒イボ系の品種で、果皮がやや硬いので、生食より漬物に向く

白皮のキュウリで、キュウリ特有の青臭さがなく、歯ごたえがよく、生食のほか、炒めものやスープのみにも利用できる

うどん粉病やベト病にとても強い品種。節間が短いので誘引や摘心の手間があまりかからず、つくりやすい。各節に実をつけ収穫も多い

沖縄の野菜で、赤茶色の表面に細かい網目状の模様がある。果肉は白でキュウリ特有の香りがなく、サラダのほか煮物や漬物にされる

加賀・金沢の伝統野菜で黒イボ系の品種。ウリのように太いキュウリで、果肉が軟らかく風味があり、漬物や煮込み料理に向く

中南米産の野菜でメキシカンガーキンとも呼ばれる。縞模様が入った2～3cmの大きさで、酸味があり、ピクルスやサラダに向く

1 苗の植え付け

全体ががっちりして、1番花が開花する直前の苗を選んで植えます。1番花が咲いてからは水切れ、肥料切れにさせないことが大事です。

1 根鉢を崩さないように植え、株元を軽く押さえる。植え付け後十分に水をやる

2 仮支柱を立て、茎と支柱を紐で結ぶ

側枝が伸びだしたら本支柱を立て倒伏防止をする

3 追肥と水やりを兼ねて週に1回液肥を施す。収穫が始まったら月に1回、化成肥料を1株当たり5g施し、土に軽く混ぜこむ

2 収穫

実の長さが5～7㎝になったら順次収穫します。とり遅れると皮が硬くなり、株も疲れるので早め早めに収穫しましょう。

ヘタ（果柄）のすぐ上をハサミで切る

置き場所 日当たりのよい場所

コンテナサイズ プランター または 鉢

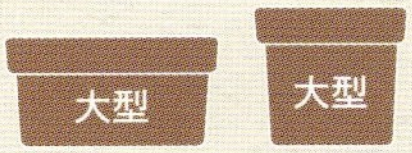

栽培用土 実もの野菜用の配合土

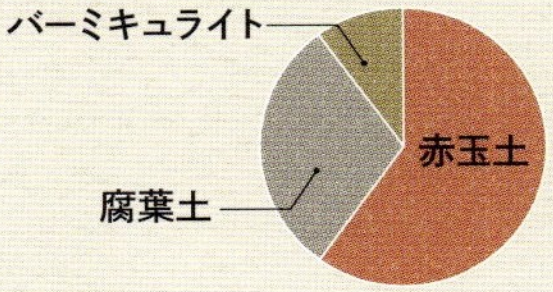

石　灰：用土10ℓ当たり 10g
化成肥料：用土10ℓ当たり 10～30g

栽培カレンダー

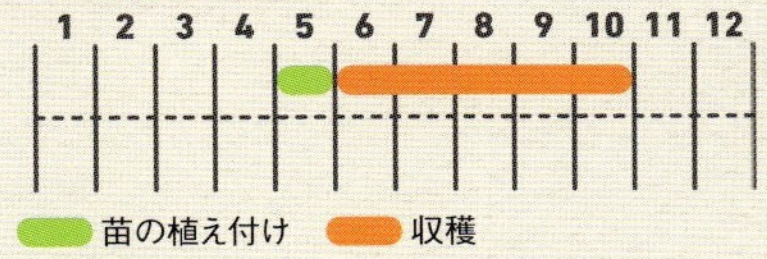

栽培のポイント

- トウガラシの仲間で日本在来の薄肉小果系の品種をシシトウと呼び、丈夫でコンテナでもつくりやすい野菜です。
- 高温性の野菜で、育苗期間が長くかかり、よい苗をつくるのが難しいため苗を購入して栽培します。
- 水不足や肥料切れになると辛味が出てくるので、水やりと追肥が大事です。

サヤエンドウ

1 苗の植え付け

大苗を植え付けると寒さの被害にあうため、本葉3～4枚の小苗を植え付けます。日当たりのよい場所に置けば、防寒資材は必要ありませんが、寒風の当たる場所では寒冷紗などをトンネル状に掛けて保温するとよいでしょう。

1 2～3㎝のウォータースペースをとって培養土を入れ、株間15～20㎝あけて苗を配置する

2 根鉢より大きめの穴を掘る

POINT

生育の悪い苗を切って整理しておく

3 植え穴に苗を置き、周りの土をかけて軽く手で押さえる

POINT

根鉢を崩さないようにポットからていねいに苗を取り出す

4 植え付け後に十分に水やりする

置き場所 日当たりのよい場所

コンテナサイズ プランター

栽培用土 実もの野菜用の配合土

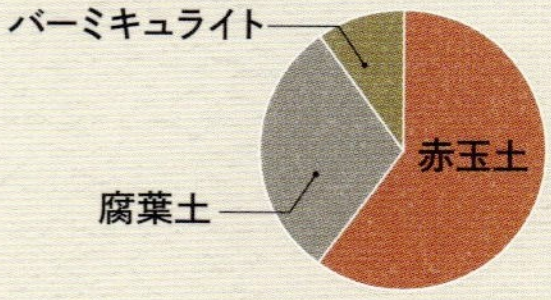

石　灰：用土10ℓ当たり 10g
化成肥料：用土10ℓ当たり 10～30g

栽培カレンダー

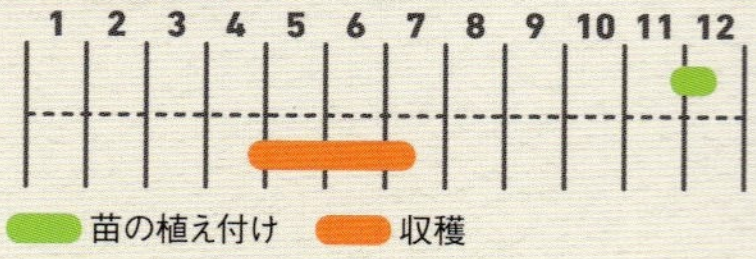

栽培のポイント

- 苗の植え付け時期が早いと、大きく育ち冬に寒害にあうので、タネまきや植え付けは適期を守りましょう。
- 酸性土に弱いので、土をブレンドするときは石灰資材をいれて土壌のｐＨ《ペーハー》を6.5程度に調整します。
- つるが伸びるので、しっかり支柱を立てます。

2 支柱立て・誘引

生長を始め、葉先に巻きづるが出てきたらに支柱を立て、つるが絡まりやすいように誘引します。誘引後はつるが自然に絡まり、株の重さがかかるので、支柱は頑丈につくるのが大事です。

草丈が20〜30㎝に伸びたら支柱を立てる

POINT

支柱に茎を誘引し紐で結ぶ

3 追肥

生育が旺盛時に1〜2回追肥を施し、軽く土に混ぜ込んでおきます。

1 花が咲くようになったら、1株当たり化成肥料5gを株元に施す

2 実がつき始めたら1回目と同じ量の化成肥料を施す

POINT

株元にぱらぱらとまき、土に混ぜ込む

4 収穫

開花後15日前後で、中のマメがまだ育たない若いさやをとりましょう。

ハサミでさやごと切り取って収穫する

こんなときどうしたらいいの?

葉に白い筋が入った!?

迷路のような白い筋はハモグリバエやナモグリバエの幼虫に食害された痕《あと》です。葉裏を見ると幼虫やさなぎが葉の内部に潜んでいるのがわかります。見つけ次第葉を取り除くか虫を手でつぶします。

正常な葉の模様

害虫に侵された葉

ウリ科

スイカ（小玉種）

置き場所 日当たりのよい場所

コンテナサイズ プランター または 鉢

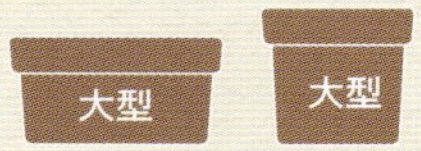

栽培用土 実もの野菜用の配合土

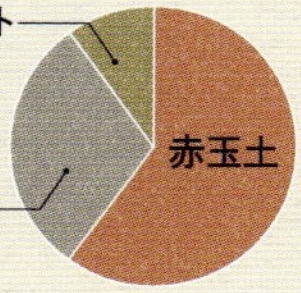

石　　灰：用土10ℓ当たり 10g
化成肥料：用土10ℓ当たり 10～30g

栽培カレンダー

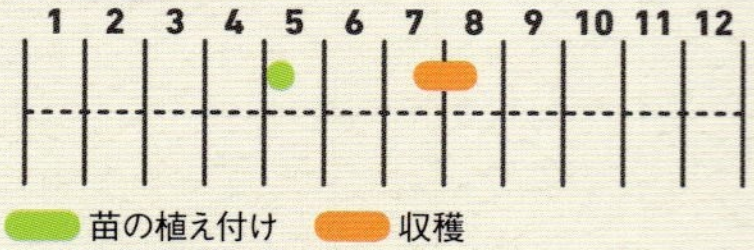

栽培のポイント

- 高温、強光、乾燥を好み、夏の日照が多く、高温の条件でよく育ちます。
- コンテナで栽培するときは小玉スイカが適し、支柱を立てて栽培します。
- 雨に当てると病気がでたり、実つきが悪くなるため、日当たりがよく、雨が避けられる場所にコンテナを置きましょう。

1 苗の植え付け

育苗時の温度管理が難しいので、市販される苗を利用すると簡単です。本葉4～5枚の苗を根鉢を崩さず、深植えにならないように植えます。定植のころはまだ夜温が低いため、生育初期はホットキャップをかぶせて保温に努めましょう。

1 ウォータースペースをとって用土を入れ、根鉢より少し大きめの植え穴を掘る

2 根を切ると植え傷みするので、根鉢を崩さないようにポットから抜く

3 子葉を埋めないように浅植えし、株元を軽く押さえ、たっぷり水をやる

2 支柱立て

苗がホットキャップにつかえるように伸びてきたら、ホットキャップをはずして支柱を立てます。あんどん型の支柱を利用するとつるの誘引がしやすいでしょう。

あんどん型の支柱を立て、子づるを誘引する

4 ホットキャップをかぶせて保温する

3 摘心

スイカの雌花は子づるや孫づるにつきやすいので、本葉7～8枚のころに親づるを摘心して生育のよい子づるを1～2本伸ばし、支柱に誘引します。残した子づるから出る孫づるは早めに摘み取ります。

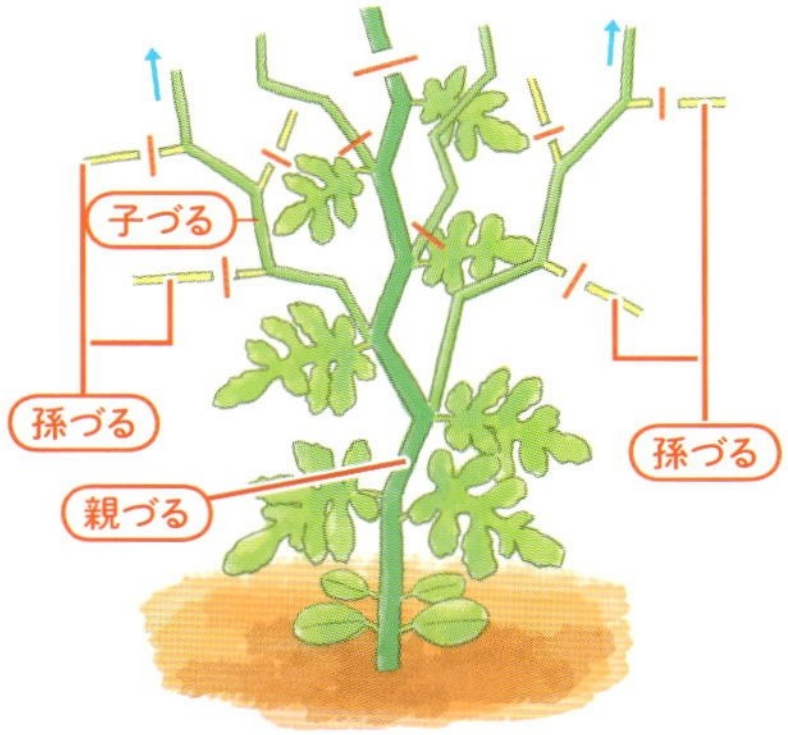

4 人工授粉

確実に実をつけるために人工授粉をします。虫の飛来が少ないベランダでは特に重要な作業です。花粉の寿命が短いので晴れた日の午前9時までに行い、交配日を記入したラベルをつけて収穫の目安にします。受粉は花びらを取った雄花の花粉を雌花の柱頭につけます。

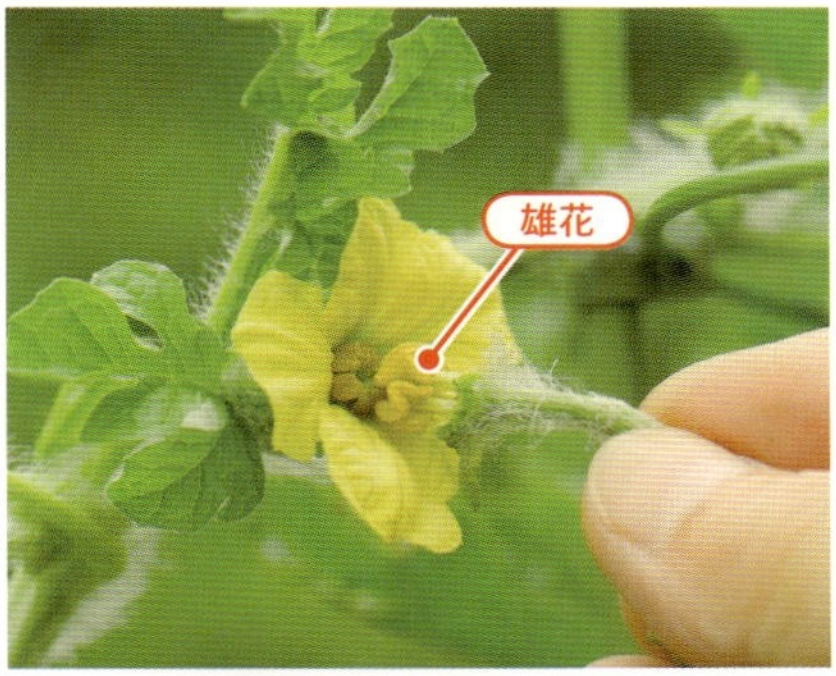

POINT 交配日を記入したラベルをつけておく

5 追肥

果実がソフトボール大になったら、化成肥料10gを鉢の縁にそって施します。肥料を軽く土に混ぜ込んで、鉢土の表面を平らにならしておくと肥料の効果があがります。果実が5㎝以上になったら紐でつるして固定しましょう。

POINT 果実がソフトボール大になった頃

6 収穫

1本のつるに2つ以上果実がついたときは、株元に近いところについた形の悪いものを摘み取ります。開花後、35～40日程度が収穫の目安です。収穫の10日ほど前から水やりを控えると甘いスイカがとれます。

栽培のヒント 固定用ネットのつくり方

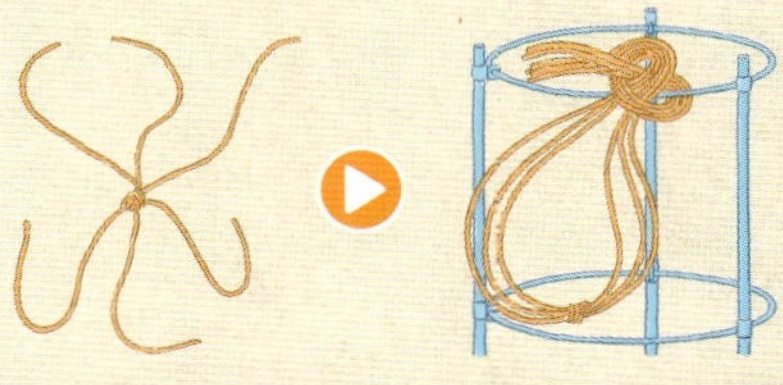

菜園で育てるのと異なり、コンテナでは支柱を立ててつるを這わせるので、つるの負担にならないように果実がソフトボール大になったらネットや紐で吊るします。紐はしっかり支柱に結んで外れないようにします。

1 苗の植え付け

1 植える前に、育ちの悪い苗を根元からハサミで切る

市販の苗は育苗の手間が省けますが、直根性なので植え付けが遅れると植え傷みするため、適期に植えるのが大事です。本葉2～3枚で植えます。ポットに2本以上苗が入っているときは、よい苗を1本残してほかは間引きます。

2 ウォータースペースを残して用土を入れる

POINT
根鉢を崩さないようにポットから苗を抜く

3 15～20㎝の株間をとり、根鉢より少し大きめの植え穴を掘る

4 株元を軽く押さえる。植え付けたら、たっぷり水をやる

置き場所 日当たりのよい場所

コンテナサイズ プランター

栽培用土 実もの野菜用の配合土

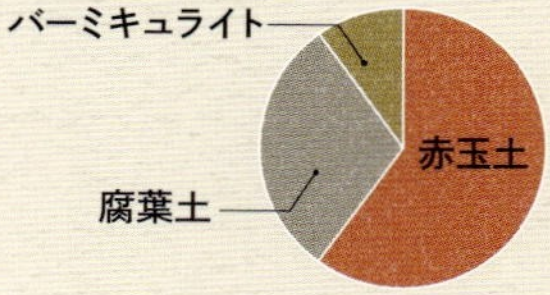

石　灰：用土10ℓ当たり 10g
化成肥料：用土10ℓ当たり 10～30g

栽培カレンダー

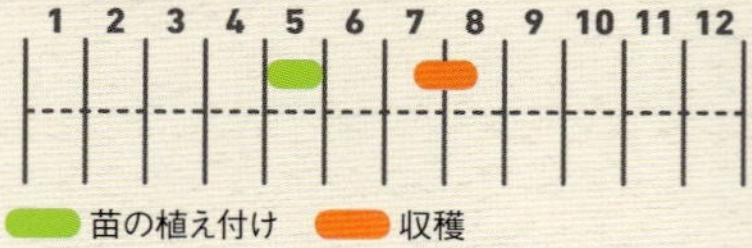

栽培のポイント

- コンテナ栽培では、支柱立てや人工授粉が必要です。
- 風によって花粉が運ばれるため、1つのプランターだけでは実がつきにくいので、必ず同じ品種を複数育てるようにします。
- 一番上の雌穂が最も大きくなるので、一番上の雌穂だけを残します。

2 追肥

コンテナでは肥料をしっかり施さないと立派なものが収穫できません。本葉6〜8枚のころと株の先に雄穂が出るころの2回追肥を施します。

1 本葉が6枚以上になったら、1株当たり化成肥料10gをコンテナの縁に沿ってまき、軽く土に混ぜ込む

2 雄穂が出たら、1回目と同量の化成肥料を施して土に混ぜ込む

3 支柱立て

1回目の追肥を施すころから旺盛に生育するので、風などで倒れないようにしっかり支柱を立て、茎と支柱を結んでおきましょう。なお根元から出るわき芽は倒伏防止に役立つので、取らずに伸ばします。

《POINT
わき芽が出ても取らずに伸ばしておく

4 人工授粉・実の数の調整

コンテナ栽培ではたくさんの本数がつくれないため、実入りが悪くなります。そこで雄花を切り取り、雌花をたたくようにして受粉させ確実に実をつけるようにします。1本の株に2本実をつけたときは、絹糸（毛）が出たら上の実が大きくなるように、下の実を早めに取ります。かき取った実はヤングコーンとして利用できます。

《POINT
雄花で雌花をたたくようにして受粉させる

5 収穫

1株から1本だけ収穫します。受粉後20〜25日で絹糸が茶色く枯れてきたら収穫適期です。頭の部分の皮をむいて実の入り具合を確かめるとより確実です。とり遅れると糖度が落ちますから適期を逃さないことが大事。

皮をむいて実入りを確かめる。絹糸が淡黄色から褐色に変わったら、しっかり握ってもぎとる

ウリ科

ズッキーニ

置き場所 日当たりのよい場所

コンテナサイズ プランター または 鉢

栽培用土 実もの野菜用の配合土

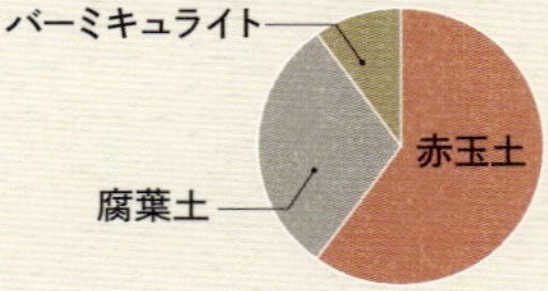

石　灰：用土10ℓ当たり 10g
化成肥料：用土10ℓ当たり 10～30g

栽培カレンダー

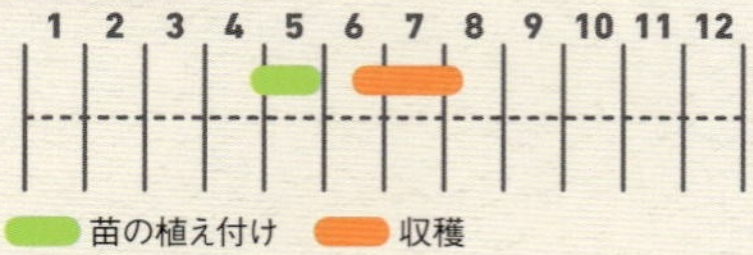

栽培のポイント

- 乾燥を好み、加湿を嫌うので梅雨期は軒下などの雨が当たらない場所に移すとよいでしょう。
- 茎が伸びてきたら、折れないように支柱を立てます。
- 確実に実をつけさせるには人工授粉をします。
- 盛夏は水切れに注意します。

1 苗の植え付け

タネからも育てられますが、数株育てるなら苗を購入するほうが簡単です。本葉3～5枚のしっかりした苗を選び、葉が大きくて広がるので、10号鉢以上の大鉢や大型のプランターに1株を目安に根鉢を崩さないで植え付けます。

1 ウォータースペースを残して入れた用土に根鉢より少し大きめの植え穴を掘る

2 根鉢を崩さずに植え込み、株元を軽く押さえる

3 たっぷり水をやる

2 支柱立て・まし土

つるは出ないが、茎が伸びて大きく育ちます。放っておくと主茎が折れるので、茎が伸びたらしっかりした支柱を立てて株を支え、紐で支柱に茎を結びます。また、水やりなどで土が減り、鉢土の表面に根が見えるようになったら土を足しましょう。

1 支柱を立てて茎が折れるのを防ぐ。主茎や葉にごわごわしたトゲがあるので、十分注意して誘引する

POINT
水やりのたびに用土のかさが減るため、まし土は大事な作業の一つ

2 根が鉢土の表面に出たら減った分の土を足す

3 人工授粉

ベランダなど、虫の飛来が少ない場所で育てると受粉ができず着果できません。雌花が開花したら、午前9時ごろまでに人工授粉をして確実に実をつけましょう。

雄花を摘み取って花びらを取り除き、雄しべの花粉を雌花の柱頭にころがすようにつける

4 追肥

次々と実をつけるので、肥料切れを起こさないように注意します。実がつき始めたころから化成肥料を20日ごとに、液肥なら7～10日に1回施します。

実がつき始めたら化成肥料10gを鉢の縁に沿ってまいて、軽く土に混ぜ込む

5 収穫

開花後 4日～8日

開花後4～8日くらいの未熟果を収穫します。多少とり遅れても食べられますが、長さ20㎝前後を目安にするとよいでしょう。花つきの果実を収穫することもできます。

長さ20㎝、直径4～5㎝で、ヘタの部分をハサミで切り取る

花ズッキーニは、長さが10～15㎝の若い果実を収穫する

栽培のヒント 支柱の立て方

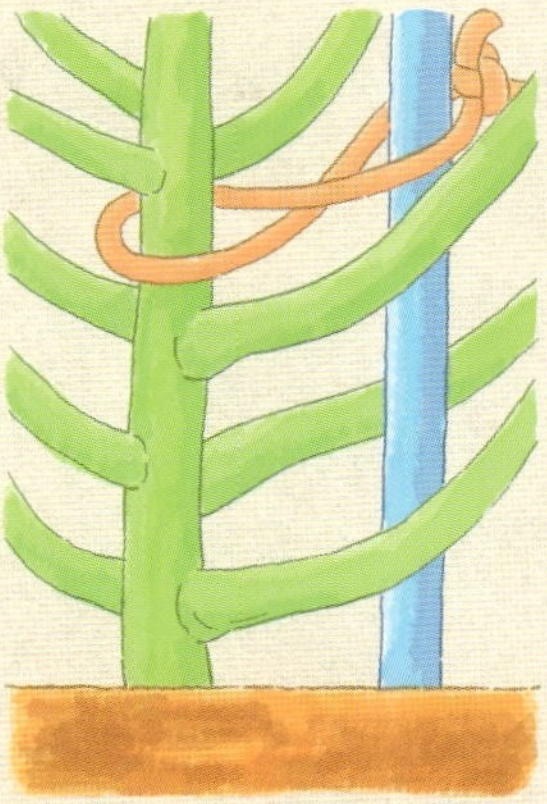

コンテナでは短い支柱でも十分株を安定させられますが、主茎が伸びるたびに、紐をはずして外側に移動させて紐を結び直すとより安定します。少し太めの紐を使ってゆるめに誘引しましょう。

1 苗の植え付け

本葉3～4枚の苗を15～20㎝間隔に、根鉢を崩さずに植えます。市販の苗は節間が詰まったずんぐりした苗を選びます。植え付け後、北風を避けられる日当たりのよい場所に置きます。

1 ウォータースペースを残して用土を入れる

2 根鉢より少し大きめの植え穴を掘る

3 根鉢を崩さないようにポットから苗を抜き、周りの土を寄せて植え付け、株元を軽く押さえる。植え付け後、たっぷり水をやる

4 寒風を避けられる、日がよく当たる場所に置き、冬は鉢土が乾いても2～3日待って水をやる

置き場所 日当たりのよい場所

コンテナサイズ プランター または 鉢

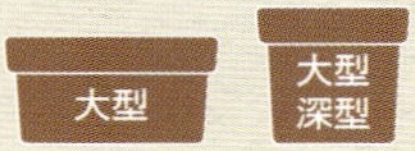

栽培用土 実もの野菜用の配合土

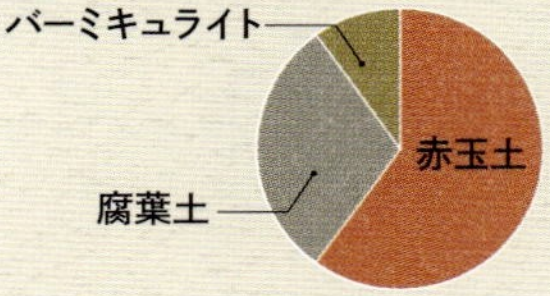

石　　灰：用土10ℓ当たり 10g
化成肥料：用土10ℓ当たり 10～30g

栽培カレンダー

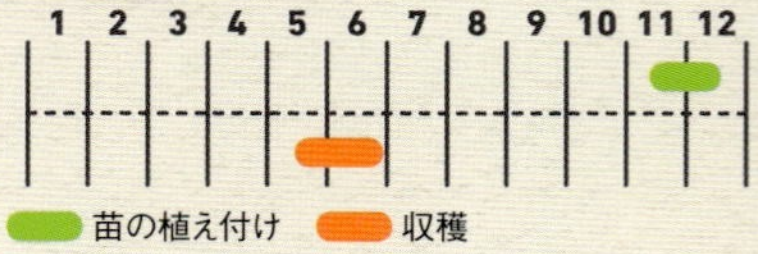

栽培のポイント

- 幼苗期に低温に会わないと花芽ができないが、大苗は寒さに弱くなるため、タネは早まきしないようにします。
- 春先はアブラムシがつくので、駆除に努めます（▶P40）。
- 暑さと乾燥に弱いため、乾燥に注意し、つぼみがついたら追肥を施します。
- 側枝は１株で６～７本に整枝します。

2 支柱立て

春になって生育が始まり、側枝が伸びてきたら支柱を立て、紐などで囲って風で倒れないようにします。

側枝が伸びだしたら、プランター用のあんどん型支柱を立てる

POINT 紐をかけて支柱をプランターに固定する

3 追肥・整枝

光線不足にならないように、草丈が30～40cmになったら、太い茎を6～7本ほど残して、込みすぎた部分の茎を間引いて整枝します。追肥は、草丈が20～30cmになる2月中旬～下旬ごろと整枝後に施します。

① 2月、1株当たり化成肥料5gをコンテナの縁に沿ってまき、軽く土に混ぜる

② 開花直前に貧弱な茎を根元から切り取って、太い茎を6～7本残す

1株当たり化成肥料5gをまき、肥料の上に株元が埋まるように新しい土を足す

4 摘心

上部は花が咲いても実が入らないので、草丈が60cm以上に伸びたら、下のさやに養分を回すために先端を摘み取って生長をとめます。

株の先端を切り取る

5 収穫

開花後35～40日が収穫適期です。上を向いていたさやが下に垂れ、さやの背筋が黒くなったころ、適期を逃さず収穫しましょう。

さやのふくらんだ部分を触って、中のマメが充実していたらさやの根元から切る

栽培のヒント タネから育てるとき

一般に秋にタネをまき、幼苗で冬越しさせますが、本葉6～7枚以上に生長すると、低温に耐えられなくなるので、早まきをせず適期にタネをまくことが大事。コンテナは株間が取れないので、3号程度のポリポットに1粒まきます。

おはぐろを斜め下にして、タネが1/3くらい出るように用土に差し込む

本葉3～4枚のころまで、日に当てて育苗する

1 苗の植え付け

タネをまいても育てられますが、育苗に手間がかかるので、苗からスタートするのが一般的です。寒さに弱いので、気温が十分に上がってから植えましょう。

1 鉢底網を鉢底に敷き、2〜3cmのウォータースペースを残して用土を入れる。根鉢より少し大きめの植え穴を掘る

2 苗を指の間に挟んで根鉢を崩さないようにポットから抜く。周りの土を寄せて植え、株元を軽く押さえる

3 たっぷり水をやる

4 苗が倒れないように仮支柱を立て、茎と支柱を紐で結ぶ

置き場所 日当たりのよい場所

コンテナサイズ プランター または 鉢

栽培用土 実もの野菜用の配合土

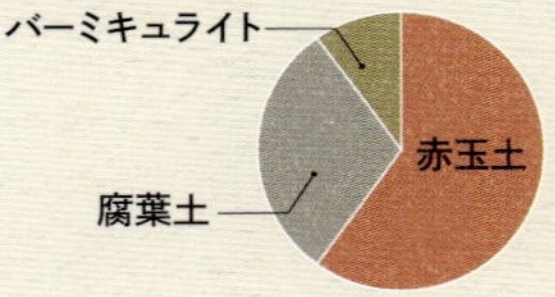

石　　灰：用土10ℓ当たり 10g
化成肥料：用土10ℓ当たり 10〜30g

栽培カレンダー

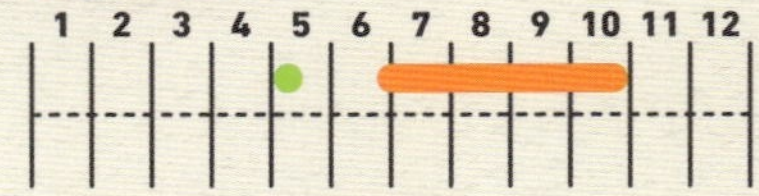

苗の植え付け　収穫

栽培のポイント

- 熱帯原産で高温を好むので、暖かくなってから植えます。
- 夏に旺盛に育つので、蒸れないよう込み合った枝葉を適宜切り取り、風通しよく育てます。
- 生育期間が長く乾燥に弱いので、肥料切れと水切れにならないよう注意しましょう。

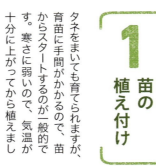

2 支柱立て

1番花が咲き側枝が伸びだしたころに、風などで枝が折れないように長さ1mくらいの支柱を垂直に立て、余裕をもって誘引します。

»POINT
株のわきに本支柱をしっかり立てる

何カ所か茎と支柱を紐で8の字に結んでおく

3 整枝

支柱立てと同時に1番花の下の芽を切り取ります。

1番花の下のわき芽はすべて切り取る

4 追肥

生育期間が長いので、肥料切れにならないよう定期的に追肥します。

化成肥料を10g、鉢の縁に沿ってまき、土と軽く混ぜ合わせる。以後月2回同量を施す。液肥なら週1回の割合で施す

5 収穫

果実が大きくなり、膨らんできたら収穫可能。青トウガラシは植え付けてから1カ月半から2カ月の未熟果を、赤トウガラシはさらに1カ月ほどたって赤く完熟したものを収穫します。

未熟果の青トウガラシは夏中次々と収穫できる。ヘタのすぐ上をハサミで切る

赤トウガラシは赤く色づいたものから1本ずつ切り取るか、枝ごと切ってもよい

風通しのよいところで乾燥させてから保存する

1 苗の植え付け

タネをまいても育てられますが、育苗時の温度管理が難しく、育苗期間も長いため、苗を購入してつくるのが簡単です。花房のついていない苗を求めたときは、ひと回り大きなポリポットに植えなおして、花が咲くのをまって植え付けます。

1 ウォータースペースを残して用土を入れ、根鉢より少し大きめの植え穴を掘る

2 苗の根元を指の間に挟み、ポットから抜く

3 浅めに植え付け、株元を軽く押さえる

4 仮支柱を斜めに立て、茎に紐をかけて支柱に誘引する。植え付け後、たっぷり水をやる

置き場所 日当たりのよい場所

コンテナサイズ プランター または 鉢

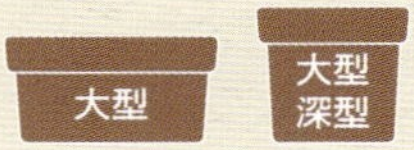

栽培用土 実もの野菜用の配合土

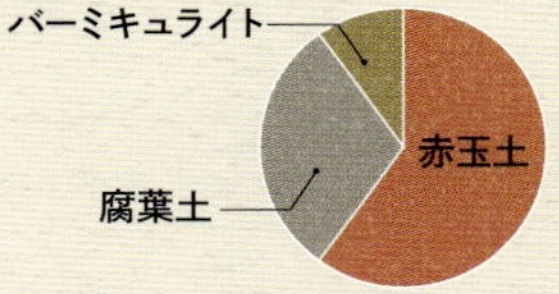

石　　灰：用土10ℓ当たり 10g
化成肥料：用土10ℓ当たり 10〜30g

栽培カレンダー

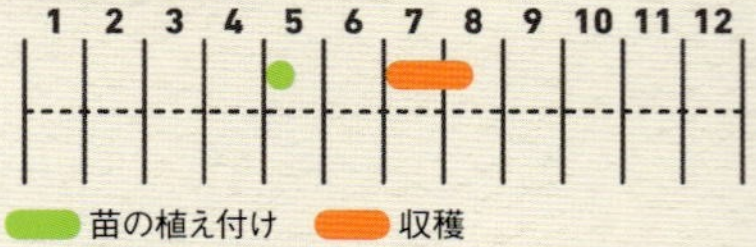

栽培のポイント

- 1番花には必ず実をつけさせて、つるボケを防ぎます。
- 雨や多湿を嫌うので、梅雨期は雨が直接当たらないところに置きます。
- 主枝だけを伸ばす1本仕立てにし、わき芽はすべて摘み取ります。
- 石灰を好み、カルシウムが欠乏すると尻ぐされ病が出るので注意。

2 支柱立て・わき芽かき

植え付けて2～3週間後、苗が伸びてきたら1・5mくらいの本支柱を立てます。生長とともに茎が太くなるので、誘引するときはゆるみを持たせて紐を結びます。また、栄養分が分散しないように、わき芽はすべて早めに摘み取ります。

1 しっかり根を張ってきたら1.5mくらいの支柱を真っ直ぐ立て、紐で支柱と茎を結ぶ

2 葉を残してわき芽だけ手で摘み取る。この後も苗の生長とともに、わき芽はそのつど摘み取る

3 ホルモン処理・追肥

最初の花に結実させると、エネルギーが実のほうに回り、茎葉の生育が抑えられて、果実をつけやすくなります。トマトトーンなどでホルモン処理をして1番花に確実に実をつけましょう。追肥は、1段目（第一花房）の果実が大きくなり始めたときと、3段目（第三花房）の果実が大きくなり始めたときに施します。

1 1段目の花が2～3個咲いたらトマトトーンなどのホルモン剤を花房全体に散布して、着果をよくする

1番花には確実に実をつけさせることが大事

2 1段目の果実がピンポン玉大になったら化成肥料を10gを株の周りにまき、土に軽く混ぜて株元に寄せる

3 3段目の果実がピンポン玉大になったとき、化成肥料10gを鉢の縁に沿ってまく。水やりなどで減った分の用土を化成肥料の上に足しておく

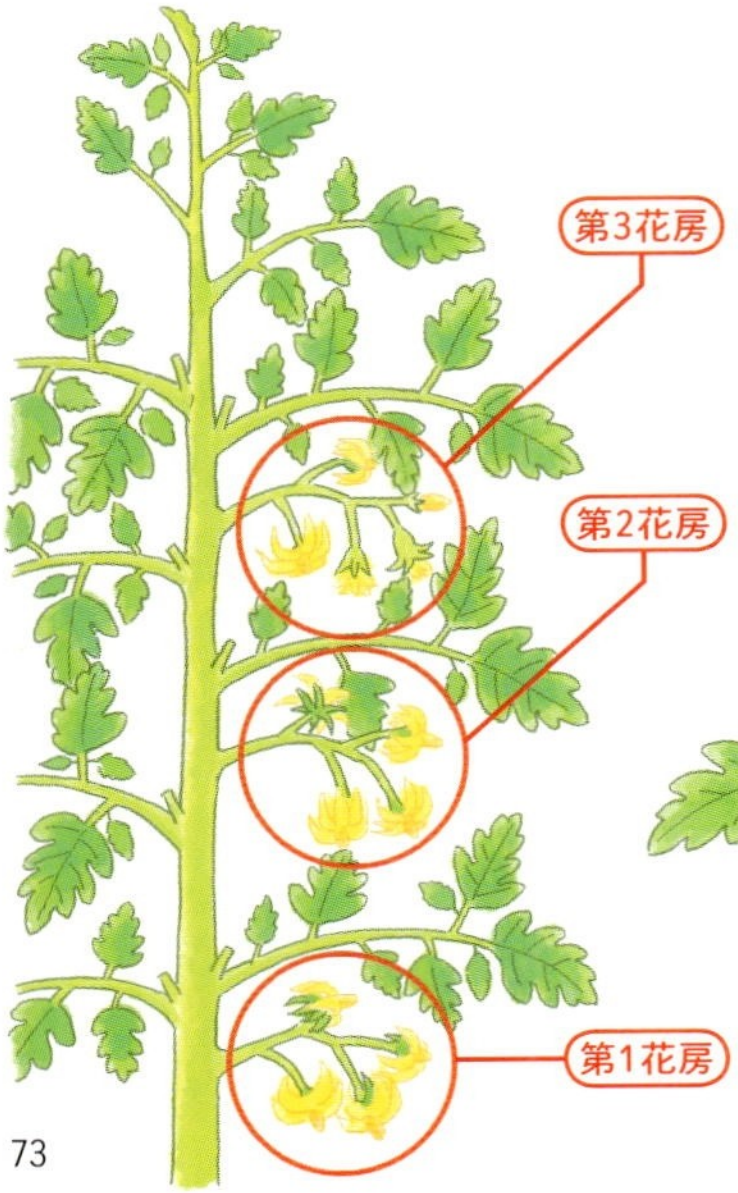

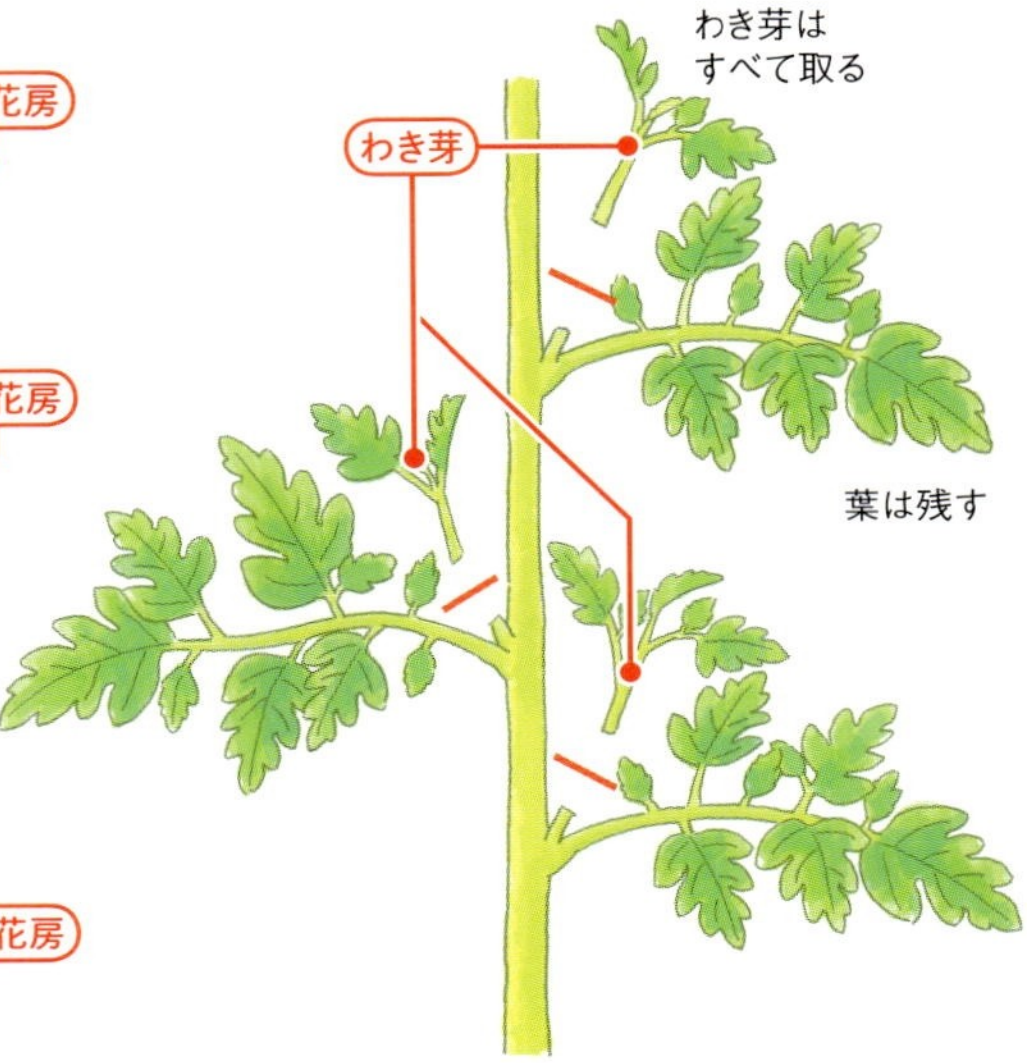

4 収穫

開花後55～60日が収穫の目安です。ヘタのちかくまで赤く色づいたら、朝の涼しいうちに収穫します。

赤く熟したものからヘタの上をハサミで切って収穫する

5 摘心

大玉種は夏を越すと生育が衰えてくるので、支柱の高さ以上に伸びた主枝は最後の花房の上の葉を2～3枚残して摘心します。コンテナでは3段目か4段目の花房の上で心を止めるとよいでしょう。

支柱を越えたら、先端を摘み取り生長を止め、実の充実を促す

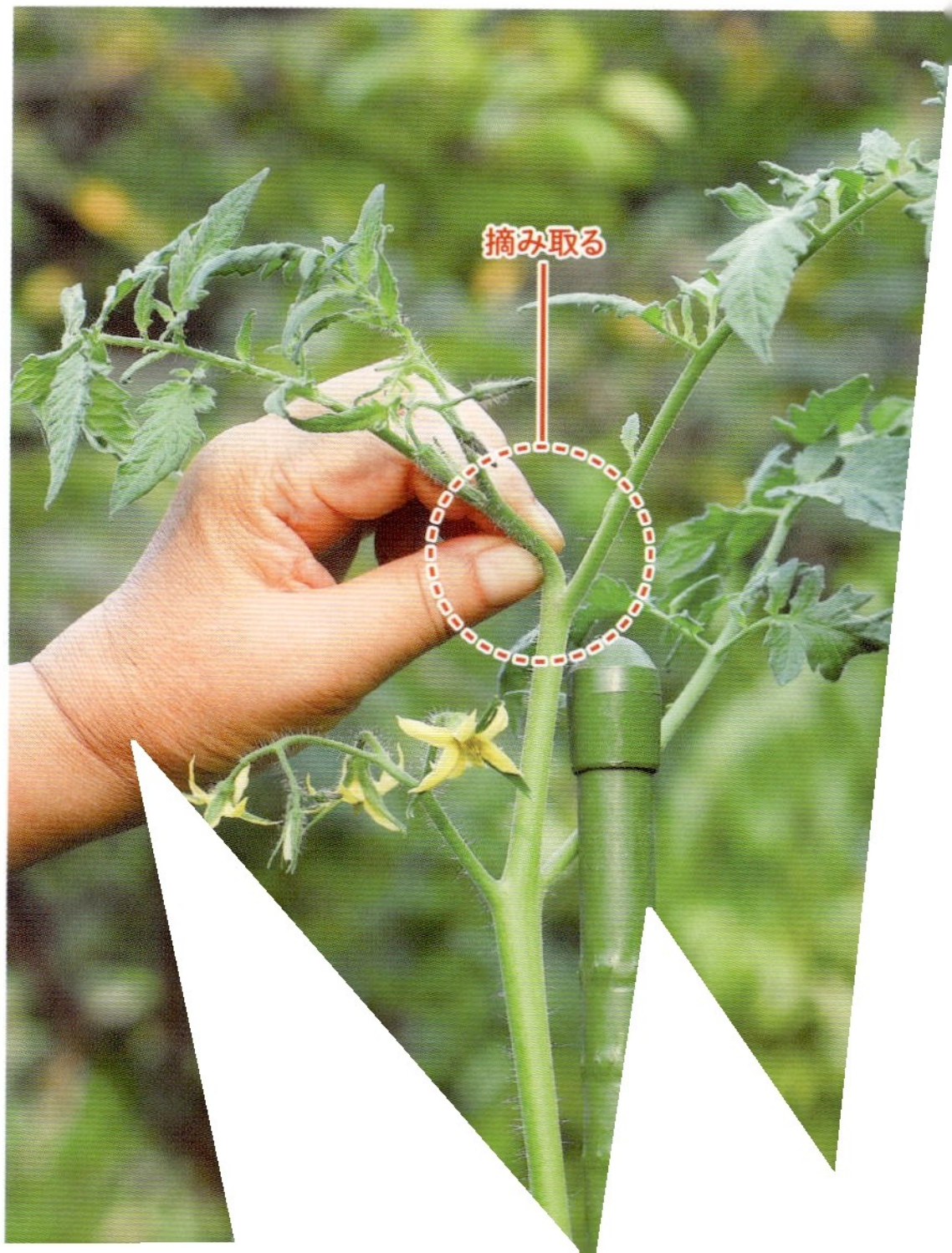

栽培のヒント 茎をらせん状に巻き付ける誘引が楽

トマトの栽培で割合手がかかるのが誘引ですが、生長に従って茎を手で絡ませるだけのらせん状の支柱を利用すると誘引の手間が省けます。また、支柱の周りに茎をらせん状に巻き付ける「らせん栽培」は、真っ直ぐ誘引するよりたくさんの花房をつけさせることができます。

つくってみたい

トマトの品種

麗夏《れいか》

うまみ、甘み、肉質の良さと3拍子揃った大玉トマト。真っ赤に熟しても実が割れないので、完熟してから収穫できる

レモントマト

色や形がレモンに似ているフルーツトマト。ミニトマトより少し大きめのサイズ。糖度が高く、果肉がしっかりしていて濃厚な味が楽しめる

シンディーオレンジ

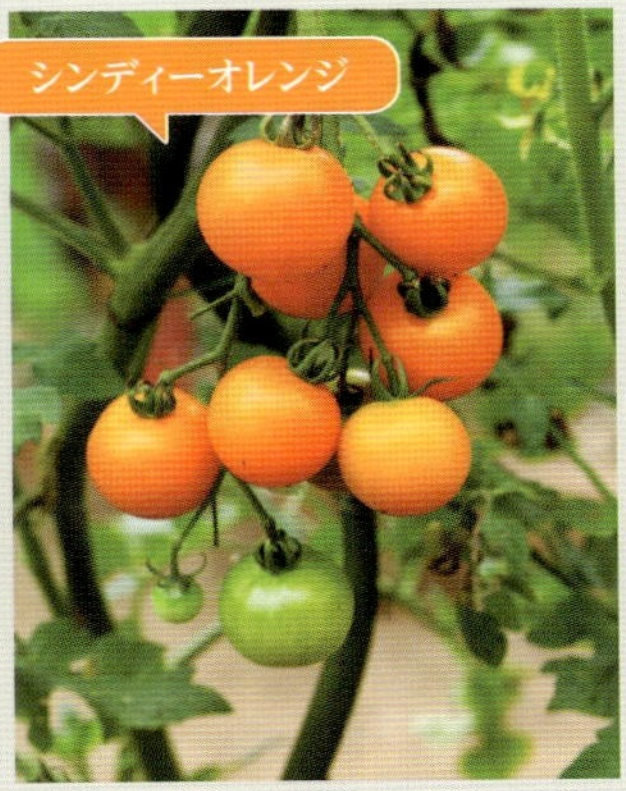

ころんとした丸い実が一房にたくさんつく中玉トマト。甘みが豊かでフルーツのような食感があり、食べごたえ満点

グリーンゼブラ

やや小ぶりな緑色のトマトで、縦縞の模様が入るのが特徴。ゼリー質の部分が少なく、完熟して黄緑色になると甘みがます

黄寿《おうじゅ》

果肉も果皮も黄色の大玉トマト。果実の重さ270gほどで、果肉部が多く独特の風味がある。酸味が少なくて甘く、食味がよい

レッドオーレ

酸味は控えめで甘みが強く、コクがあるフルーツ感覚の中玉トマト。実の重さ40～50gで、ひとつの花房に8～10個の実をつける

イタリアントマト=cuor di bue

ハート形の果実で、重さは150～180g程度。肉厚で、イタリアントマトのなかでは比較的酸味が少ないタイプで、生食のほかソースに向く

フルティカ

中玉トマトで、一つの花房に8～12個の実がつく。平均糖度が7～8度と高く、果皮に弾力性があるので割れにくく、病気に強い

ズッカ

ゼリー質の部分が少なく果肉が厚い調理用の品種。酸味が少なくあっさりしたうまみがある。一つの花房に4～5個を目安に結実させる

1 苗の植え付け

育苗時の温度管理が難しいため、市販の苗を利用すると手軽で失敗も少なくなります。節間が詰まり花芽がついている苗を選んで、気温が十分上がってから植え付けます。

1 支柱留め具に支柱を立て、ウォータースペースを残して用土を入れる

2 支柱のわきに根鉢よりひと回り大きめの植え穴をあける

3 根鉢を崩さないように苗を取り出す

4 深植えを避けて植え、株元を軽く押さえる。植え付け後、たっぷり水をやる

置き場所 日当たりのよい場所

コンテナサイズ プランター または 鉢

栽培用土 実もの野菜用の配合土

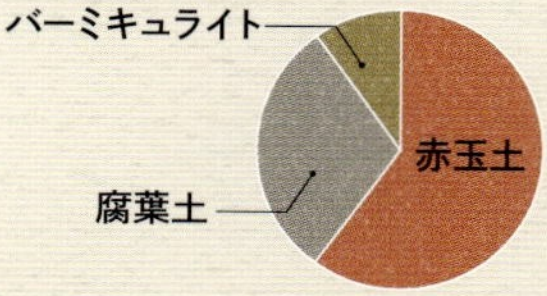

石　灰：用土10ℓ当たり 10g
化成肥料：用土10ℓ当たり 10〜30g

栽培カレンダー

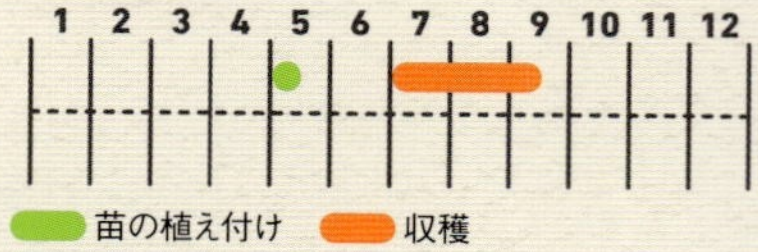

栽培のポイント

- 雨や多湿を嫌うので、梅雨期は雨が直接当たらないところに置きます。
- 第1花房から下のわき芽は摘み取り、上は摘まずに放任します。
- 房状に実をつけますが、すべての実が完熟するのを待たず、熟したものから順次収穫します。
- 1番花が咲き始めるころに定植します。

2 支柱立て・整姿

ミニトマトは放任栽培ができるので、大玉トマトの1本仕立てと違い、植え付け後の管理が割合楽です。基本的に芽かきはしませんが、実つきをよくするために第1花房より下のわき芽は摘みます。なお、支柱を支える装置があるコンテナは支柱立ての作業が楽にできます。

1 わき芽を摘まない放任栽培なので、枝葉が自由に伸びて姿が乱れた株

2 横に広がった枝は、中心に寄せて紐で支柱に結んでおく

1番花の下のわき芽は摘んで、その後の実つきをよくする

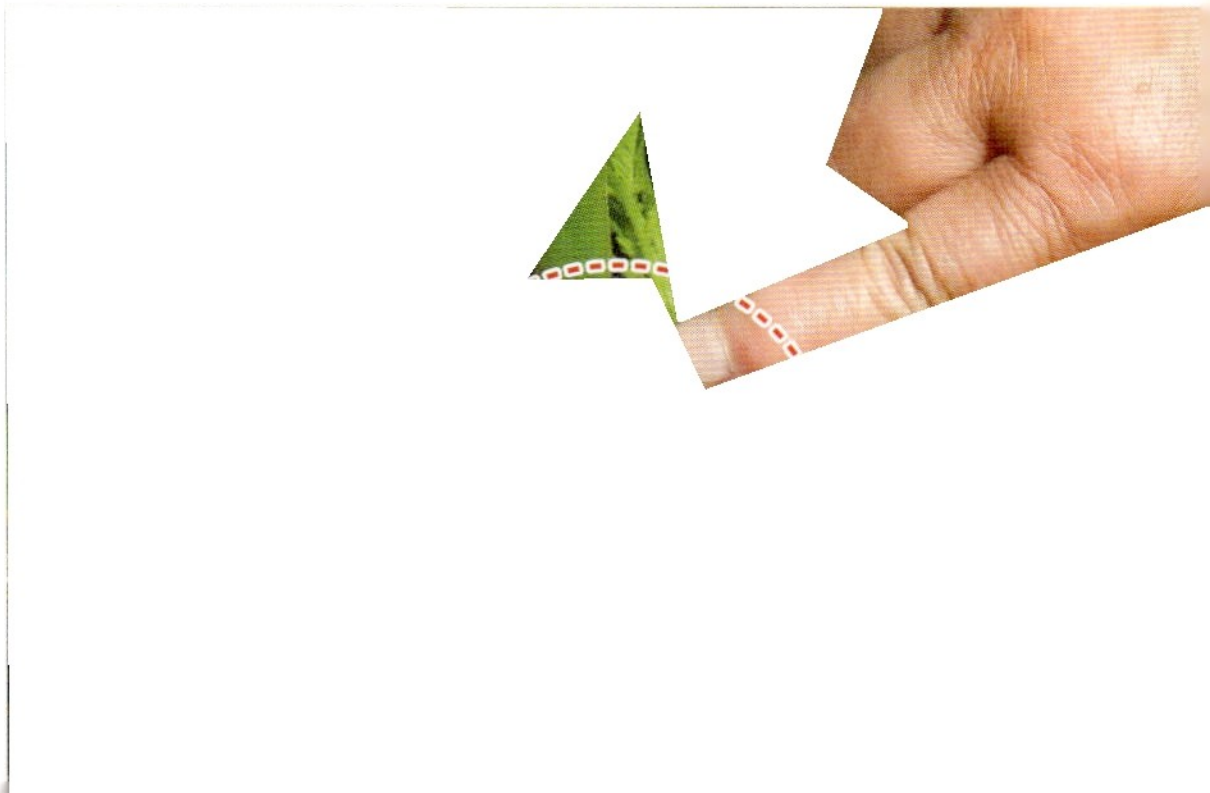

3 人工授粉

虫の飛来が少ない高い階のベランダでは、確実に実をつけるために、人工授粉をします。大玉トマト同様、1段目の花房に実をつけることが大事です。受粉は花が咲いた日の午前中に行います。

支柱を棒で軽くたたき、花粉を飛散させて受粉させる

4 追肥

追肥は1段目の果実がふくらみ始めてきたらスタートします。早くから追肥を施すと花が落ちやすく、着果しにくくなるので注意しましょう。

1 1段目の実が大きくなり始めたら、化成肥料10gをコンテナの縁に沿ってまく

2 土と軽く混ぜる。以後、化成肥料は3週間に1回、液肥は週に1回の割合で施す

5 収穫

開花後
0日～
45日

開花後40～45日で収穫できます。ミニトマトは房状に実がつきますが、すべての実が赤く色づくのを待っていると、先に熟した実が割れることがあるので、赤く熟したものから順次収穫します。

ヘタの近くまで赤く色づいたものから、ヘタの上をハサミで切って収穫する

つくってみたい ミニトマトの品種

アイコ

プラム形で、酸味が少なく甘みとコクがあるジューシーさが特徴。実つきがよく、裂果が少なく病気にも強い

チョコちゃん

完熟するとチョコレート色になる調理用トマトで、完熟するまでの色の変化が楽しめる。完熟果は甘味もある

トマトベリーガーデン

果物のように甘いハート形で、コンテナで栽培しやすいように改良された品種。肉厚で果皮が裂けにくいのも特徴

イエローアイコ

レモンイエローのプラム形の品種。フルーティーな爽やかな甘みをもち、丈夫で育てやすい

ミニキャロル

実つきがよく甘くておいしい。病害にも強くつくりやすい極早生品種で、オレンジキャロルやキャロル7もある

キャロルツリー

ツリー形に何段にもびっしり実をつけ、病気にも強くコンテナ栽培でもよく育つ品種。食味は甘くてフルーティー

ナス科 ナス

1 苗の植え付け

育苗が難しいため、苗を購入して育てるほうが簡単です。徒長していないがっちりした苗を選び、10号鉢に植え付けます。1株を目安に植え付けます。深植えすると根つきが遅くなるので、浅植えにします。接ぎ木苗は接いだところが土に埋まらないように注意します。

1 ウォータースペースを残してコンテナに用土を入れ、コンテナの中央に根鉢より少し大きめの植え穴を掘る

2 苗の根元を指の間に挟んで、根鉢を崩さないようにポットから苗を抜く。植え穴に苗を置き、子葉が埋もれない程度に周りの土を寄せて植え付け、株元を軽く押さえる

3 苗がぐらつかないように仮支柱を斜めに立てて、茎と支柱を紐で結んでおく

4 たっぷりと水をやる

置き場所 日当たりのよい場所

コンテナサイズ プランター または 鉢

栽培用土 実もの野菜用の配合土

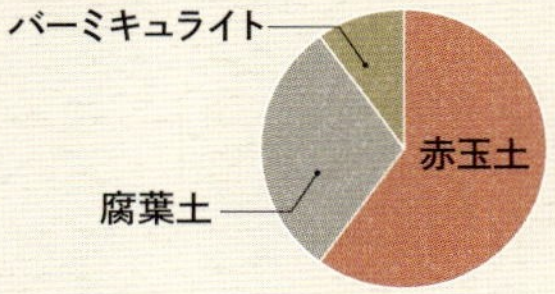

石　　灰：用土10ℓ当たり 10g
化成肥料：用土10ℓ当たり 10〜30g

栽培カレンダー

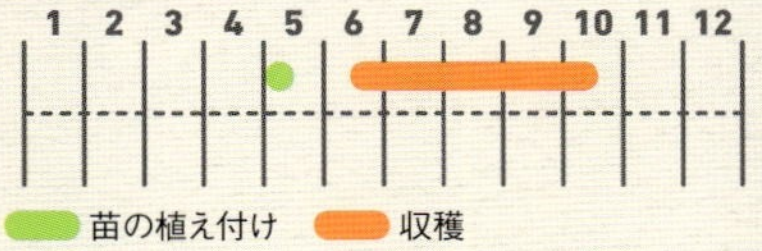

栽培のポイント

- 高温を好みますが、乾燥に弱いのでコンテナ栽培では水切れに注意します。
- 盛夏は乾燥防止にわらを敷くとよいでしょう。
- 収穫が始まってから肥料切れさせると実つきが悪くなりますから、タイミングよく追肥を施します。
- 十分に気温が上がってから植えます。

2 整枝・わき芽かき

1番花の開花前後のころになると苗も大きくなるので整枝します。一般には主枝と1番花のすぐ下のわき芽を2本残し、ほかのわき芽はすべて取る3本仕立てにしますが、狭い場所で育てるときは、風通しをよくするために、1番花のすぐ下の枝を1本だけ伸ばして2本仕立てにするとよいでしょう。

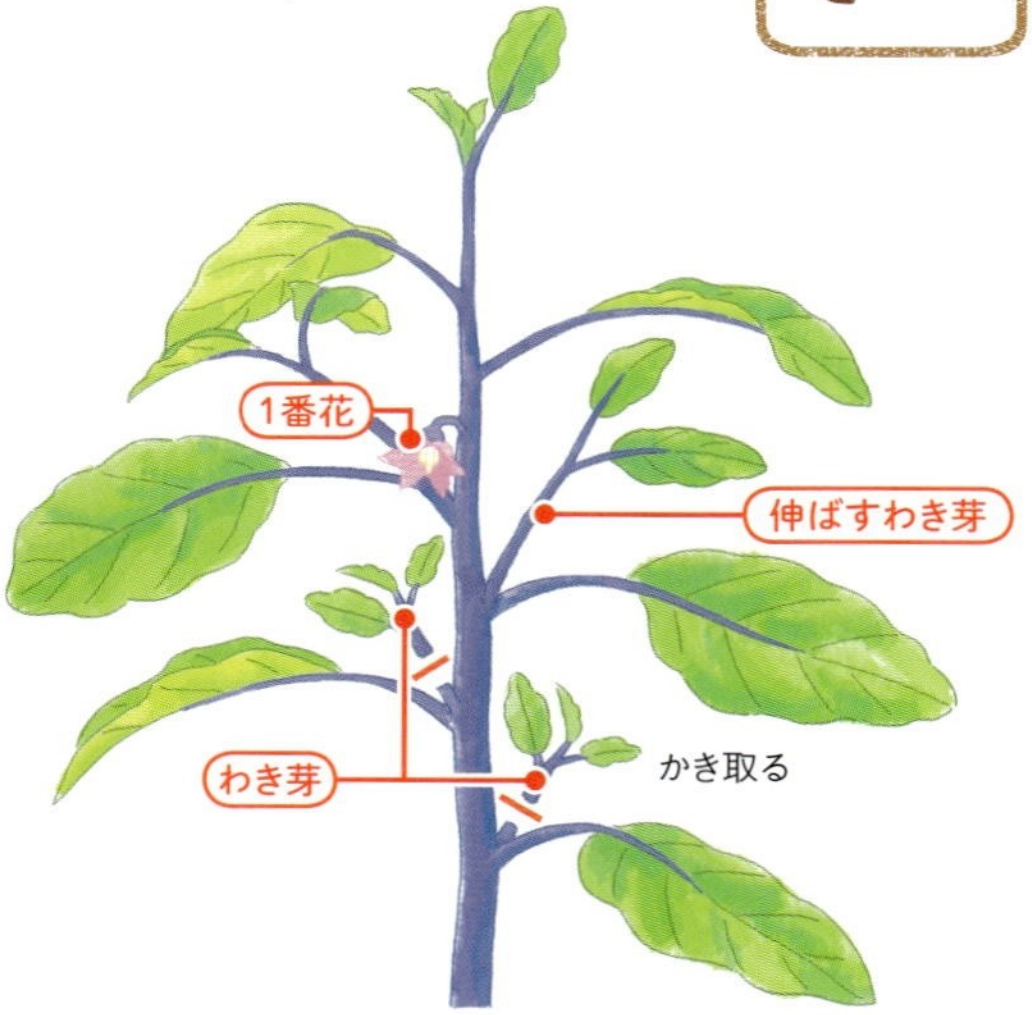

3 支柱立て

最初の花が咲き始めたら、整枝と支柱を立てるころあいです。草丈が伸び、実がなっても倒れないようにしっかりした支柱を立て、ところどころを紐で結んでおきます。支柱は、主枝と残したわき芽にそれぞれ立てて枝を支えます。支柱を紐で結ぶときは、茎と数回ねじって支柱にしっかり結び付けます。

4 追肥

苗を植えてから1カ月ほどのち、1番花の果実がふくらみ始めたころから追肥を施します。次々と果実がなるので株を疲れさせないためにも、定期的な追肥が必要です。また、乾燥に弱いので水やりもまめに行います。

① 1番果がふくらんできたら、コンテナの縁に沿って化成肥料を10gまき、軽く土に混ぜる。その後3週間に1回、同量を追肥する。液肥なら10日に1回施す

② 水やりなどで用土のかさが減り、根が鉢土の表面に見えるようなら肥料の上に新しい土を足す

③ 鉢土の表面が乾かない程度に定期的に水やりする

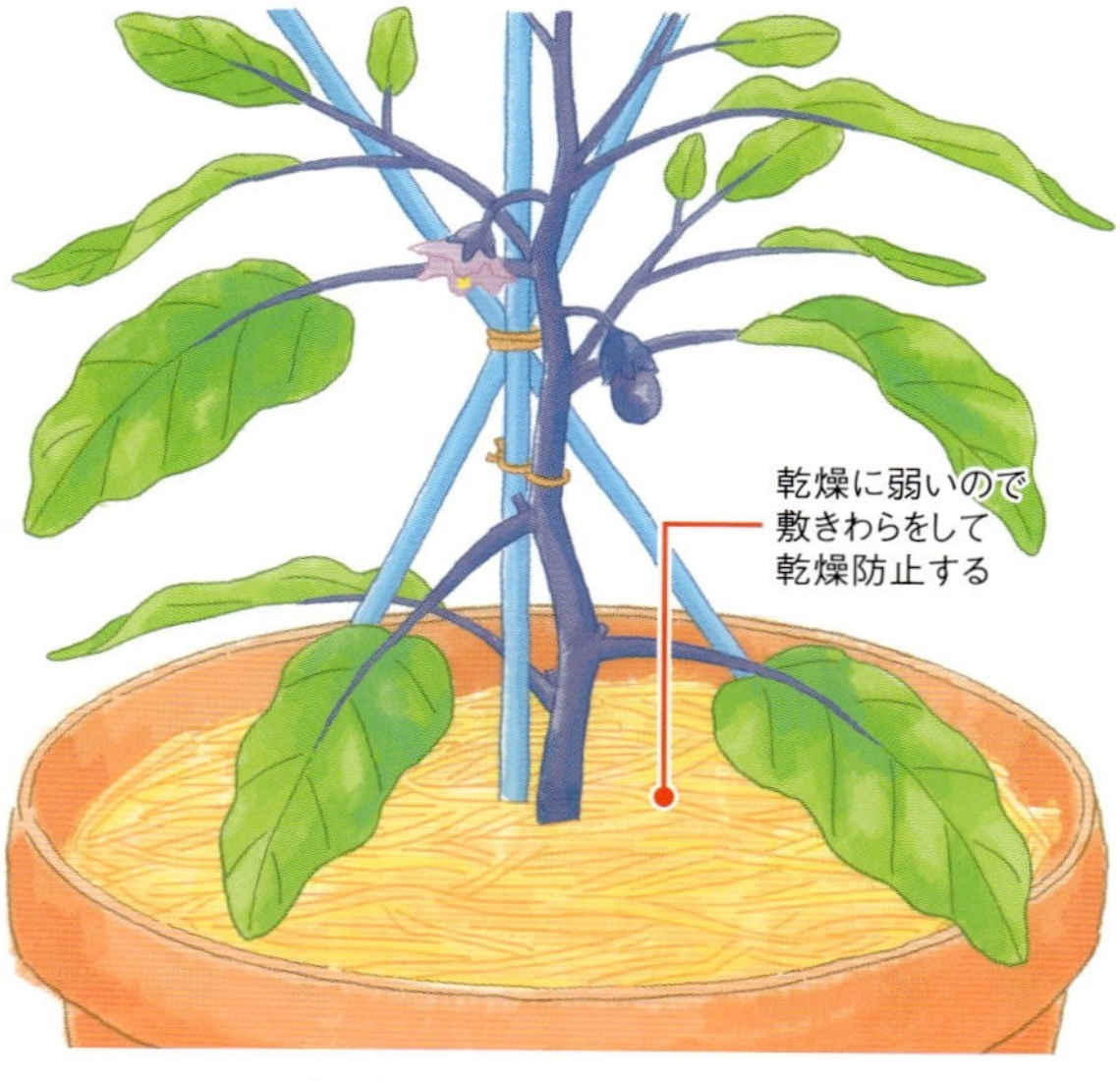

更新剪定

ピークを過ぎても株の状態がよいときは７月下旬に切り戻して株を休ませると秋ナスの収穫が楽しめます。

葉を1～2枚つけ、充実した芽の上で切り戻す

コンテナの縁に沿って移植ゴテで古い根を切ると、新しい根が出て株が若返る

化成肥料10gをコンテナの縁に沿ってまく

水やりなどで減った分の土を、肥料の上に足す

更新剪定から1カ月後には再び開花、結実する

5 収穫

開花後20～25日で収穫できますが、株が疲れないためにも未熟果を早めに収穫します。特に最初についた1番果は、株を生長させるため小さなうちに切り取ります。

1番果は株の生育を促すため7～8cmくらいでとる

長卵形の品種は、果実の長さが10～13cmくらいになったらハサミで切って収穫する

つくってみたい

ナスの品種

みず茄《なす》

色艶のよい長卵形の実がたくさんとれる。甘みがあり、皮や肉質が軟らかいのが特徴。アクが少なく水分を含むので漬物向き

味むらさき

長さが25〜30㎝くらいになるヒモナスで、鮮やかな紫色の実がたくさん収穫できる。白い果肉は緻密で加熱するととても軟らかくなる

会《あい》津《ず》丸《まる》茄《な》子《す》

会津の伝統野菜で巾着形のナス。表面は濃い紫色で、肉質はきめ細かく軟らかく、漬物、焼きもの、煮物などあらゆる料理に向く

縞《しま》茄《な》子《す》

実は重さ200gくらいの長卵形。てりのある濃紫色の果皮に美しい縞模様が入る。ゼブラナスと呼ばれるヨーロッパのナスの系統

庄《しょう》屋《や》大《おお》長《なが》

長さ35〜40㎝になる大長ナスで、皮が柔らかで中身もトロリとして焼きナスに最適。暑さに強く、よく実をつけ栽培しやすい

米《べい》ナス

アメリカの品種を日本で改良したもので、ヘタが緑色をした大型のナス。果肉が緻密で大きい割に種が少なく炒め物や焼き物に向く

白ナス

ナスニンという紫の色素をもたない東南アジア系の品種。皮はやや硬いが果肉は軟らかく、煮物など加熱調理に向く。細長いものもある

長岡巾着《きんちゃく》なす

新潟県生まれの丸ナスの仲間。小ぶりで黒紫色の実に浅い縦じわが入る。肉質がしまっていて固めで、加熱しても煮くずれしにくい

万《ま》寿《す》萬《み》

ヘタも果皮もアントシアニンを含まない緑色ナスで、見た目がさわやか。果肉が緻密でアクが少なく、サラダや煮物に向く

ナス科

ピーマン／パプリカ

置き場所 日当たりのよい場所

コンテナサイズ プランター または 鉢

栽培用土 実もの野菜用の配合土

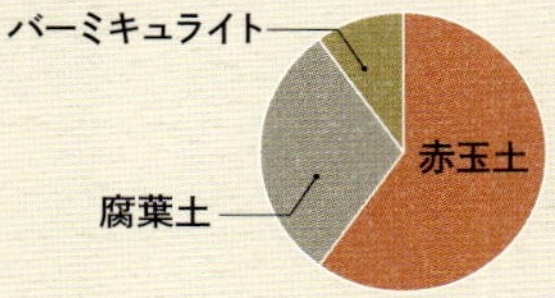

石　　灰：用土10ℓ当たり 10g
化成肥料：用土10ℓ当たり 10～30g

栽培カレンダー

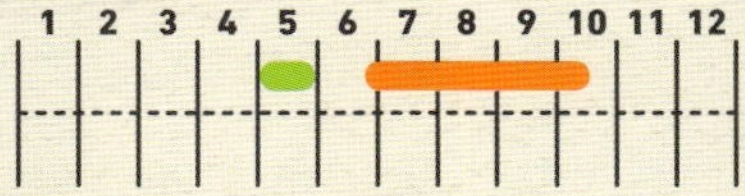

苗の植え付け　収穫

栽培のポイント

- 高温性の野菜なので、気温が十分高くなり１番花が開花するころに植え付けます。
- 日当たりのよい場所に置き、生育期間中に肥料切れしないように注意。
- 梅雨期に雨に当たると落花しやすいため、軒下などに置き、直接雨に当てないようにしましょう。

1 苗の植え付け

育苗期間が長くかかり、よい苗をつくるのが難しいため苗を購入して栽培します。本葉10枚前後で全体ががっちりして茎が太く、１番花がついた苗を選び、十分に気温が上がってから植え付けます。

1 ウォータースペースを残して用土を入れ、株間を20㎝以上とり、根鉢より少し大きめの植え穴を掘る

2 苗の根元を指で挟み、根鉢を崩さないように苗を抜く。浅めに植え付け、株元を軽く押さえる

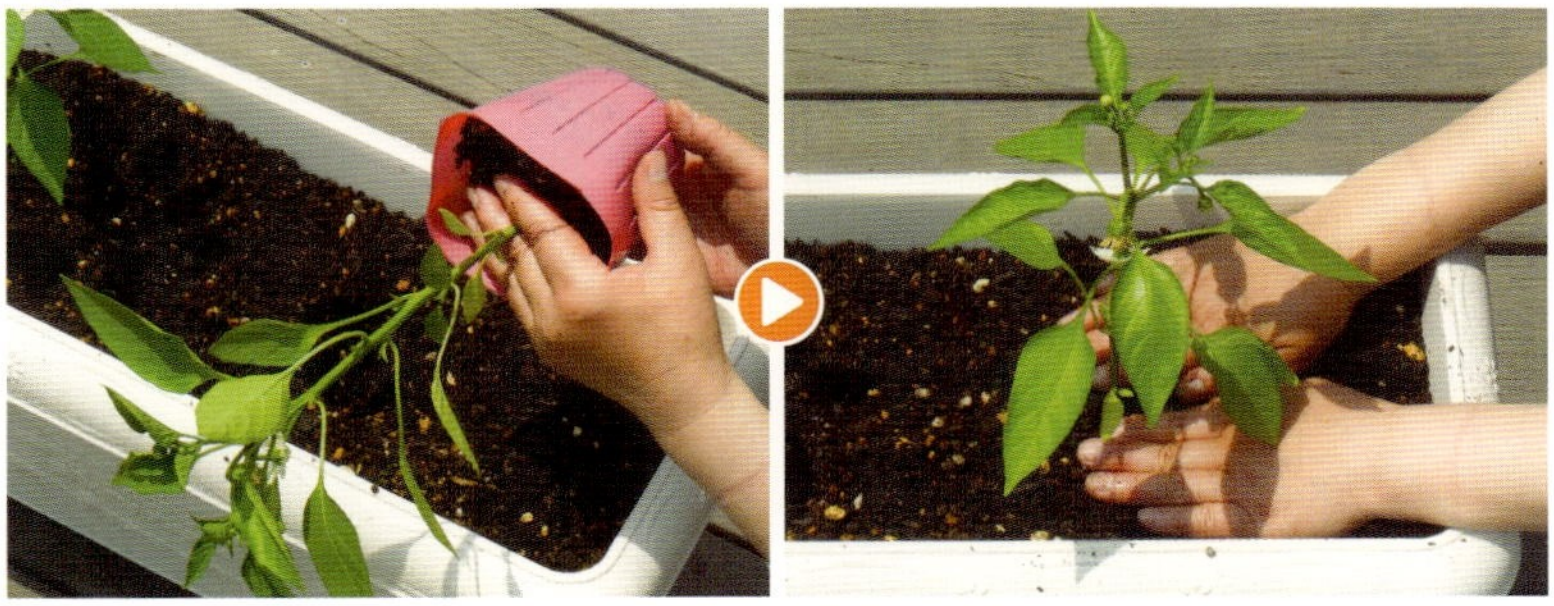

3 たっぷり水をやる

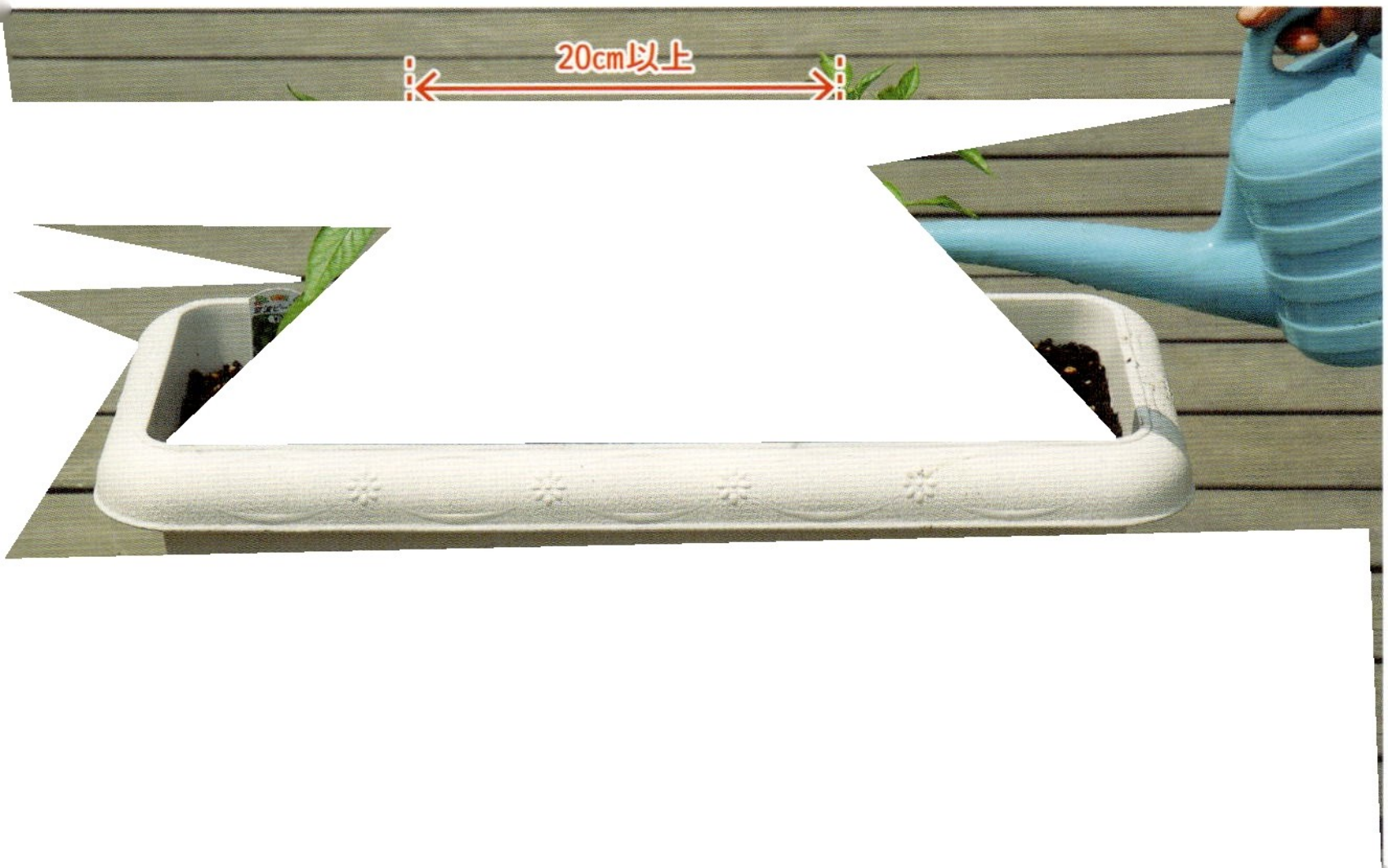

2 支柱立て

植え付けてから2～3週間後、しっかり根づいて株が大きくなってきたら、1番果の上で枝分かれした2本の枝を風や果実の重みで折れないようにそれぞれに支柱を立てて支えます。紐は数回ねじって支柱に結びます。

1 1本の支柱を真っ直ぐに立て、その左右に分かれた枝を支える支柱を立て、3本の支柱が交わる上部を紐で結ぶ

POINT
紐は茎でなく
支柱の側で結ぶようにする

2 1番果の上で枝分かれした2本の枝をそれぞれの支柱に紐で結ぶ

3 わき芽摘み

株間の狭いコンテナでは、枝を3～4本伸ばしてほかのわき芽は早めに摘み取ります。

1番果がついたところより下に出るわき芽は、すべて小さなうちに摘み取る

4 追肥

1番果がついたら追肥を始めます。化成肥料を月に2回程度、液肥なら週に1回施し、肥料を切らさないように育てます。

果実がつき始めたら1株当たり化成肥料10gをプランターの縁に沿って施し、軽く土に混ぜ込む

POINT
水やりを兼ねて
液肥を施してもよい
（1週間に1度程度）

栽培のヒント コンテナで育てやすいミニパプリカ

パプリカはトウガラシを意味するハンガリー語です。日本では欧米系の肉厚で大果になる品種を特にパプリカやカラーピーマンと呼んでピーマンと区別しています。パプリカは緑の果実が完熟して色づくまでに、開花後60日くらいかかるため、栽培もやや難しい野菜ですが、ミニ種はつくりやすく、実もたくさんつけるコンテナ向きのパプリカで、ピーマンと同じようにつくれます。

大鉢で育てたパプリカ（カラーピーマン）

ミニパプリカ3種の寄せ植え

ミニパプリカ（ブラウン系）

ミニパプリカ（レッド系）

ミニパプリカ（オレンジ系）

5 収穫

開花から15～20日程度で収穫できますが、1番果は小さなうちにとります。実の長さが6～7㎝を目安に、株を疲れさせないためにも早どりを心がけましょう。

開花後 15日～20日

1番果はできるだけ早く収穫して株の生育を助ける

長さが6～7㎝になったらヘタの部分からハサミで切る

1 苗の植え付け

気温が十分に上がれば直まきもできますが、早く収穫するためには、市販の苗を買ったほうがよいでしょう。本葉3～4枚のまだつるが伸びていない苗を浅植えします。

1 ウォータースペースを残して用土を入れる。40cm以上の株間をとり、根鉢より大き目の植え穴を掘る

2 根鉢を崩さないようにポットから苗を抜き、株元を軽く押さえる。植え付け後たっぷり水をやる

栽培のヒント ネットを張る時期

暑くなるほどつるが伸びて葉が茂るのがニガウリの特徴。つるが伸び始めたら、軒下に園芸用のネットを張ります。ネットとセットになったコンテナを利用すると、支柱を立てずに簡単にグリーン・カーテンができます。

置き場所 日当たりのよい場所

コンテナサイズ プランター または 鉢

栽培用土 実もの野菜用の配合土

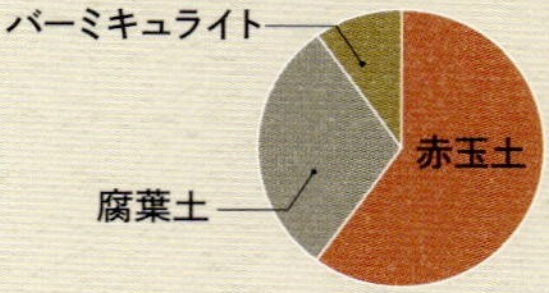

石　灰：用土10ℓ当たり 10g
化成肥料：用土10ℓ当たり 10～30g

栽培カレンダー

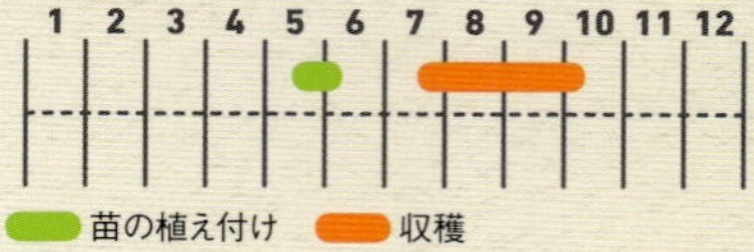

栽培のポイント

- グリーン・カーテンとして仕立てるときは、ネットは頑丈に張りましょう。
- 熱帯原産で、暑くなるほど旺盛に育つので定期的に追肥を施します。
- 10号の深鉢に1株、大型プランターなら2株を目安に植えます。
- 昆虫の飛来が少ないベランダでは、人工授粉をして実つきをよくします。

2 誘引・摘心

テラスなどにコンテナを置き、つるが伸びてきたらネットを張り誘引すると直射日光を遮るグリーン・カーテンができます。よく実をつける子づるを発生させるために、親づるの先を摘み取ります。

1 植え付け2週間後くらいに、本葉7枚を残して親づるを切る

2 伸び始めたつるはネットに絡ませてやれば、後は自然に絡んでいく

3 込み合ってきたら、垂れ下がったつるを切り戻す

3 追肥

最初の果実が膨らみ始めたら定期的に追肥します。旺盛に育ち収穫期間も長いので、化成肥料は2週間に1回、液肥なら週に1回、水やりを兼ねて施します。

果実が膨らんできたら化成肥料10gをコンテナの縁に沿ってまき、土に混ぜ込む。土のかさが減っているときはまし土する

4 収穫

花が咲いてから20日前後で収穫できます。熟すと黄色くなり、やがて果実が裂けるので、緑色をした若い果実を収穫します。

中長品種は果実の長さが20㎝くらいがとりごろ。ハサミでヘタを切る

1 苗の植え付け

高温を好むので、十分暖かくなってから植えます。育苗に時間がかかるため、市販の苗を利用したほうが簡単です。本葉4～5枚の病害虫の被害のない苗を選び、根鉢を崩さずに浅く植えます。

1 根鉢より少し大きめの植え穴を掘る

2 苗の根元を指で挟み、根鉢を崩さないようにポットから抜く

3 浅めに植え付けて、株元を軽く押さえる

4 たっぷり水をやる

2 支柱立て

メロンなどつるが伸びる野菜は、つるが伸びだしたら支柱を立てますが、市販のあんどん型支柱を利用するときは、苗を植え付けてすぐに立てておくと、つるを傷めずに誘引できるので、後の作業が楽になります。

3 整枝

本葉が5枚になったら親づるを摘心して元気のよい子づるを2本伸ばします。果実は、子づるの6～12節目に出る孫づるに咲く雌花につけます。

1 本葉5枚になった親づるは先端を摘心し、子づるの発生を促す

2 子づるは、葉が15～20枚になったら、摘心して孫づるの発生を促す

3 孫づるは、着果したら葉を2枚残して摘心する

置き場所 日当たりのよい場所

コンテナサイズ プランター または 鉢

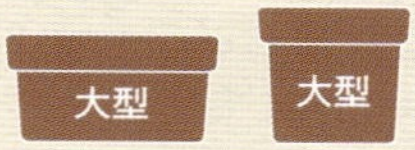

栽培用土 実もの野菜用の配合土

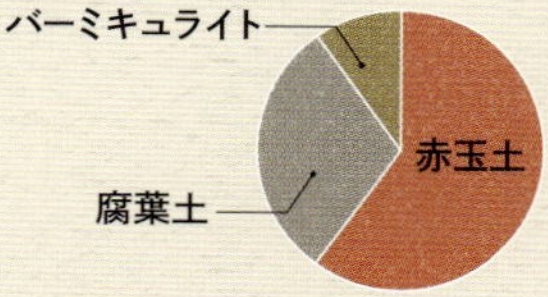

石　灰：用土10ℓ当たり 10g
化成肥料：用土10ℓ当たり 10～30g

栽培カレンダー

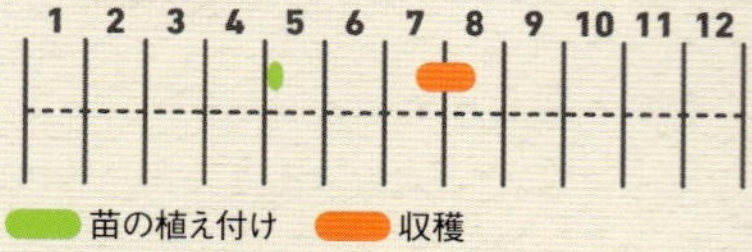

栽培のポイント

- 人工授粉が必要なため、いくつかつくって雌花と雄花の開花のタイミングを合わせます。
- 日当たりがよく、強い風の当たらない場所に置きますが、多湿を嫌うため、梅雨期は雨に当てないように軒下などで管理します。
- つるが伸びるので支柱を立てます。

4 人工授粉

整枝後、孫づるの6～12節に雌花が咲いたら人工授粉をして確実に実をつけましょう。雄花の花粉を確認して雌花の雌しべ（柱頭）につけますが、花粉の寿命が短いので午前9時ころまでに作業を終わらせます。受粉後は日付を記入したラベルを受粉したつるに吊るして収穫の目安にします。

1 雄花を摘み取り、花弁を取り除く

2 雌花の柱頭に雄花の花粉を転がすようにしてつける

POINT

受粉日を記入したラベルを吊り下げる

5 追肥

追肥は、果実をつけたころと果実が肥大したころの2回、化成肥料を生育の様子を見て施します。液肥の場合は着果後から7～10日おきに施します。どちらの場合も授粉後、実がついたのを確かめて施します。

1 コンテナの縁に沿って化成肥料10gをまく。水やりなどで減った分の用土を肥料の上に足しておく

2 果実が肥大してきたら、1回目と同量の化成肥料を施し、軽く土に混ぜ込む

6 収穫

受粉後30～40日で収穫できます。果実の付け根についた葉の縁が枯れて、よい香りがしてきます。プリンスメロンは成熟すると果実が緑から黄白色に変わります。果実の近くの葉が枯れて、芳香が出始めたらつるをハサミで切り取ります。

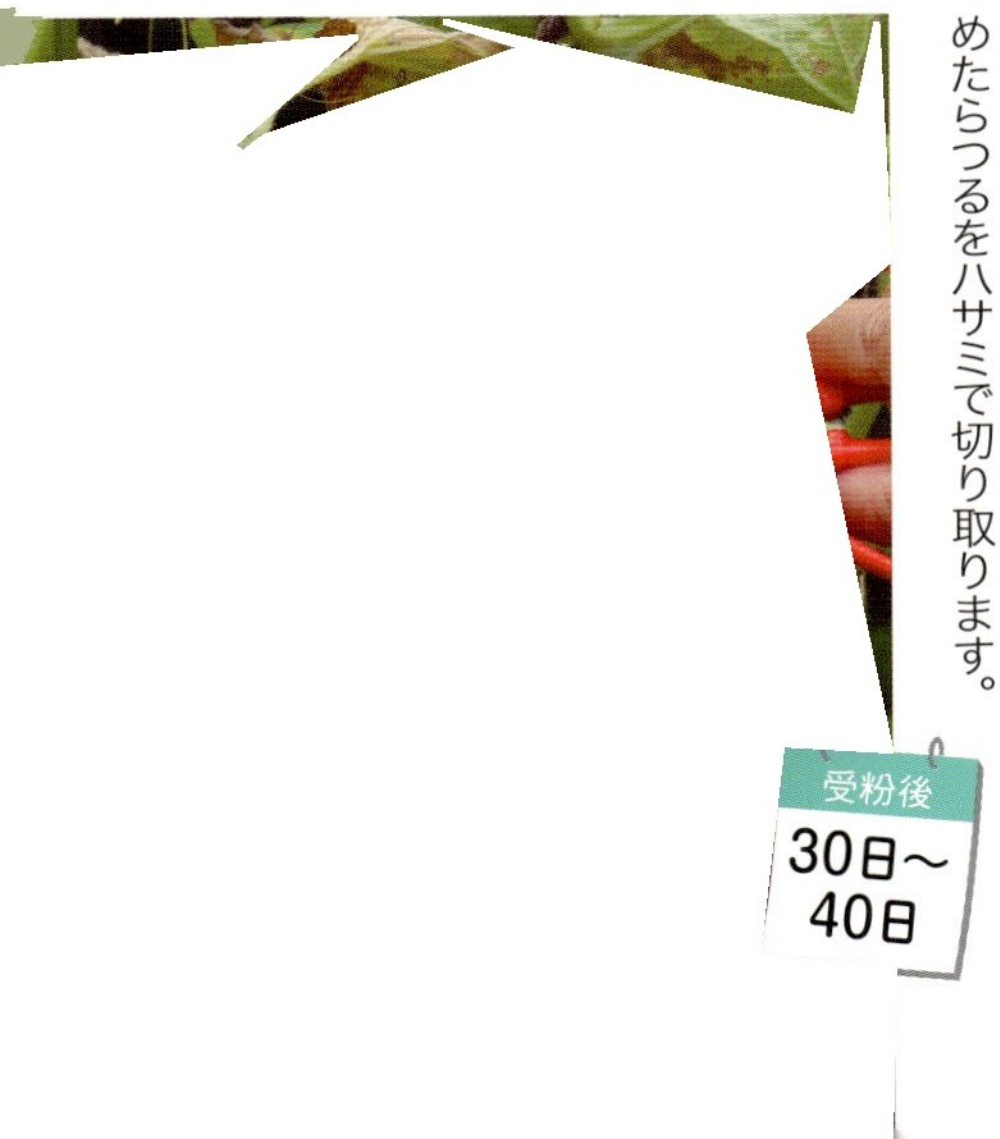

置き場所 日当たりのよい場所

コンテナサイズ プランター または 鉢

栽培用土 実もの野菜用の配合土

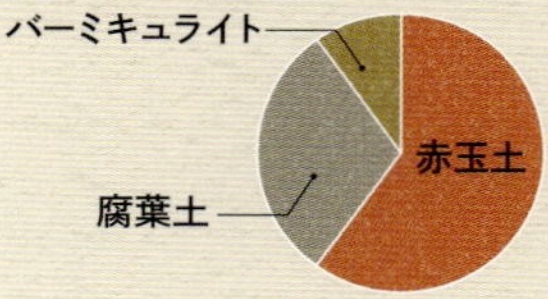

石　　灰：用土10ℓ当たり 10g
化成肥料：用土10ℓ当たり 10～30g

栽培カレンダー

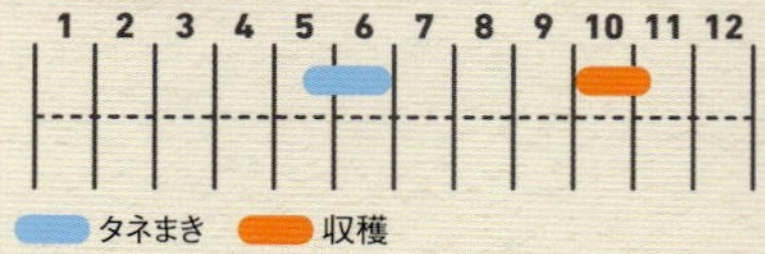

栽培のポイント

- 遅霜の心配がなくなってからタネまきや苗の植え付けをします。
- 子房柄がもぐれるように中耕して土を軟らかくしたり、まし土をします。
- カルシウムが不足すると、さやだけできて実が入らないことがあります。用土を配合するときは必ず石灰を混ぜ込みましょう。

1 タネまき・管理

遅霜の心配がなくなればタネの直まきができます。つぼみが見えたら追肥を施し、子房柄《しぼうへい》がもぐれるように土をほぐします。

1 15～20cmの株間を取り、深さ1cmのまき穴に3粒ずつタネをまく。全面に3cmほど土をかけ、たっぷり水をやる

2 本葉4～5枚で1本立ちにする

3 花が咲くころに、1株当たり化成肥料5gほど施す。花が咲き出したら、子房柄が入りやすいように土をほぐす。コンテナの外に出た子房柄は、ていねいにコンテナの内側に戻す

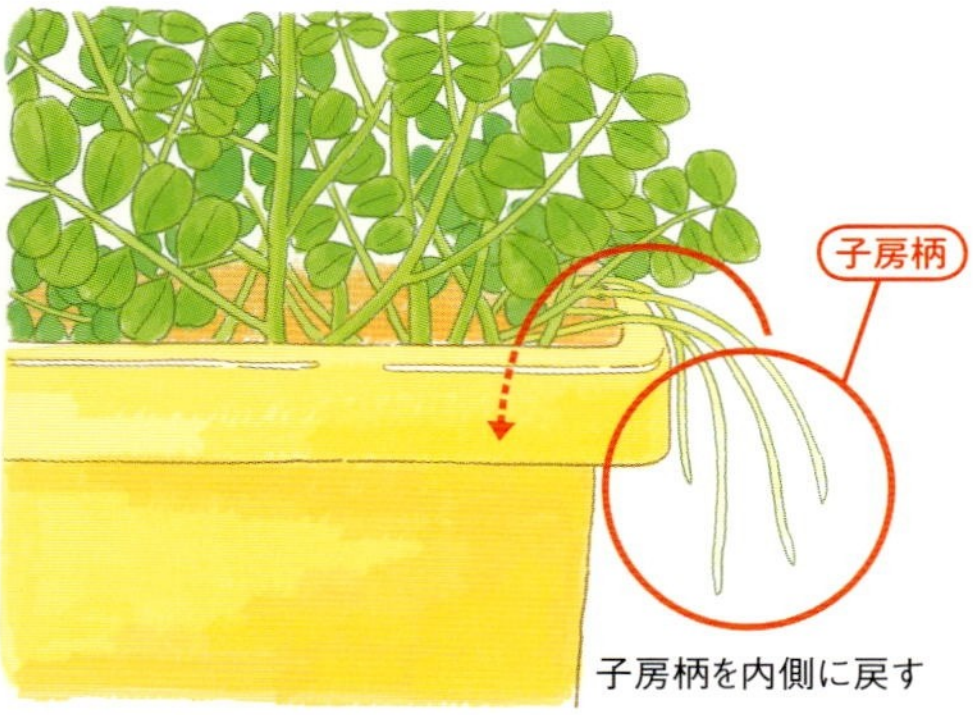

子房柄を内側に戻す

2 収穫

タネまきから5カ月後くらいになり、葉が黄変し始めたら収穫の適期です。霜が降りる前に掘りあげて株ごと乾燥し、その後さやをとります。

下葉が黄色くなってきたら、株元を持って引き抜く

さやの部分を上にして株ごと乾燥させる

PART

3

コンテナで野菜をつくる

葉菜類

セリ科

アシタ

1 苗の植え付け

タネからも育てられますが、市販されている苗を購入すると手軽です。本葉4～5枚の苗を根鉢を崩さずにやや深めに植えつけます。大きく育つので、10号鉢以上のコンテナに定植します。

1 鉢底石を敷き、ウォータースペース分を残して培養土を入れる

2 根鉢より大きめの植え穴をあける

2 古葉とり

「明日葉」の名前のとおり生育が旺盛で、中心部から新葉が次々出てきます。光合成の役目を終えた古葉はこまめに取り除きます。

枯れた葉はこまめに取り除く

枯れた葉を取り除き、きれいになった株

置き場所 日の当たる場所～半日陰

コンテナサイズ プランター または 鉢

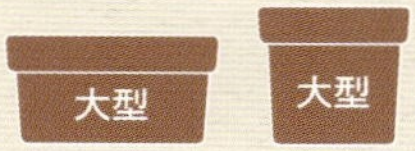

栽培用土 葉もの野菜用の配合土

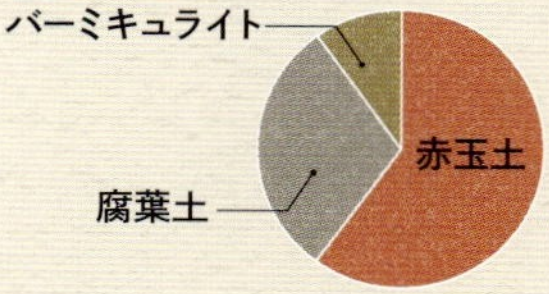

石　　灰：用土10ℓ当たり10～20g
化成肥料：用土10ℓ当たり10～20g

栽培カレンダー

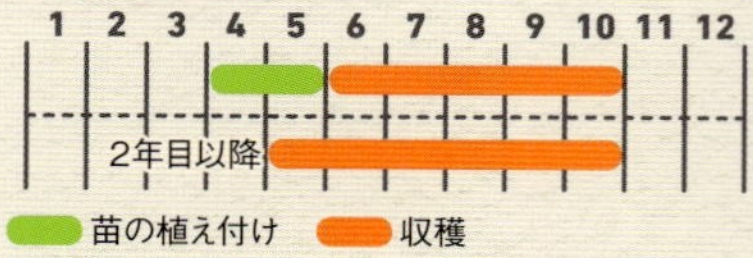

栽培のポイント

- 温暖な気候を好み、25℃以上では生育が鈍るので夏は日よけをします。
- 1年目、株が充実していないときは収穫を控えて株の育成に努めましょう。
- 霜にあうと地上部が枯れるが翌年また新葉が出ます。冬は堆肥などで株を覆います。
- 花茎は早めに切り取ります。

3 根鉢を崩さないようにポットから苗を抜く

4 植え穴に苗を置き、周囲の土を埋め戻して株元を軽く押さえる

5 植え付け後にたっぷり水をやる

3 追肥・まし土

軟らかな新葉を収穫するためには、定期的な追肥が欠かせませんが、7〜8月と休眠期の11〜3月は施しません。鉢土が少なくなったらまし土をします。

1 植え付けて1カ月後から、月1回、株の周りに化成肥料を10gまく

2 収穫中も化成肥料を施す

3 肥料をまいた後、まし土をする

4 収穫

葉が開ききって収穫が遅れると、硬くて食べられません。軟らかで光沢のある新葉を付け根から切り取って収穫します。盛夏は新葉の発生が少ないので収穫は休みます。

開ききった成葉は常に3〜4枚以上残し、光沢があるうちの若葉を切り取る

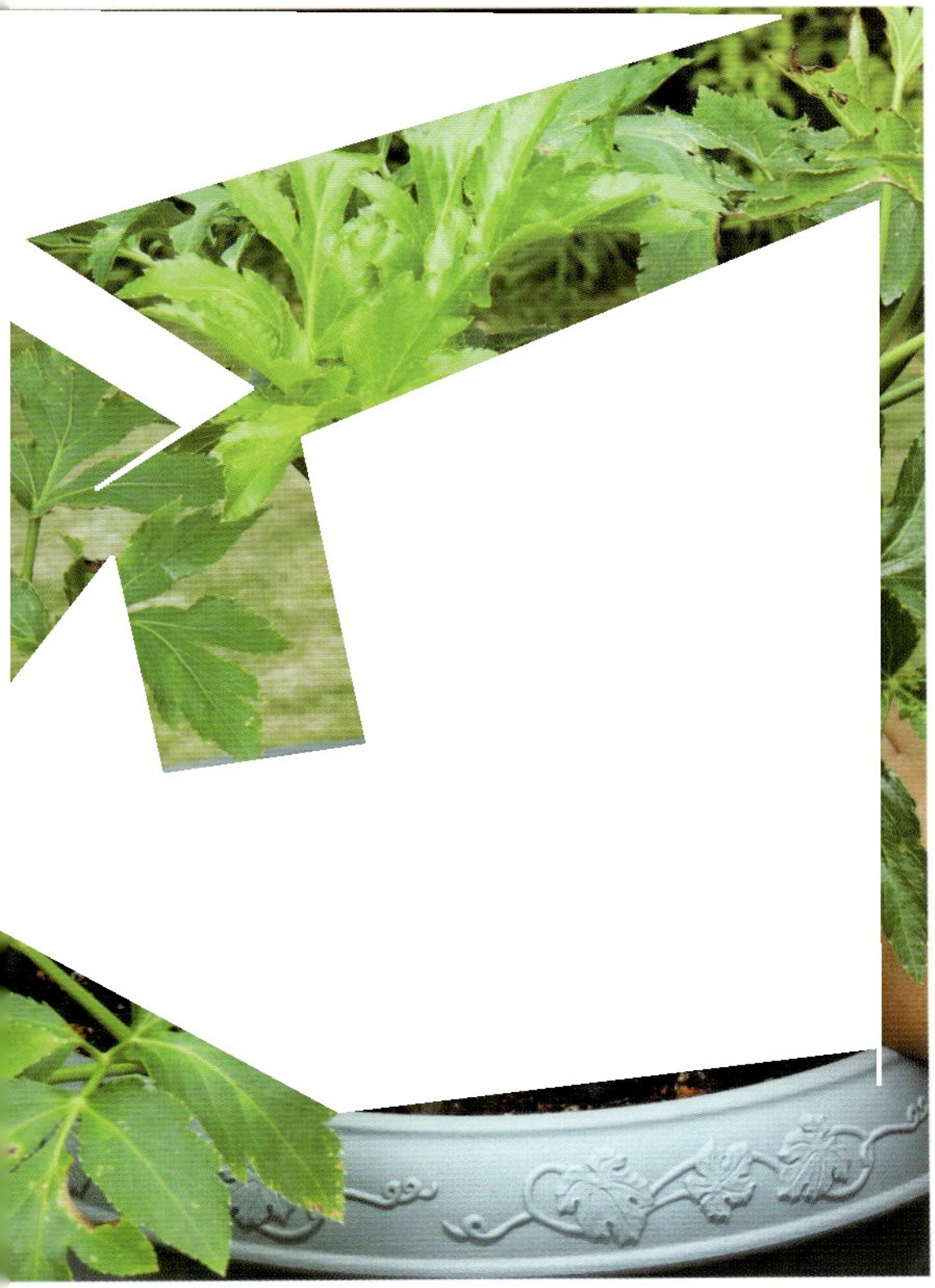

こんなときどうしたらいいの?

キアゲハの幼虫

生育中に発生することがあるので、見つけ次第補殺するか、防虫ネットをかけて防除する

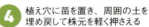

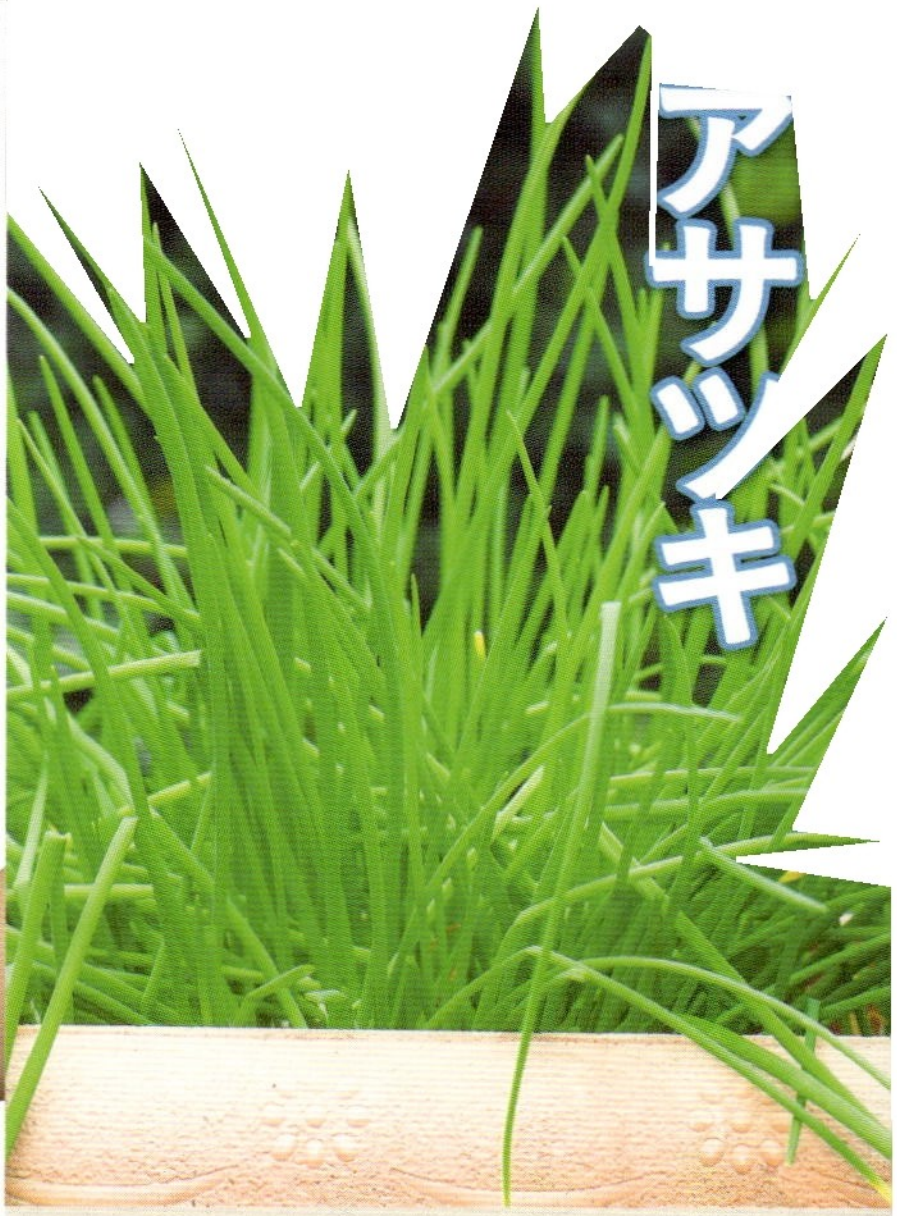

1 種球の植え付け

8月下旬ころから出回る種球《しゅきゅう》（球根）を植えてスタートします。種球はカビが生えていたり、根が出る部分が欠けていない健全なものを選びましょう。気温が下がり始めると芽が出始めますから、芽が伸びないうちに植えましょう。芽が出ているときは芽の先を地上に出して植え付けます。

1 プランターに7分目くらいまで用土を入れて、種球を5〜10cm間隔に2球ずつ土に差し込み、2条に植える

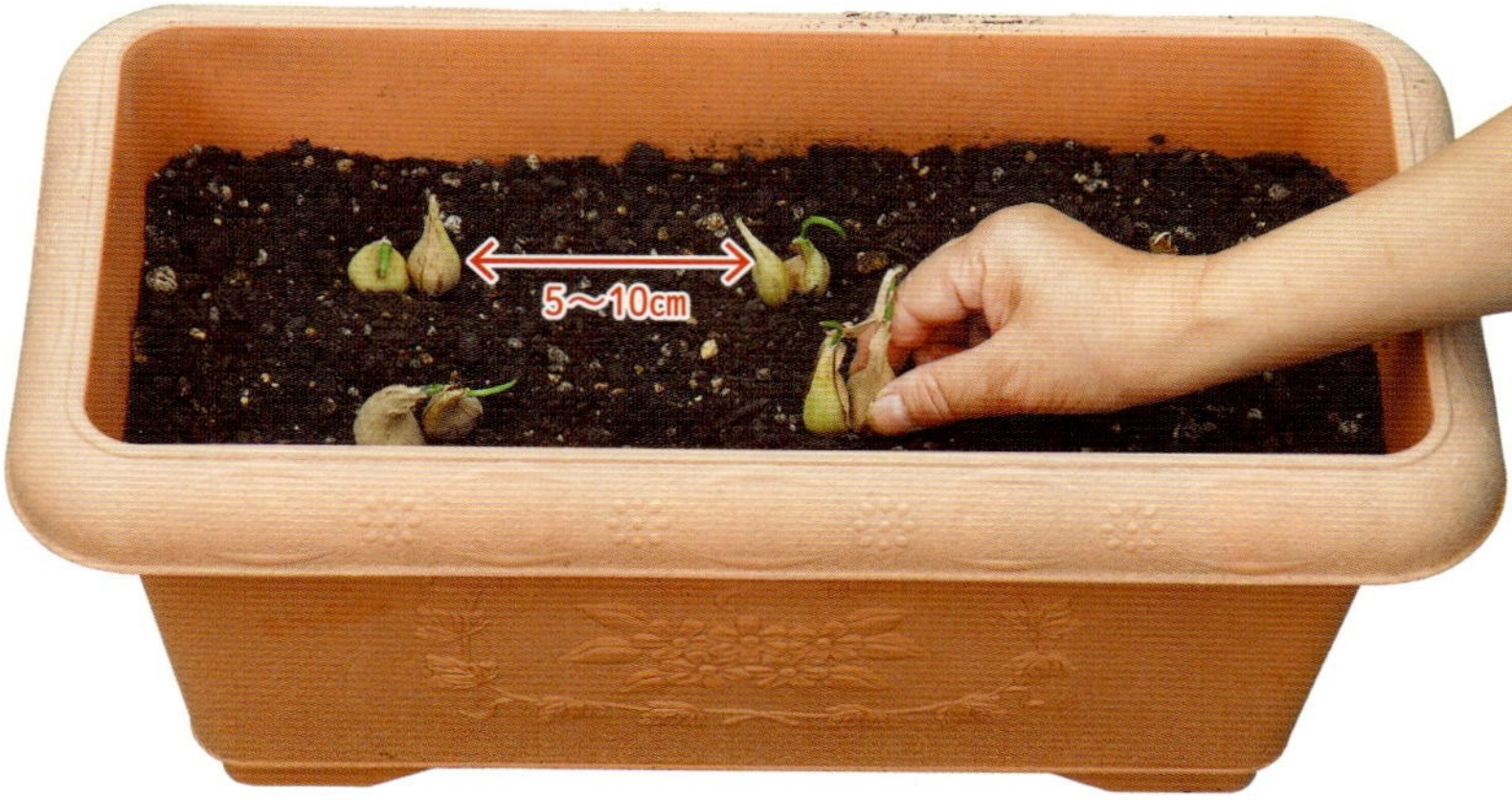

2 芽が出ている種球なので、芽の先が出るように用土を足す

» POINT
深植えに注意!

3 たっぷり水やりする

置き場所 日当たりのよい場所

コンテナサイズ プランター または 鉢

標準　標準

栽培用土 葉もの野菜用の配合土

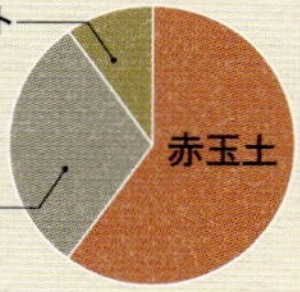

石　　灰：用土10ℓ当たり 10〜20g
化成肥料：用土10ℓ当たり 10〜20g

栽培カレンダー

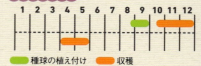

1 2 3 4 5 6 7 8 9 10 11 12

種球の植え付け　収穫

栽培のポイント

- 一度植えると2〜3年はそのままで栽培できるので、ベランダで栽培すると何かと重宝します。
- 乾燥に弱いので、鉢土の表面が乾いたらたっぷり水をやりますが、過湿を嫌うので水やり後や雨上がりにはプランターの横の排水口から余分な水を流しておきます。

2 追肥

植え付けて10日ほどで芽が伸びてきます。草丈が5～6cmほど伸びたら追肥を施します。水やりを兼ねて液肥を1週間おきに施しても効果があります。また、収穫のたびに液肥を施し株の回復を図ります。

1 草丈が5～6cmほどになったら化成肥料10gを全体にまく

2 指先で軽く土と混ぜ合わせる

3 収穫

草丈が20～30cmになったら収穫できます。開花後の夏と冬は地上部が枯れて休眠しますが、秋と春2回収穫期があります。抜き取っても収穫できますが、コンテナ栽培では、地上部だけ刈り取って利用すると長く楽しめます。

葉が軟らかいうちに株元から3cm程度のところで切り取る

施肥

収穫後に液体肥料を施すと、再び葉が伸びてきて収穫できる

栽培のヒント 鱗茎《りんけい》の収穫

鱗茎は春に抜き取れますが、軟《なん》白《ぱく》するとおいしい鱗茎が収穫できます。２月上～中旬に芽が出たら上から土をかぶせて軟白します。かぶせた土の上に葉先が出たら、掘り起こします。根を切り落として、味噌をつけて生食したり、ゆでて「ぬた」にして食べると、早春の香りが味わえます。葉を切り取って収穫するときは軟白しないでそのまま育てます。

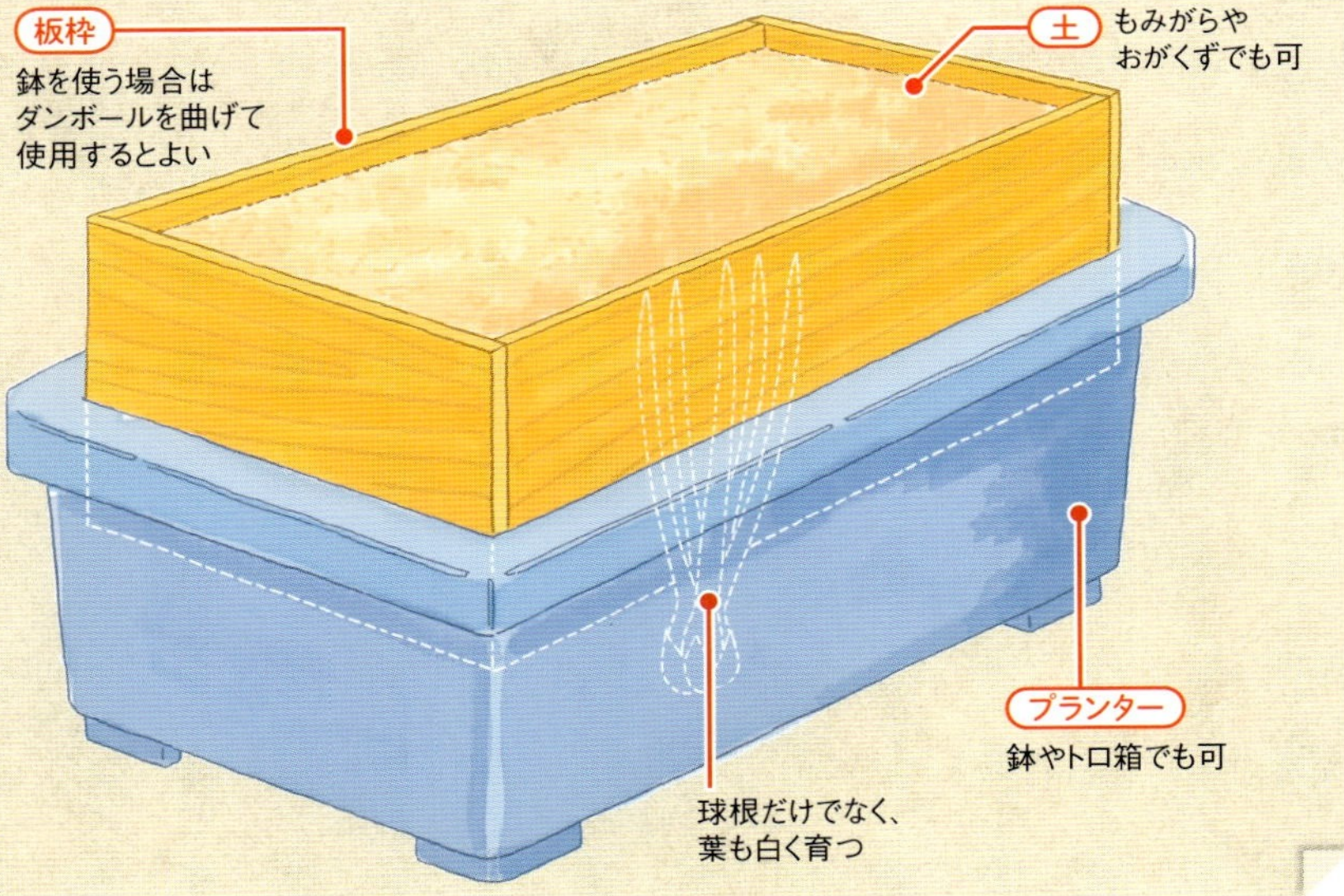
板枠
鉢を使う場合は
ダンボールを曲げて
使用するとよい
土
もみがらや
おがくずでも可
プランター
鉢やトロ箱でも可
球根だけでなく、
葉も白く育つ

ハマミズナ科

アイスプラント

置き場所 日当たりのよい場所

コンテナサイズ プランター または 鉢

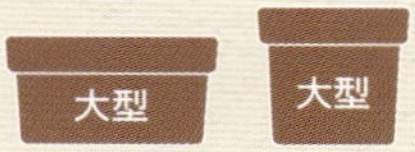

栽培用土 葉もの野菜用の配合土

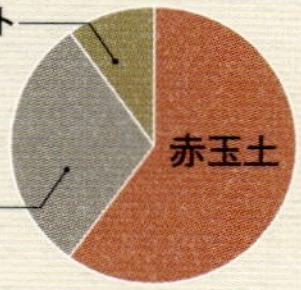

石　灰：用土10ℓ当たり 10〜20g
化成肥料：用土10ℓ当たり 10〜20g

栽培カレンダー

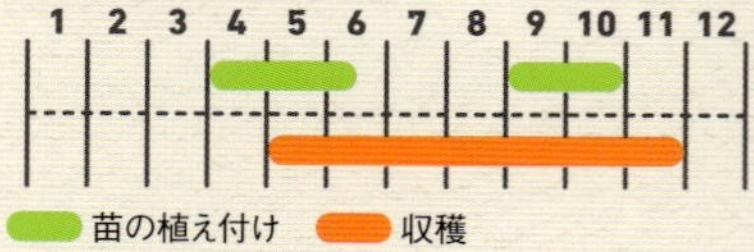

栽培のポイント

- 薄い塩味の葉が特徴の多肉植物です。
- 冬は室内に置き5℃以上を保てば、毎年収穫できます。ただし、花が咲くと枯れるため花芽を摘み取ります。
- 塩気を付けるためには、２週間に１回、１〜２％の塩水を水やり代わりに与えますが、１ℓの水に大さじ１杯の塩を加えると約１〜２％の塩水になります。

1 植え付け・管理

植え付け適期は春と秋です。葉が軟らかいのでていねいに扱いましょう。植え付けて2週間ほどたったら追肥のスタート。また、生育が旺盛になったら、1〜2%の塩水を与えます。

1 水はけと軽量化を図るために、鉢底に網袋に入れた発泡スチロールを入れる。ウォータースペースを鉢の縁から2〜3㎝取って用土を入れる

2 軟らかな葉を傷めないようにていねいにポットから苗を出す。根鉢より大きめの植え穴に苗を置き、土を寄せて株がぐらつかないように軽く押さえる

手で水を受けて水をやる

《POINT
葉に泥跳ねがかからないように

2週間に1度化成肥料3〜5gを株の回りにまく。塩水を水やり代わりに与える

》POINT
薄い塩水を与えると
ほんのり塩味のついた葉が
収穫できる

2 収穫

葉の元からハサミで切り取る。葉を切り取ると、わき芽が伸びるので、次々収穫できる

ツルナ科

ツルナ

置き場所 日当たりのよい場所

コンテナサイズ プランター

小型

栽培用土 葉もの野菜用の配合土

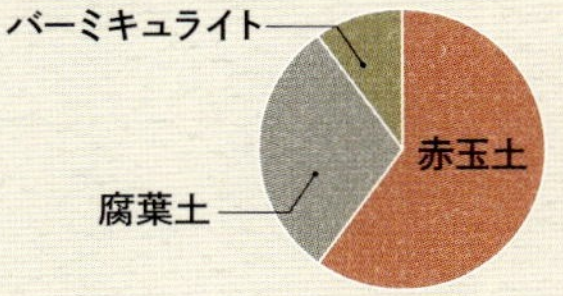

石　灰：用土10ℓ当たり 10〜20g
化成肥料：用土10ℓ当たり 10〜20g

栽培カレンダー

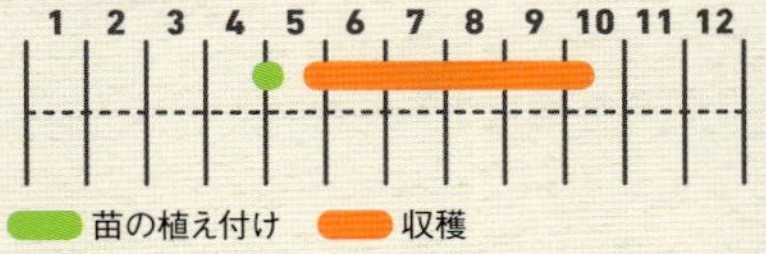

栽培のポイント

- 海岸の砂地に自生する海浜植物です。江戸時代から野菜として栽培もされ、こぼれダネから発芽するほど性質が強く、初心者向きの葉菜です。
- 乾燥には強いが、水や肥料が切れると葉が硬くなるので注意しましょう。
- 冬も霜に当てなければ栽培できるので、ベランダ菜園に最適です。

1 植え付け・管理

発芽に15日以上かかるので、市販の苗を利用すると簡単です。葉が硬くならないように20日おきに追肥をしながら育てます。

1 ウォータースペースを残して用土を入れる。大苗は植え付けのときに4〜5節ほど残して切り戻し、わき芽を出させる

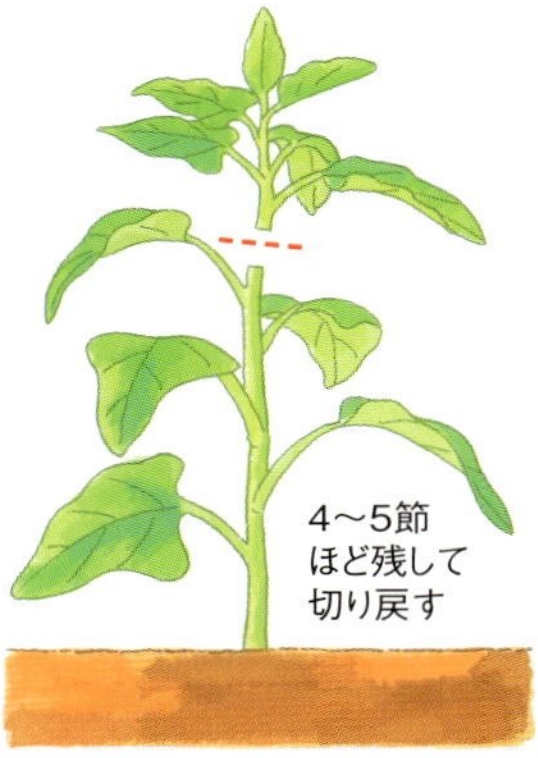

2 株間を10cmとって植え付け、株元を軽く押さえてたっぷり水をやる

3 わき芽も伸び、茂ってきたら化成肥料5gを全体にまき、土に混ぜ込む

2 収穫

株が15cm程度になったら収穫します。若芽を摘むと次々とわき芽が出て、秋まで収穫が続けられます。

1 茎の上から10cmの軟らかいところをハサミで切る

2 草姿が乱れ茎葉が硬くなったら半分くらい切り戻す

3 液肥を施すと、再び軟らかい新芽が次々と伸びだし、長期間収穫できる

1 根株の植え付け

タネをまいても育てられますが、発芽温度が高く、育苗にも時間がかかり、またコンテナは植える株数が少ないので、市販の根株や苗を利用するほうが手軽です。植え付けの時期は厳寒期を避けて晩秋、または春です。

1 鉢底が見えなくなるくらい大粒の赤玉土を入れる

2 用土を鉢の縁から10cm下くらいまで入れ、芽が鉢の中心にくるように根を広げて根株を置く

POINT
根を傷めないように気をつけて広げる

3 根株の芽の上に4～5cm土がかかるように用土を足す

4 土の乾燥を防ぐために切りわらを敷いて、たっぷり水をやる。春、遅霜の心配がなくなったら切りわらは取り除く

置き場所 日当たりのよい場所

コンテナサイズ 鉢

栽培用土 葉もの野菜用の配合土

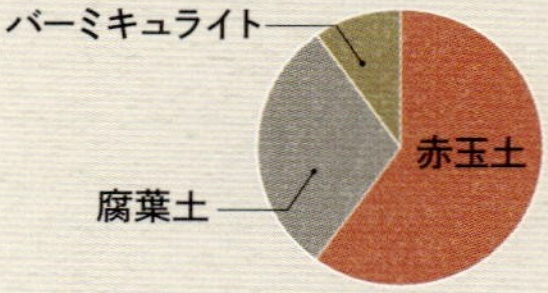

石　　灰：用土10ℓ当たり 10～20g
化成肥料：用土10ℓ当たり 10～20g

栽培カレンダー

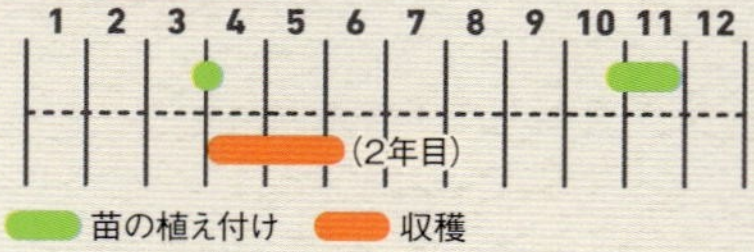

栽培のポイント

- 涼しい気候を好みますが、暑さ、寒さにも強く、病害虫も少ないので、手がかからない野菜です。
- 観葉植物のように観賞栽培もできます。1年は株を大きく育て、収穫は植え付けてから2年目です。
- 酸性土に弱いので、用土は必ず中和しておきます。

2 支柱立て・除草

1年目は収穫をせずにできるだけ大株に生育させます。生長するにつれて倒伏《とうふく》しやすくなるため、早めに支柱を立てて茎を囲みます。

POINT

雑草は早めに取り除く

茎が倒れないように支柱を立てる

4 地上部の整理

茎枯れ病を防ぐために、地上部が枯れたら元から刈り取り、雑草も取り除いて堆肥や籾殻《もみがら》でマルチングして、寒風から守ります。

① 茎葉が枯れたら株元から切り取り、除草してコンテナの中をきれいにする

② 籾殻でマルチングして、寒さから保護する

3 追肥

追肥は生長期と冬に施します。毎年幼茎を収穫し、その後茎葉を茂らせて翌年のための養分を蓄えさせるため、多めに施します。

① 6～8月までの間に月に1回、化成肥料10gをコンテナの縁に沿ってまく

② 肥料と土を軽く混ぜる

2～3月ころに、化成肥料を5gほどばらまいて、芽だしをたすける

5 収穫

2年目から収穫できます。幼茎が20㎝程度になったら、穂先が開く前に収穫します。4～6月上旬が収穫の時期ですが、収穫しすぎると株が弱りますから、細いものや6月中旬以降に出るものは来年のためにそのまま伸ばして根株に栄養を蓄えさせます。

茎の長さが20㎝程度になったら、地際から切り取って収穫する

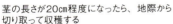

ユリ科

エシャレット

置き場所 日当たりのよい場所

コンテナサイズ プランター

栽培用土 葉もの野菜用の配合土

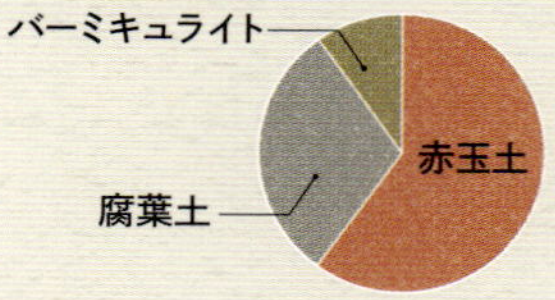

石　　灰：用土10ℓ当たり 10〜20g
化成肥料：用土10ℓ当たり 10〜20g

栽培カレンダー

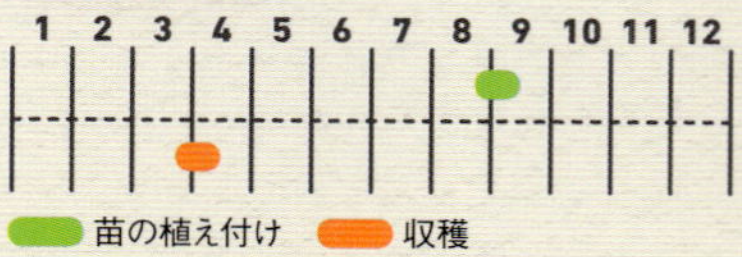

栽培のポイント

- 種球が腐らないように、特に水はけのよい用土を用います。
- ラッキョウを若どりしてエシャレットとして利用できますが、専用の種球も売られています。
- 収穫の１〜２カ月前に十分に土寄せして、軟白《なんぱく》すると良質のものが収穫できます。

1 種球の植え付け

毎年新しいものを購入し、大粒の種球を選んで早めに植えると大きなものが収穫できます。８〜10㎝間隔で１球ずつ先端がわずかに見える程度に植え付けます。

1 ウォータースペースと覆土《ふくど》分を残して、用土を7分目くらい入れる

2 10㎝の条間をとり、８〜10㎝間隔に、細くなっているほうを上にして用土に挿す

3 芽が出ている種球は、芽が地上に出るように覆土する

4 たっぷり水をやる

2 追肥・まし土

球の肥大と茎の基部を白くするために追肥とまし土をします。収穫の1、2カ月前から十分に土を入れて軟白《なんぱく》し、白い部分を多くします。

1 芽が出たころに化成肥料10gをコンテナ全体にまく

2 軽く土に混ぜて株元に寄せる

3 10月中旬ころ、草丈が10cm以上に伸びたら化成肥料10gをまいて、土と混ぜる

POINT
土を足して鱗茎《りんけい》や葉の基部も白くする

4 10月中旬の追肥後から収穫まで数回、土を入れて軟白する

3 収穫

種球を植えてから翌年の3月下旬～4月中旬、葉が軟らかいときに収穫しますが、エシャレットは、みそやモロミみそなどを添えて生食するので、可食部分の鱗茎が軟らかいうちに収穫しましょう。鱗茎が日に当たって緑色になると硬くなり、食味が悪くなります。しっかり土寄せをして収穫しましょう。

必要な分だけ移植ゴテで掘り上げ、葉をつかんで引き抜く

掘り上げた部分に新しい土を足しておく

エシャレットとエシャロットの違いは？

「エシャレット」と「エシャロット」は混同されることがありますが、エシャレットはラッキョウの若どりで、ラッキョウそのものです。若どりして生食できることを強調し、従来のラッキョウと区別するために名づけられたそうです。本来のエシャロットはタマネギの仲間です。

エシャロットの鱗茎

エシャロット

カリフラワー

1 苗の植え付け

タネをまいても育てられますが、コンテナで数株育てるなら市販される苗を購入するほうが育苗の手間が省けて簡単です。本葉4～5枚の苗を浅植えにします。

1 プランターの縁から2～3cmのウォータースペースをとり、用土を入れる

2 20～25cm間隔で、根鉢より少し大きめの植え穴を掘る

3 根鉢を崩さないようにポットから苗を出し、植え穴に置き土を寄せて植え、軽く手で押さえる

POINT 根鉢を崩さず子葉を地上に出して浅く植える

4 たっぷり水をやる

置き場所 日当たりのよい場所

コンテナサイズ プランター または 鉢

標準　標準

栽培用土 葉もの野菜用の配合土

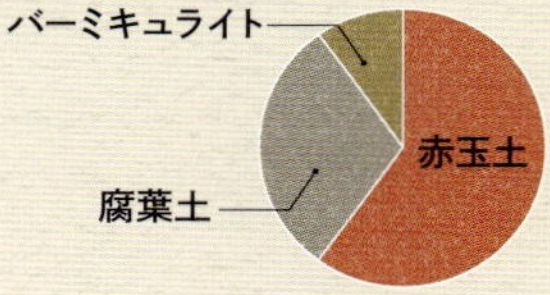

石　灰：用土10ℓ当たり 10～20g
化成肥料：用土10ℓ当たり 10～20g

栽培カレンダー

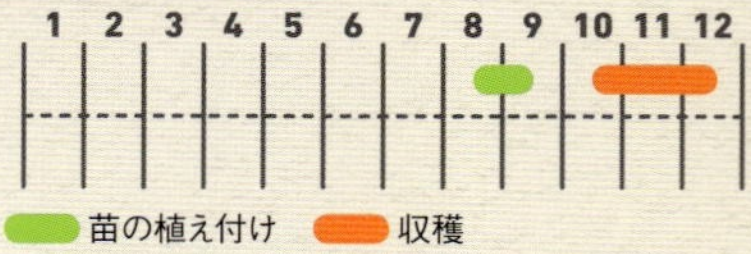

栽培のポイント

- 冷涼な気候を好むので、秋と春の栽培がお勧めです。
- コンテナ栽培では密植でき、手のひら大で収穫できるカリフラワーの「美星」がつくりやすいでしょう。
- 花芽をつけるためには花蕾《からい》ができるまでに十分に大きく生育させておきましょう。

5 害虫対策に植え付け後に弓形に支柱を立てる

6 支柱の上から寒冷紗をかけて、害虫が入らないように洗濯ばさみでとめる

2 追肥

肥料切れや水切れは禁物ですが、手のひらの大きさから収穫できるので、植え付け後3週間目と6週間目の2回の追肥で十分です。

1 植え付けて3週間たったら、1株当たり3gほど化成肥料をまき、軽く土に混ぜて株元に寄せる

2 1回目の追肥から、3週間後に2回目の追肥を1回目と同じように施し、土に混ぜておく

3 花蕾を外葉で包む

花蕾《からい》は日光に当たると黄色みを帯びるので、株の中から花蕾が見えて、花蕾の直径が5㎝ほどになったら、外葉で包み、遮光して花蕾を保護します。こうすると強い直射日光のほか、ほこりなども防いでくれるので白くてきれいな品質のよい花蕾が収穫できます。

1 白い花蕾が株の中から見えてきた

POINT
葉で包むと白い花蕾がとれる

2 周りの葉を持ち上げて花蕾を包み、紐でしばる

4 収穫

直径10㎝ほどになったら収穫できますが、花蕾《からい》の表面が固くしまって滑らかなときが収穫適期。すき間が開いてきたものはとり遅れなので、適期に収穫しましょう。

花蕾のすき間ができず、固くしまっているうちに花蕾の元からナイフで切り取る

つくってみたい

カリフラワーの品種

ロマネスコ種

「サンゴショウ」や「スパイラル」の品種名があり、幾何学的な形が美しく、生花店などにも出回る。甘みが強くクセが少ないのが特徴

バイオレットクイーン

紫色のカリフラワーだが、ゆでると明るい鮮緑色になり、美しくておいしい

オレンジブーケ

花蕾の表面はオレンジ色で、中は淡黄色。ゆでても色が残り、食味がよい

スノークラウン

花蕾の直径が16㎝にもなる大玉の早生種。花蕾は純白、肉厚、緻密

アブラナ科

サラダカラシ

1 タネまき・管理

タネは、コンテナ全体に重ならないようにばらまきし、発芽まで土が乾燥しないように管理します。間引きながら育てます。

1 鉢底に鉢底網を敷き、ウォータースペースを残して用土を入れ、全体にぱらぱらとタネをまく

2 タネが隠れる程度にふるいで薄く土をかける

3 土の表面を押さえてタネと土を密着させ、たっぷり水をやる

4 本葉が出たものから順次間引くが、株元に光が当たるように、土が見えるくらいに間引くとよい。間引き後、液肥を施し、新葉が伸びるのを促す

2 収穫

タネまきから25〜30日くらいで収穫できます。間引きながら大きめに育ててもよいでしょう。

草丈が6〜7cmに育ったら、抜き取って収穫する

置き場所 日当たりのよい場所

コンテナサイズ プランター または 鉢

栽培用土 葉もの野菜用の配合土

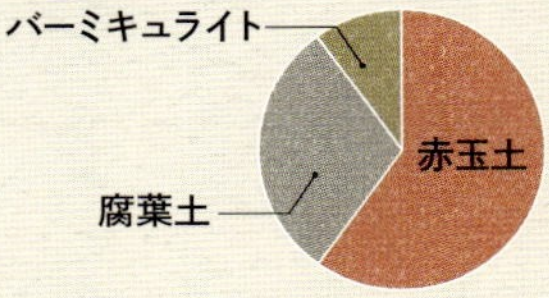

石　灰：用土10ℓ当たり 10〜20g
化成肥料：用土10ℓ当たり 10〜20g

栽培カレンダー

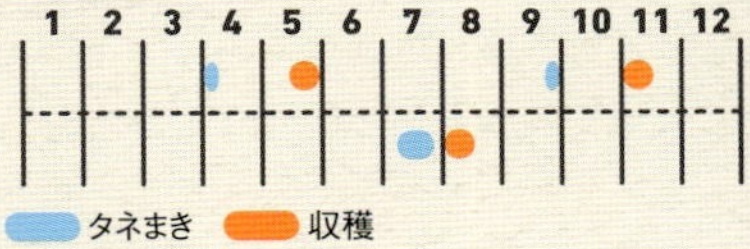

栽培のポイント

- ベビーリーフとして収穫するので、追肥を施さなくても育てられるが、液肥を水やり代わりに施すと効果的です。
- 発芽して子葉が開くまでは乾燥させないように注意しましょう。
- 室内で育てる場合は、もやし状にひょろひょろと伸びないように時々外に出して風に当てましょう。

アブラナ科

キャベツ

1 苗の植え付け

タネをまいても育てられますが、育苗期間が長く害虫の被害を受けやすので、市販の苗を購入すると育苗の手間が省けて便利です。本葉5～6枚で、茎が太く節と節の間が詰まったよい苗を選び、適期に植え付けましょう。

1 ウォータースペースを残して用土を入れる

2 株間を30～35㎝とり、根鉢より少し大きめの植え穴を掘る

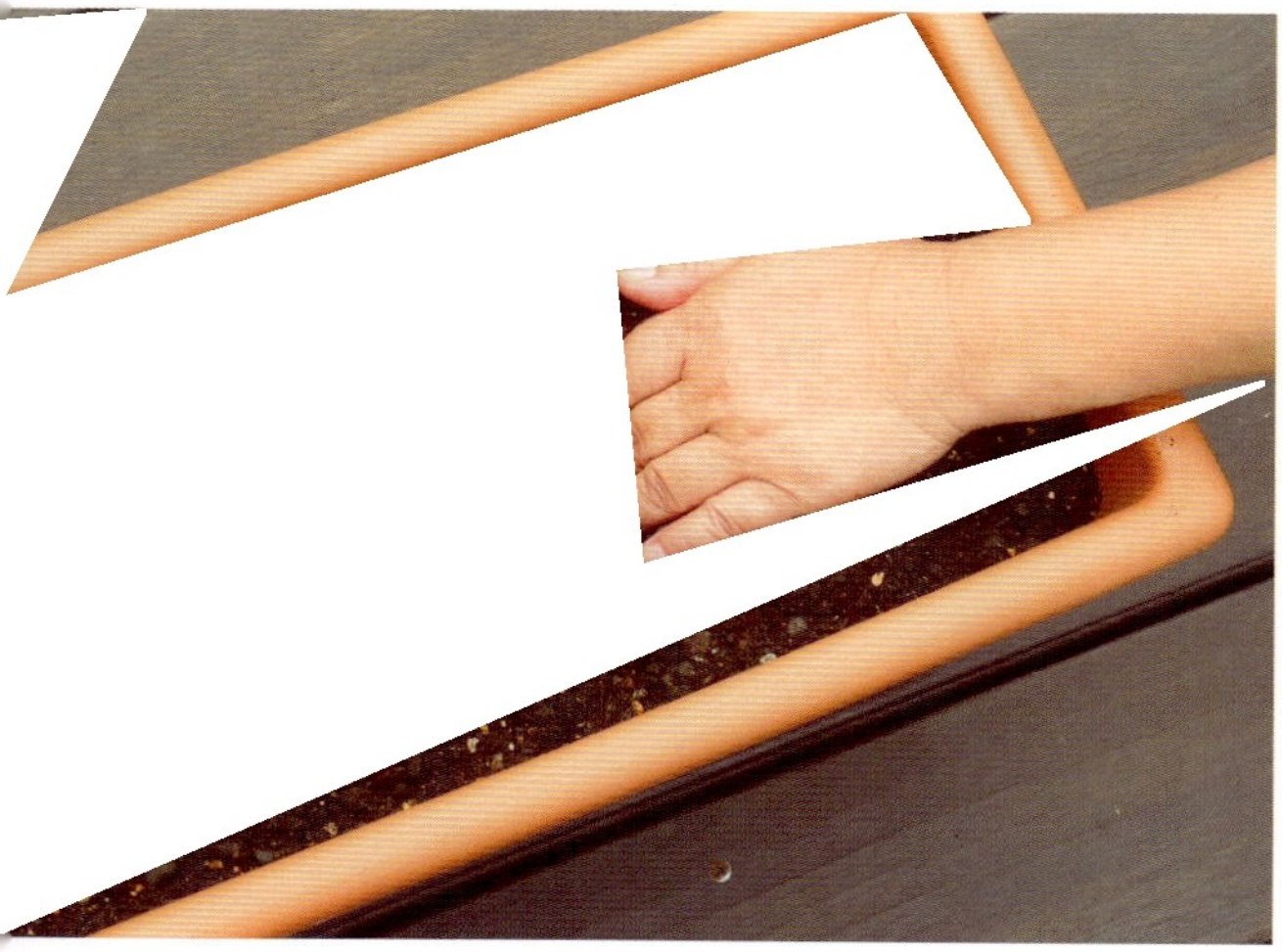

3 根鉢を崩さないようにポットから苗を取り出す

栽培のヒント コンテナでは、ミニキャベツを

最近は500～800ｇのミニサイズのキャベツが人気です。株間20～25㎝で、密植栽培できることや植え付け後約40～50日で収穫できることなどからコンテナ栽培に最適。

置き場所 日当たりのよい場所

コンテナサイズ プランター または 鉢

栽培用土 葉もの野菜用の配合土

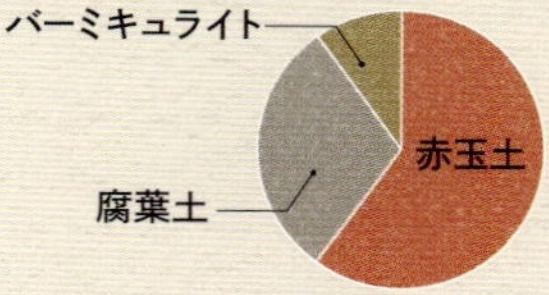

石　　灰：用土10ℓ当たり 10～20g
化成肥料：用土10ℓ当たり 10～20g

栽培カレンダー

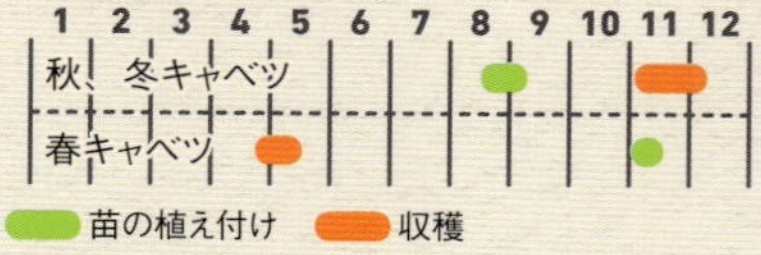

栽培のポイント

- 害虫の多い野菜なので、寒冷紗や防虫ネットをかけて防ぎます。
- 結球に必要な葉数を確保するためには、結球が始まるまでにできるだけ大きな株に育てます。
- 冷涼な気候を好むので、夏の終わりか秋の初めに苗を購入して育てるのがつくりやすくおすすめです。

4 子葉が隠れないように、根鉢の表面と用土が同じ高さになる程度に浅植えする

5 株元を軽く押さえた後、たっぷり水をやる

2 寒冷紗をかける

キャベツは害虫の被害を受けやすく、苗のときに芯を食害されると結球できません。植え付けたらすぐに寒冷紗ですき間なく覆うと被害が少なくなります。ただし、苗に害虫がついていないか確かめてから寒冷紗をかけることが大事です。

支柱を曲げてコンテナに挿し、寒冷紗をかけ、端を洗濯ばさみで留める

3 追肥

植え付けて3週間後と結球が始まる前の2回、化成肥料を追肥します。液肥なら結球が始まるまで週に1回くらいの割合で施します。

1 1回目は本葉10枚前後。寒冷紗をはずして化成肥料10gをコンテナの縁に沿ってまき、軽く土に混ぜ再度寒冷紗で覆う

2 植え付け6週間後くらいから葉が立ち上がり、結球が始まるので、1回目と同じように追肥を施す

POINT
広がった葉を持ち上げて、化成肥料が葉にかからないように施す

4 収穫

苗を植え付けてから10週間後くらいになると球が肥大してきます。手で球を押してみて硬くしまった感じになれば収穫します。収穫が遅れると裂球することがあるので注意しましょう。

手で押さえてしまっているか確かめる

下葉3〜4枚残して、株元に包丁を入れて切り取る

つくってみたい キャベツの品種

サボイエース

葉の表面が縮れた「ちりめんキャベツ」の品種。ちりめんキャベツは葉が硬く煮込み向きだが、本種は生食も可

カボロネーロ（黒キャベツ）

結球しないキャベツ。葉の表面が縮れた黒紫色。イタリア料理に使われ、煮込むと甘さとコクが出る

レッドエーカー

やや小型の紫キャベツで、レッドキャベツとも呼ばれている。色彩が美しいのでサラダの彩りに最適

みさき

先がとがったタケノコ形のキャベツで、外葉が小さめなので密植ができる。葉が軟らかでサラダなどの生食に向く

金系201号

初心者にもつくりやすい春キャベツの代表種。軟らかい食感で、千切りなどの生食に向く

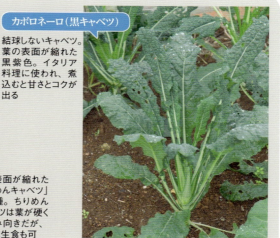

アブラナ科

キョウナ（ミ

置き場所 日当たりのよい場所

コンテナサイズ プランター または 鉢

鉢は口径の広いものを選ぶ

栽培用土 葉もの野菜用の配合土

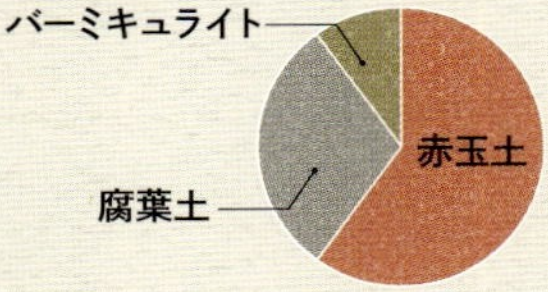

石　　灰：用土10ℓ当たり 10～20g
化成肥料：用土10ℓ当たり 10～20g

栽培カレンダー

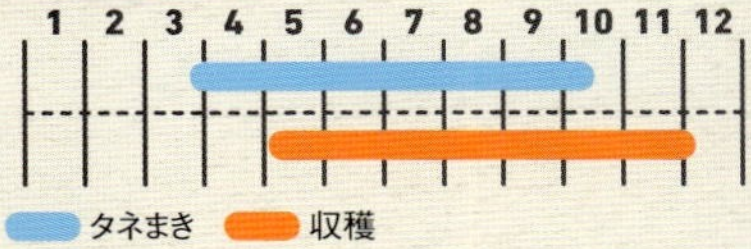

栽培のポイント

- 小株から大株に育つまで、いつでも収穫できますが、コンテナでは小株や中株で収穫します。
- 別名をミズナといい、名前どおり水を好むので、生育中は水切れに注意。
- 秋まきにすると、害虫の心配はほとんどありませんが、それ以外の季節では防虫ネットをかけると安心です。

1 タネまき

冷涼な気候を好むので、栽培の適期は秋から冬にかけてですが、コンテナ栽培で小株を利用するならほぼ1年を通じてタネまきができます。タネは発芽率がよいので、重ならないようにまきます。

1 ウォータースペースを残して用土を入れる

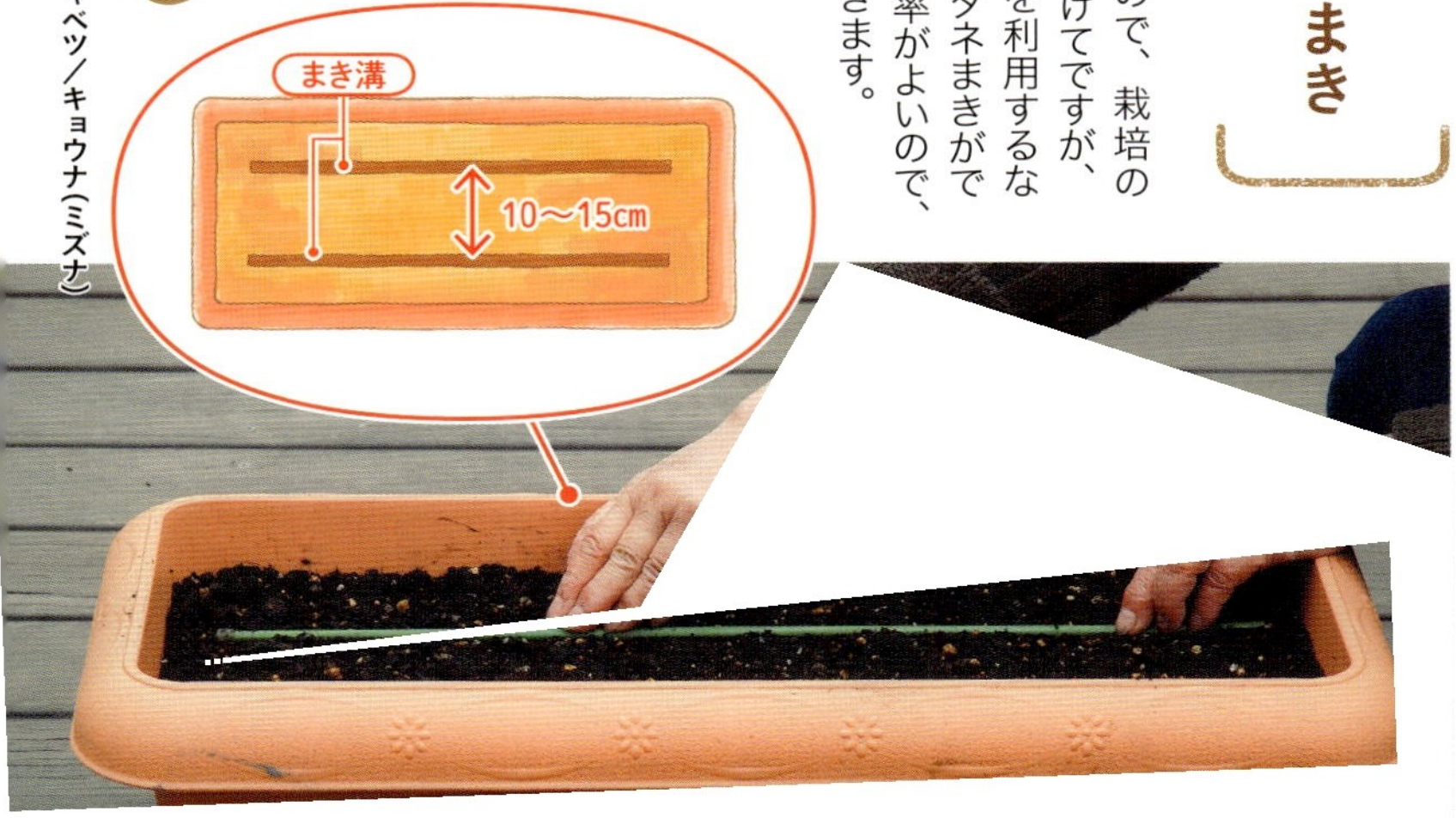

2 10～15cmの条間を取り、支柱などで5mm深さのまき溝を2本つくる

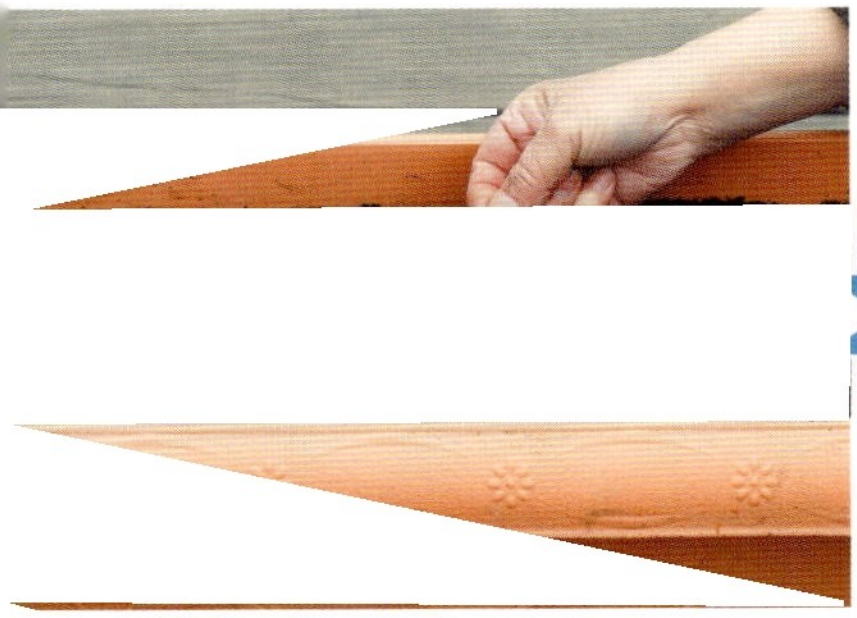

3 まき溝に1cm間隔にタネを1粒

4 まき溝の周囲の土をつまむようにして、薄く土をかける

5 手のひらで軽く押さえ、タネと土を密着させる

6 ハス口を付けたジョウロで、タネを流さないようにに水をやる

2 間引き

小株で収穫するので間引きは2回です。密植させて育てると、サラダなどに向く軟らかな株が収穫できます。

1 発芽がそろったら2～3cm間隔に間引く

2 本葉が4～5枚になったら、4～5cm間隔に間引く。間引き菜は食べられる

3 追肥

小株取りなら追肥は不要です。ただし、鉢土が乾きすぎると生育が悪くなるため、水を切らさないで育てたいので、2回目の間引き後から1週間おきに水やりを兼ねて液肥を施すと効果的です。また、利用する分だけ収穫した後に液肥を施しておくと、株元から新しい葉が伸びて一回り大きく育った株を収穫できます。

間引いて株間を広げた後に液肥を施す

4 収穫

草丈が20～30cmになったら本格的な収穫です。キヨウナは株別れして大株に育つ性質があるので、小株で収穫した後も液肥を施すと株元が20cmくらいになるものが収穫できます。

1 草丈が20cmになればいつでも収穫できる。株元をハサミで切り取る

つくってみたい キョウナの品種

シャキシャキして生食、鍋物、浅漬けに向く

細葉でアクが少なく生食に向く。周年栽培可

葉幅が広く葉柄が肉厚で、漬物、煮物に向く

葉に切れ込みがなく、京漬物でもおなじみ

2 タネまきから1カ月後、1株おきに抜き取る

3 収穫後、液肥を施しておくと、残った株が一回り大きく育つ

POINT
液肥を施すと中株で収穫できる

ヒルガオ科

クウシンサイ

置き場所 日当たりのよい場所

コンテナサイズ プランター または 鉢

栽培用土 葉もの野菜用の配合土

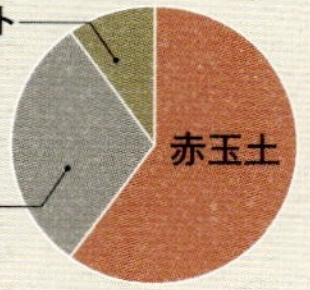

石　　灰：用土10ℓ当たり 10〜20g
化成肥料：用土10ℓ当たり 10〜20g

栽培カレンダー

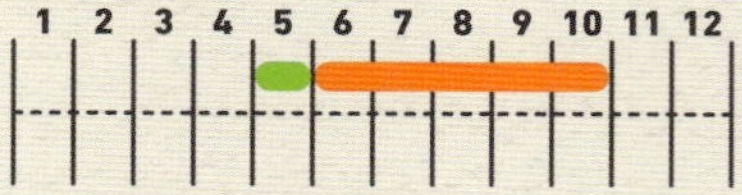

栽培のポイント

- 次々と伸びる新芽を収穫するため、追肥を欠かさないことが大事です。
- 茎が込み合うとわき芽の発生が悪くなるため、こまめに収穫し、時々枝の整理をします。
- 高温多湿を好み、乾燥させると育ちが悪くなるため、乾燥期には敷きわらをし、水を切らさないように注意。

1 苗の植え付け

コンテナで数株育てるなら市販の苗を植えると簡単です。わき芽が次々と伸び、コンテナの外にまで葉が広がるほど旺盛に育つので、株間を広めにとります。熱帯産の野菜なので、気温が十分に上がってから植え付けましょう。

POINT
根鉢の土をあまり落とさないように

1 ウォータースペースを残して用土を入れる

2 株間を15〜20㎝とって植え穴をあける

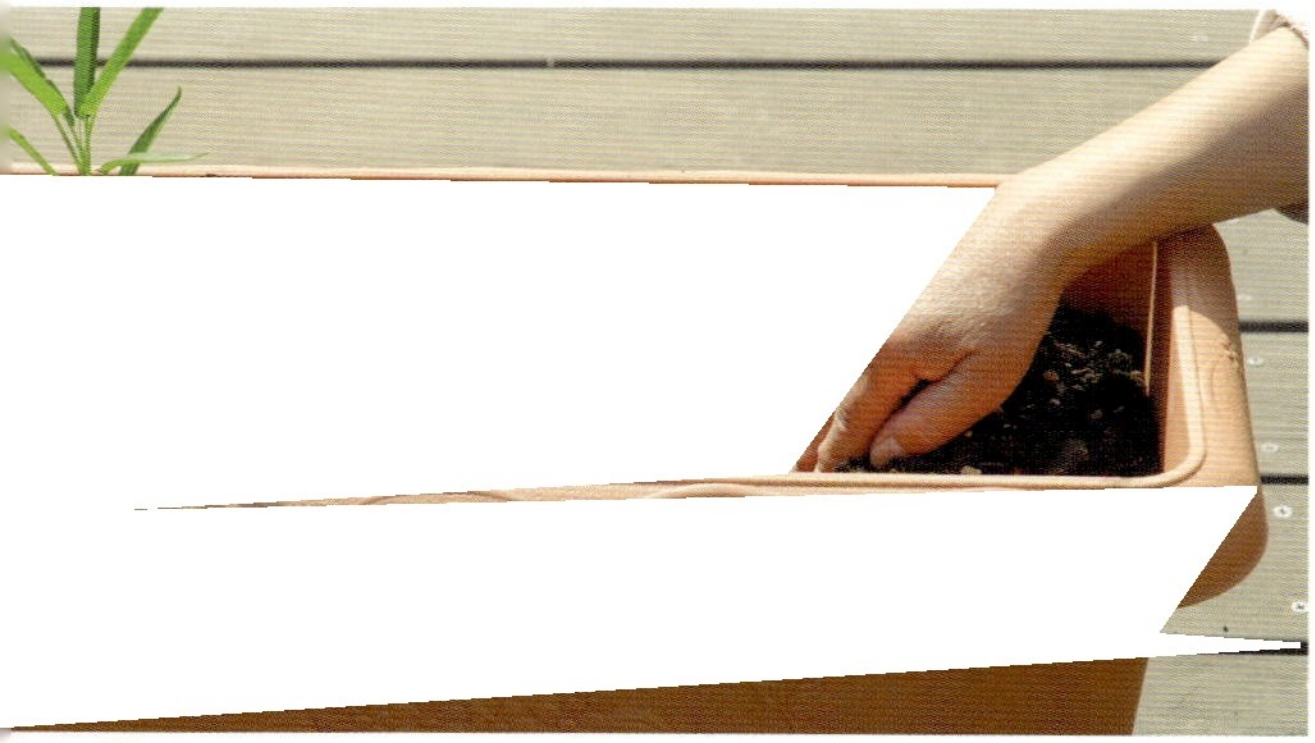

3 2株入っているポット苗は2つに分ける

4 周りの土を寄せて植え付け、株元を軽く押さえる

5 たっぷり水をやる

2 摘心

草丈が20cmくらいに伸びたころ、主枝を摘心してわき芽を伸ばします。摘心をしないとわき芽の発生が悪く収穫が減るので、先端部分を切り取りましょう。

茎が20cmに伸びたら地際から4〜5cm上で摘心する

3 追肥・まし土

長期間収穫することと、肥料が切れると茎が硬くなるので、生育中は肥料切れさせないように気をつけます。摘心後から1週間に1回液肥を、化成肥料なら2週間に1回施します。

摘心後、液肥を水やり代わりに施す

化成肥料はコンテナ全体に10gをパラパラとまく。水やりなどで減った分の土を肥料の上から足す

4 敷きわら

多湿を好み、乾燥させると育ちが悪くなります。乾燥期は敷きわらをし、たっぷり水を与えると旺盛に育ちます。

多湿を好むので敷きわらをして、乾燥を防ぐ

5 収穫

草丈が20cm以上になったら最初の収穫です。枝先を15cmほどの長さに切って収穫します。次々伸びるわき芽も摘み取ります。必ず2、3枚葉を残して摘み取ると、秋まで収穫できます。収穫後は忘れずに追肥しておきましょう。

1 最初の収穫は、株元の本葉5〜6枚を残して収穫する

2 わき芽は2、3枚葉を残し、残された葉のわきから新たに芽が伸びるように収穫する

挿し芽で苗づくり

お店で食用に買ったクウシンサイの若い芽先を、コップの水につけておくと2週間ほどで根が出て苗ができます。

1 植え付け・管理

茎を水に挿しても根が出るほど丈夫です。料理に使った残りを培養土に挿し、水のためられる容器で水を替えながら栽培すると新鮮なクレソンが収穫できます。

1 目の細かい金網のざるに、底が見えなくなるくらいに軽石を入れる

2 軽石の上に用土を入れる。指で穴をあけ、茎葉を3〜4本バランスよく挿す

3 ざるの底がつかるくらいに水を入れた容器に、植え付けたざるを入れる

4 月に1度ざるを上げて、ためている水の半分を500倍の液肥と取り替える

鑑賞をかねて

メダカと一緒にスイレン鉢で栽培するのもよい。暑さを嫌うので、夏は半日陰に置きましょう。

2 収穫

新芽が伸びて15cm以上になったら茎を収穫します。次々とわき芽が伸びるので何度も収穫できます。

新芽を軟らかいうちにハサミで切り取る

置き場所 日の当たる場所／夏は半日陰

コンテナサイズ 水のためられる容器

小型

栽培用土 葉もの野菜用の配合土

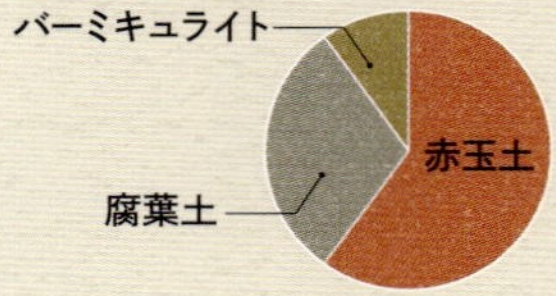

石　灰：用土10ℓ当たり 10〜20g
化成肥料：用土10ℓ当たり 10〜20g

栽培カレンダー

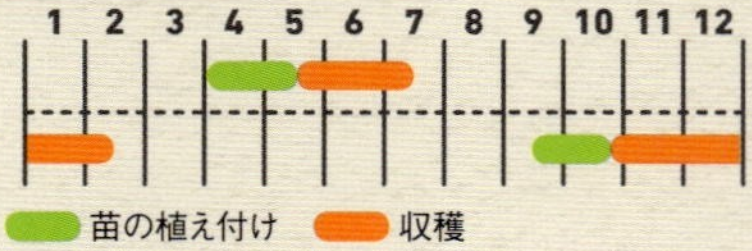

栽培のポイント

- 水辺に自生する水生植物なので、ボウルなど水のためられる容器とざるを使って水耕栽培ができます。
- タネも売られていますが、スーパーなどで売られているクレソンを利用して育てると簡単です。
- 暑さに弱いので、夏は涼しい半日陰に置くか、日よけをします。

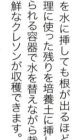

ヒユナ(バイアム)

置き場所 日当たりのよい場所

コンテナサイズ プランター

栽培用土 葉もの野菜用の配合土

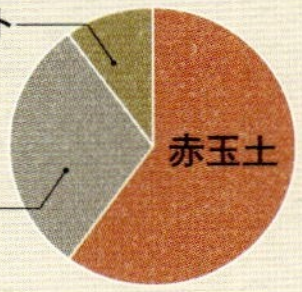

石　　灰：用土10ℓ当たり 10〜20g
化成肥料：用土10ℓ当たり 10〜20g

栽培カレンダー

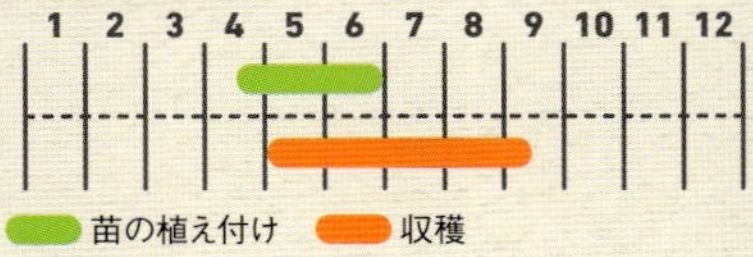

栽培のポイント

- 観賞用のハゲイトウの仲間で、暑さと乾燥に強く、病気や害虫の少ないつくりやすい夏場の葉菜です。
- 熱帯地方原産で、高温性のため暖かくなってからタネをまくか、市販の苗を利用して栽培します。
- 株間が狭いと株が軟弱になるため、適正な間隔をあけます。

1 植え付け・管理

タネが細かく間引きの手間もかかるので、市販の苗を利用すると手軽です。摘心してわき芽を出させ、肥料を切らさないようにします。

1 ウォータースペースを残して用土を入れ、15〜20㎝の株間をとって2条に苗を植える。植え付け後、たっぷり水をやる

2 草丈が15㎝ほどになったら、主枝を摘心する

3 摘心後に化成肥料10gをコンテナ全体にぱらぱらとまく。軽く土に混ぜ込み株元に寄せる

2 収穫

わき芽が伸びてきたら本格的な収穫のスタート。必要に応じて葉や芽先を摘み取ります。花芽がつくと葉がごわごわするので、若いうちに収穫します。

1 次々と出るわき芽は軟らかいうちに切り取る

2 芽先を摘んだ後に液肥を施すと次々にわき芽が出る

コマツナ

置き場所 日当たりのよい場所

コンテナサイズ プランター

栽培用土 葉もの野菜用の配合土

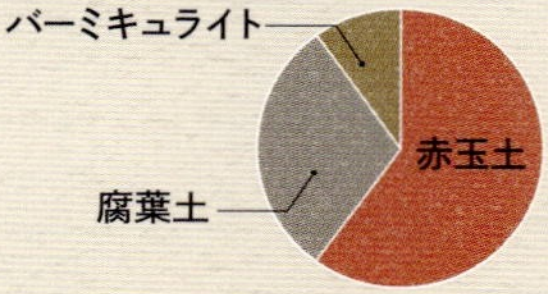

石　　灰：用土10ℓ当たり 10〜20g
化成肥料：用土10ℓ当たり 10〜20g

栽培カレンダー

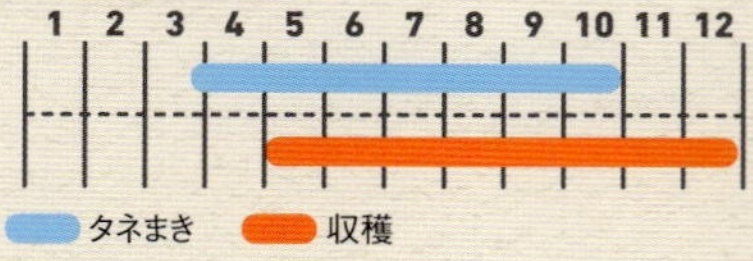

栽培のポイント

- 間引きながら収穫するので、間引きは早めに行います。
- 厳寒期をのぞいて、ほぼ1年中タネまきできますが、夏は寒冷紗で日よけを、冬はビニールで覆って保温をすると品質のよいものが収穫できます。
- 1〜2週間おきにタネをまくと長く楽しめます。

1 タネまき

1年を通して栽培できますが、育てやすいのは秋まきで、茎が太めに育って味もよいです。間引きや追肥などタネまき後の管理が楽なので、タネは条まきにします。

1 ウォータースペースを残して用土を入れる

2 棒などで10〜15cmの条間をとり、深さ5mmのまき溝を2本つくる

3 タネを1cm間隔にまく

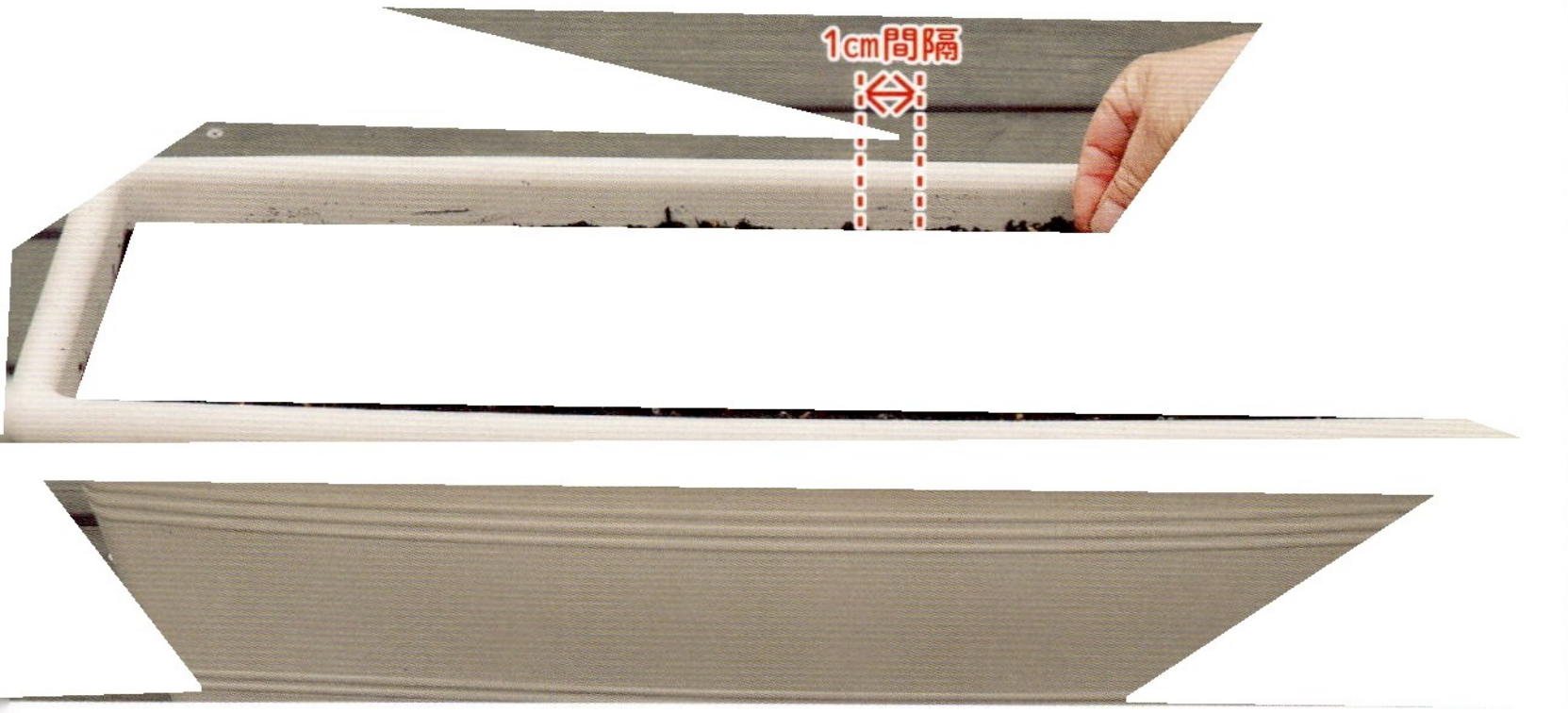

4 まき溝の周りの土を寄せて、タネが見え隠れする程度に薄く土をかける。手で押さえて、タネと土をよく密着させる

5 ハス口をつけたジョウロでタネを流さないように水をやる

2 間引き

タネまき後、5～7日で発芽します。本葉4～5枚までに2回間引いて、最終株間を5cm程度にします。

1 発芽がそろったら1回目の間引き。形が悪い苗を間引いて、3cm間隔にする

2 本葉4～5枚で2回目の間引きをして、5cm間隔に。間引き菜は食べられる

POINT
込み合ってきたら遅れずに間引きを行う

3 追肥

生育期間が短いので、2回目の間引き後に追肥を施せばその後収穫までは施さなくてもよいでしょう。液肥は水やりを兼ねて施します。化成肥料なら10gを、葉にかけないように注意して条間にぱらぱらとまきます。まいた後は必ず土に軽く混ぜ込んで、株元に土を寄せておきます。土のかさが減っている場合は、株元に新しい土を足しておきましょう。

2回目の間引き後に液肥を施す。生育を見ながら週1回水やりを兼ねて施すとよい

4 収穫

草丈が10cmくらいに育ったものから間引きを兼ねて収穫できます。最終的には草丈が20cmになったら全部収穫します。秋まきで冬越しした株は、春にトウ立ちします。花が咲く前につぼみをつけた茎を摘んで食べるときは少し残しておくとよいでしょう。

葉の長さが10cmほどになったら、間引きを兼ねて収穫する

葉の長さが20cmを超えたら抜き取って収穫する

1 コンテナに用土を入れ、平らにならして条間を10㎝とり、まき溝を2本つける

2 1㎝間隔でタネを落としていく

1 タネまき

タネまきの適期は春と秋です。発芽に光を必要とする好光性種子なので、タネをまいた後はタネが隠れる程度に覆土し、発芽まで乾かさないように注意します。

3 まき溝の周りの土をつまんで、タネが見え隠れする程度に薄く土をかける

POINT
土の表面を軽く押さえる

4 土の表面を軽く押さえて、土とタネを密着させる

5 タネが流れないようにハス口を付けたジョウロでていねいに水をやる

置き場所 日当たりのよい場所

コンテナサイズ プランター または 鉢

※鉢は口径の広いものを選ぶ

栽培用土 葉もの野菜用の配合土

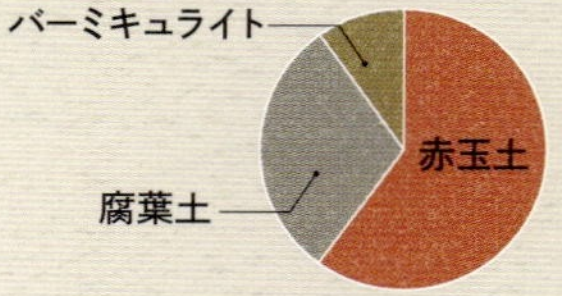

石　　灰：用土10ℓ当たり 10〜20g
化成肥料：用土10ℓ当たり 10〜20g

栽培カレンダー

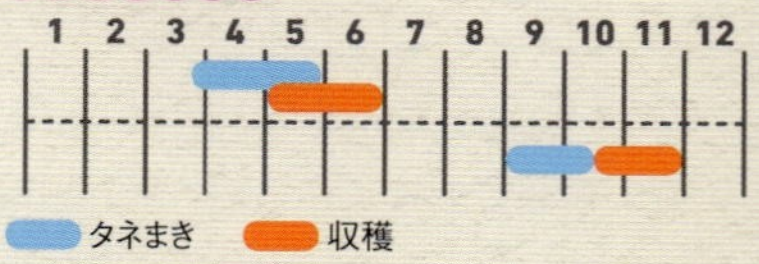

栽培のポイント

- 発芽、生育の適温は１５〜２０℃。暑さ、寒さに強く、病害虫の発生も割合少ないのでつくりやすい野菜です。
- 好光性種子なので、タネまきの後はごく薄く土をかけます。
- 主枝を摘んだ後、次々と伸びる側枝を摘んでいくと長い間収穫できます。春まきは抜き取って収穫します。

2 間引き

タネまき後、7～10日で発芽します。間引きは双葉が開くころから本葉5～6枚のころまでに3回に分けて行い、生育がよいものを残して最終株間を10cmほどにします。間引き菜はおひたしやサラダなどにしておいしく食べられます。

1 発芽がそろったら、込み合っているところを間引く

2 本葉3～4枚のころ、ハサミで5cm間隔に間引く。幼葉はシュンギク特有の香りがある

3 本葉2～3枚のときに間引いて、最終株間を8～10cmにする

3 追肥

追肥は、2回目と3回目の間引き後に施します。化成肥料なら10g程度をコンテナ全体にぱらぱらとまき、軽く土に混ぜ込んでおきます。乾燥は禁物なので、液肥を水やり代わりに施すと効果があります。長期間栽培する摘み取り収穫をするときは、15～20日に1回液肥を施します。また、間引き収穫後にも、必ず追肥を施しましょう。

2回目の間引き後、液肥を施す

3回目の間引き後にも液肥を施し、常に適温を保つ

花を観賞する

シュンギクを食用にするのは日本と東南アジアの一部だけです。ヨーロッパでは花壇に植えて観賞しています。春にマーガレットに似た黄色い花を咲かせます。1、2株残しておいて、花を楽しんでみましょう。

つくってみたい シュンギクの品種

スティックシュンギク

茎が長く伸び、特有の青臭さが少なく、生食もできる

おたふく春菊

葉の切れ込みが浅い大葉種で肉厚の軟らかい葉が特徴

さとゆたか

中葉種の摘み取り用品種。シュンギク本来の香りとうまみがある

4 収穫

草丈が20㎝くらいに伸びたら本格的な収穫期。秋まきは、主枝を摘み取り収穫した後、次々伸びるわき芽も収穫し、収穫後は追肥を施します。春まきは気温が高くなるとトウ立ちして開花します。タネまき後30日くらいで抜き取って収穫します。

主枝は下葉を4枚程度残して切り取る

POINT
春まきは
つぼみがつく前に抜き取る

春まきは、トウ立ちする前に抜き取って収穫する

トウ立ちしてつぼみをつけたシュンギク。
2、3株残して黄色の花を楽しむこともできる

その後わき芽が10〜15㎝に伸びたら葉を2枚ほど残してわき芽を収穫する。これを繰り返すと長く収穫できる

シソ

1 タネまき・管理

発芽適温が高いので、気温が上がる4月中旬以降にタネを点まきにします。順に間引き、本葉3～4枚で1本立ちにし、肥料切れしないように育てます。

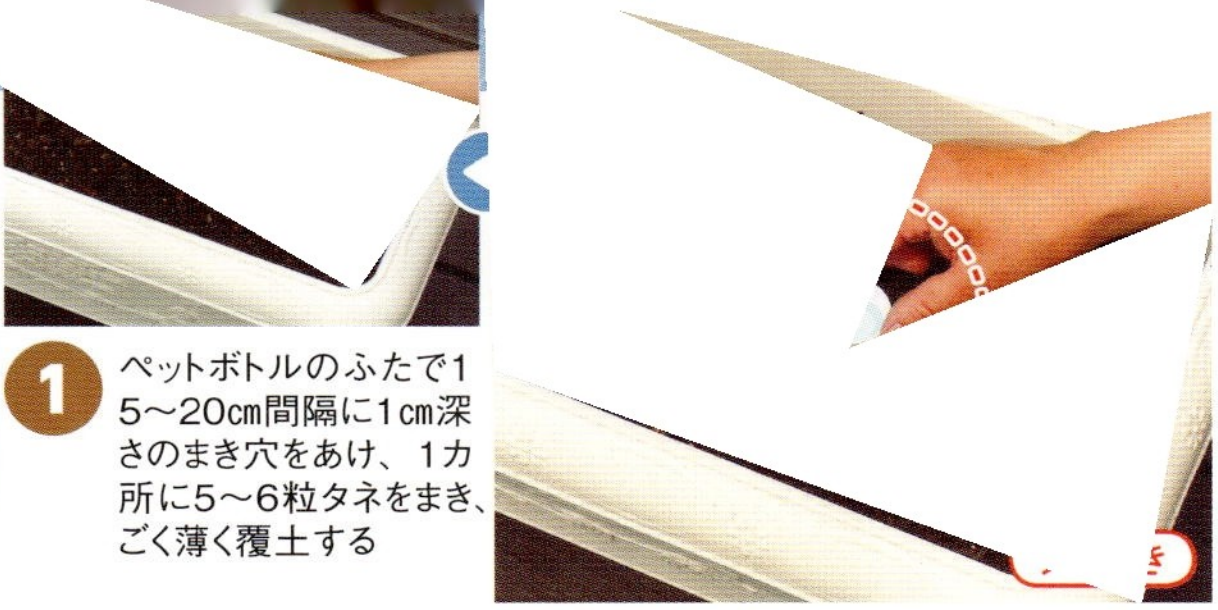

① ペットボトルのふたで15～20cm間隔に1cm深さのまき穴をあけ、1カ所に5～6粒タネをまき、ごく薄く覆土する

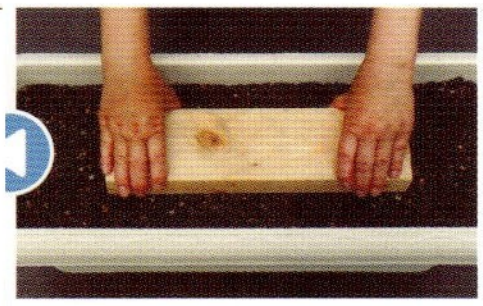

② 板切れで押さえて土とタネを密着させ、土が乾かないように新聞紙をかけ、発芽したら取る

③ 本葉3～4枚のころに1本残して間引く。間引き後に液肥を施し、その後も2週間に1回水やりを兼ねて施す

2 収穫

オオバ（葉ジソ）は、本葉が10枚になるまでは収穫せず、それ以降に出た軟らかい葉を摘みます。夏の終わりころには花穂を摘み取って穂ジソを、さらに実ジソが収穫できます。

本葉が10枚以上になったら葉の付け根から切り取る

穂ジソは、穂の1／3くらいが開花したらとりごろ

実ジソは、未熟果をしごいて取る

置き場所 日当たりのよい場所

コンテナサイズ プランター

標準

栽培用土 葉もの野菜用の配合土

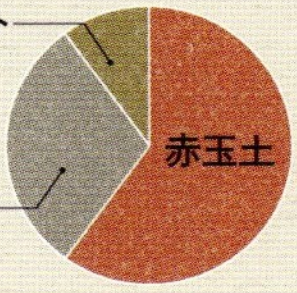

石　灰：用土10ℓ当たり 10～20g
化成肥料：用土10ℓ当たり 10～20g

栽培カレンダー

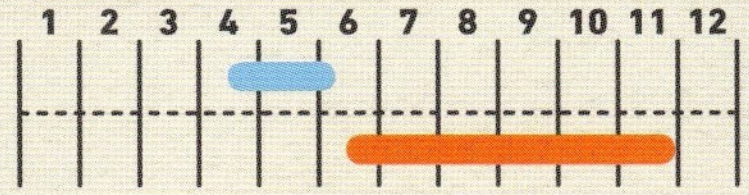

栽培のポイント

- タネは硬実なので、一晩水につけておくと発芽が早くなります。
- 葉を収穫するときは、本葉が10枚以上になってから、葉が軟らかいうちに摘み取ります。
- 収穫期に肥料が切れると、葉が小さくなり品質も低下するので、コンテナではこまめに追肥を施しましょう。

アカザ科

スイ

1 苗の植え付け

タネまきもできますが、ポット苗も出回るので、好みの色の苗を選んで育てるとよいでしょう。大き目の鉢に寄せ植えして、下葉からかき取りながら収穫すると観賞用にもなり長い間楽しめます。

1 発泡スチロールを砕いて網袋に入れ、鉢底に敷いて水はけをよくする

2 根鉢の上面が鉢の縁から3cmほど下になるように土を入れる

3 ポット苗の底穴に指を入れて根鉢を崩さないように苗を押し出す

観賞用に栽培するとき

野菜とは思えないカラフルな色彩とボリューム感は、緑の多いコンテナ菜園を明るく見せます。全部収穫せずに少し残し、株の勢いを見ながら追肥を施して育てると大株に育ちます。２年目には花が咲きますが、花は観賞価値がないので、トウ立ちしたら茎を切っておきましょう。

置き場所 日の当たる場所～半日陰

コンテナサイズ プランター または 鉢

栽培用土 葉もの野菜用の配合土

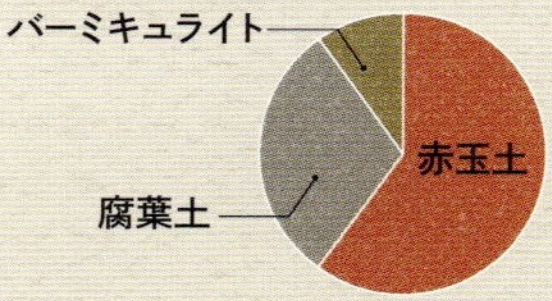

石　　灰：用土10ℓ当たり 10～20g
化成肥料：用土10ℓ当たり 10～20g

栽培カレンダー

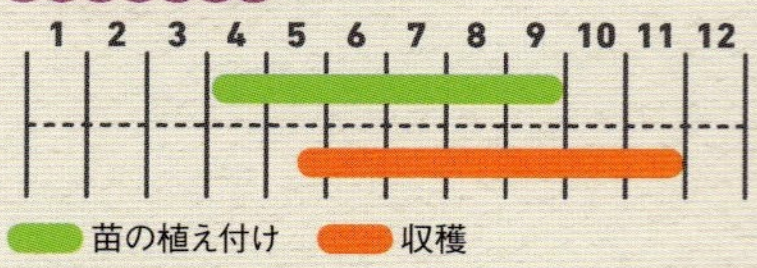

栽培のポイント

- 生育適温は15～20℃ですが、夏の高温や乾燥に強く、葉もの野菜がつくりにくい夏場に重宝します。
- 病害虫の被害も少なく、半日陰でも育つので、栽培も容易です。
- カラフルな葉柄《ようへい》が特徴で、一鉢あるとコンテナ菜園に華やかさを添えます。
- 必ず石灰で中和した土でつくります。

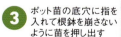

2 追肥

草丈が10㎝ほどになったら、化成肥料10ｇを施し、軽く土に混ぜて土寄せします。大株に育てたいときは7～10日おきに液肥を水やり代わりに施すか、化成肥料10ｇを月に1回施します。

3 収穫

草丈が15㎝以上になったら、株元からナイフで切り取る

草丈が15～20㎝ほどになったら収穫します。大株に育てて外葉から順次かき取って収穫すると長い間楽しめます。株ごと収穫するときは、ナイフやハサミで株元から切り取ります。

葉の付け根が太ってきたら外葉から折り取って収穫する

《POINT

トウ立ちした茎は早めに切り取る

観賞用に大株に育てると2年目にはトウ立ちするので、株を疲れさせないために早めに茎を切り取る

4 葉柄の色のバランスをとって苗を置き、用土をすき間なく足していく

5 軽く株元を押さえて、苗を落ち着かせる

6 植え付けた後はたっぷり水をやる

1 苗の植え付け

育苗はそれほど難しくないが、苗が出回るので栽培する株が少なければ市販の苗を利用すると簡単です。本葉5～6枚のころが植え付け適期です。節間が詰まったがっちりした苗を選びましょう。

1 コンテナの縁から2～3㎝のウォータスペースをとって土を入れ、平らにならす

2 根鉢より少し大きめの植え穴を掘り、根鉢を崩さないように苗を植え付ける

3 株元を軽く押さえて植え付けた後、たっぷり水をやる

4 浅植えにするので、風などで苗がぐらつかないように仮支柱を立てて茎を紐で結ぶ

置き場所 日当たりのよい場所

コンテナサイズ プランター または 鉢

栽培用土 葉もの野菜用の配合土

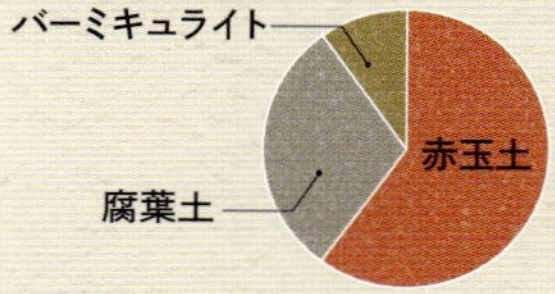

石　　灰：用土10ℓ当たり 10～20g
化成肥料：用土10ℓ当たり 10～20g

栽培カレンダー

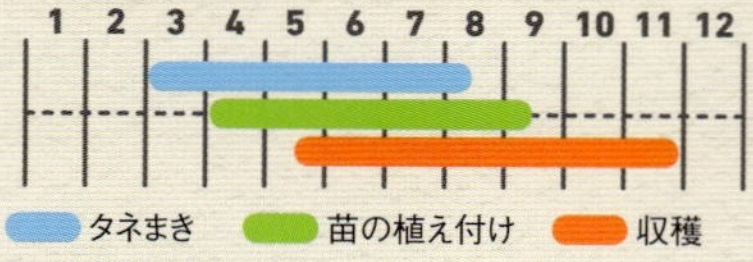

栽培のポイント

- 茎ブロッコリーともいい、側花蕾《そくからい》は茎を長くつけて収穫します。
- ブロッコリーよりも暑さに強いのが特徴で、夏でも収穫できるのが魅力です。
- 側花蕾の数をふやすには、頂花蕾《ちょうからい》を早めに取り、ブロッコリーより追肥を多めに施します。切り口に水がたまらないように頂花蕾は斜めに切り取ります。

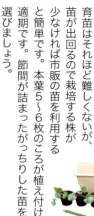

2 摘心

食用にするのは側枝とその先の花蕾《からい》なので、側枝をたくさんださせるために主茎の先につく花蕾は早めに切り取ります。切り口は日に当てて乾かし、病気を予防します。

頂花蕾の直径が500円玉大に育ったら、上から5cmほどのところで花蕾を切り取る

日に当てて切り口を乾かす

3 追肥

次々と伸びる側花蕾を収穫するために、半月に1回追肥を施して肥料切れさせないことが大事です。液肥なら1週間に1回施します。

1 化成肥料7gほどを株元から離して施す

2 軽く土に混ぜ込む

4 収穫

苗を植えて頂花蕾は45日、側花蕾は55日くらいで収穫できます。側枝が20cm以上に育ったら順次収穫していきますが、適期にとらないと次の側枝が順調に育たないのでどんどん収穫しましょう。収穫後は忘れずに追肥を施します。

1 つぼみが固いうちに茎を長めにつけて切る

2 次々と出る側花蕾の生長を促すために追肥を施す

栽培のヒント タネまき、育苗

3～8月中旬までタネまきができます。3号ポリポットにタネをまき、発芽まで乾かさないように管理します。夏場なら3～4日、そのほかの季節なら1週間ほどで芽が出ます。

用土を平らにならし、数粒のタネを重ならないように置く

ふるいで5mmほど土をかけ、軽く押さえてたっぷり水をやる

発芽したら、本葉2枚までに、元気のよい苗を残して1本に間引く

本葉5～6枚まで日当たりのよい場所で、乾燥させないように育苗する

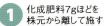

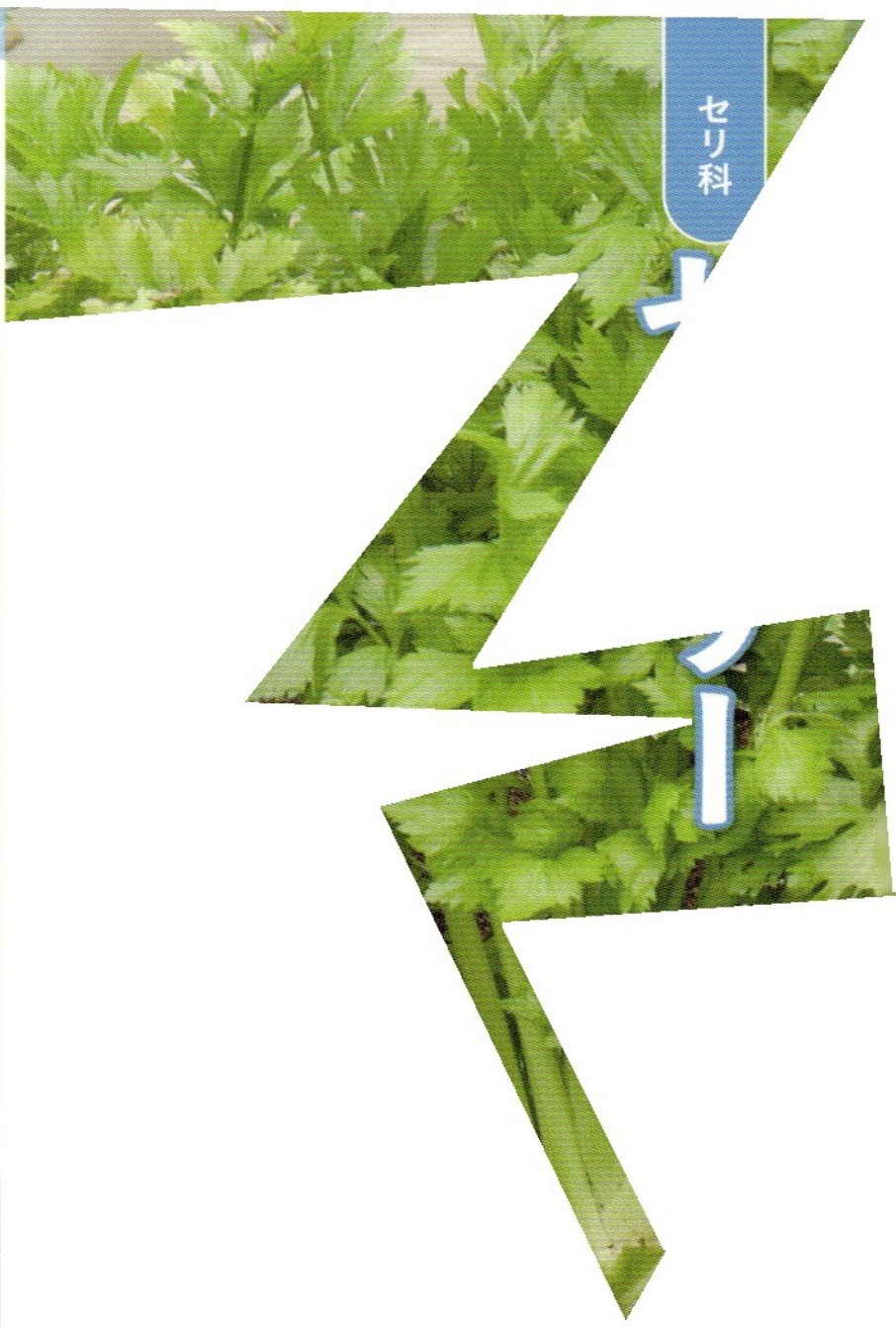

1 苗の植え付け

土の乾きや湿りすぎなどにやや弱く、管理が難しいうえに育苗期間が長いため、市販の苗を利用して栽培すると失敗がありません。5月の連休から入梅前に本葉7～9枚の苗を、深植えに注意して植えます。大きなコンテナを選び、直根性なので根鉢を崩さないことが大事です。

1 鉢底石の代わりに砕いた発泡スチロールを網袋につめて、底に敷く

2 6分目ほど土を入れて、根鉢を崩さないようにポットから苗を抜いて用土の上に置く

3 根鉢の高さまで土を足し、株元を軽く押さえる

»POINT
根鉢の上面が少し出るくらいに浅植えにする

4 たっぷり水をやる

置き場所 日の当たる場所／夏は半日陰

コンテナサイズ プランター または 鉢

栽培用土 葉もの野菜用の配合土

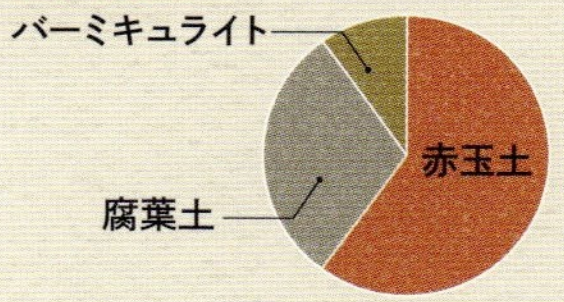

石　灰：用土10ℓ当たり 10～20g
化成肥料：用土10ℓ当たり 10～20g

栽培カレンダー

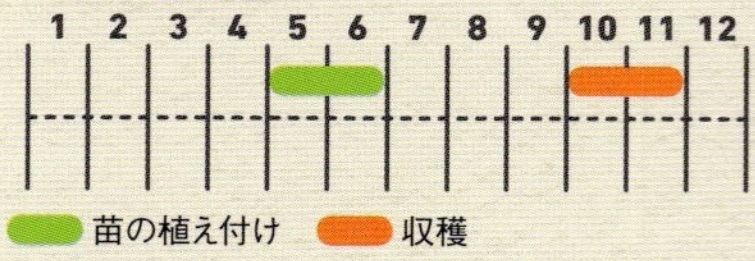

栽培のポイント

- 涼しい気候を好み、暑さ、乾燥、過湿に弱いために育苗が難しいことから、市販の苗を購入して植え付けるのがおすすめです。
- 適度な湿り気と涼しい気候を好むので、暑い夏の日中はベランダの半日陰に置き、こまめに水を与えます。
- 収穫まで肥料切れに注意します。

2 脇芽かき・下葉かき

定植して30～40日後くらいから生育が旺盛になり、下葉が伸びて、株元からわき芽が出ます。株元を肥大させるために養分が分散しないようにわき芽や下葉は早めにかき取ります。かき取った葉は食べられます。株元をすっきりさせたら追肥を施し、乾燥させないために水を切らさないように注意しましょう。

わき芽や下葉をかき取り株元をすっきりさせる

3 追肥

水と肥料を切らすとよく育ちません。コンテナ栽培では特に注意が必要です。10日に1回水やり代わりに液肥を与えると効果があります。

月に2回程度、化成肥料を1株当たり7～10gほどばらまき、軽く土に混ぜ込む

盛夏は半日陰に置いて、10日に1回くらい水やり代わりに液肥を与える

4 収穫

株が大きく育ち、葉柄《ようへい》が太くなったら、株ごと地際から切り取るか、使う分だけ外側から切り取って収穫します。かき取り収穫をすると冬の間も楽しめます。

1 外葉から少しずつかき取りながら収穫すると長く収穫できる

POINT
外葉から収穫すると長く収穫できる

2 葉をかき取った後は、液肥を施す

栽培のヒント 軟白栽培

芯葉が立ち上がり始めたら、株全体を厚紙などでくるんで軟白し、3週間後に収穫すると店頭で見られる白い茎のセルリーがつくれます。

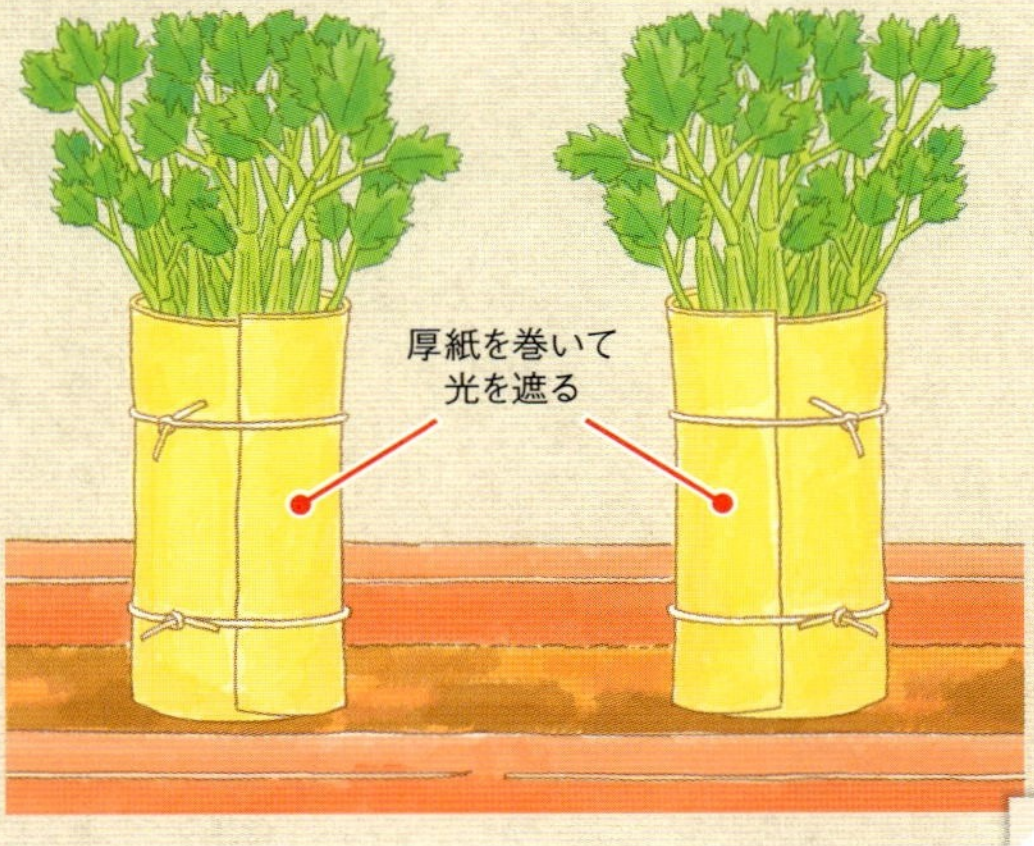

アブラナ科

タアサイ

1 タネまき

春と秋にタネまきができますが、タネまきの時期によって株の姿が変わります。春まきは立ち姿になるので、条まき、秋まきは葉が広がり大株に育つので点まきにします。

1 ウォータースペースを残して用土を入れる

2 ビンのふたなどで、15〜20㎝間隔で1㎝の深さに千鳥にまき穴をつける

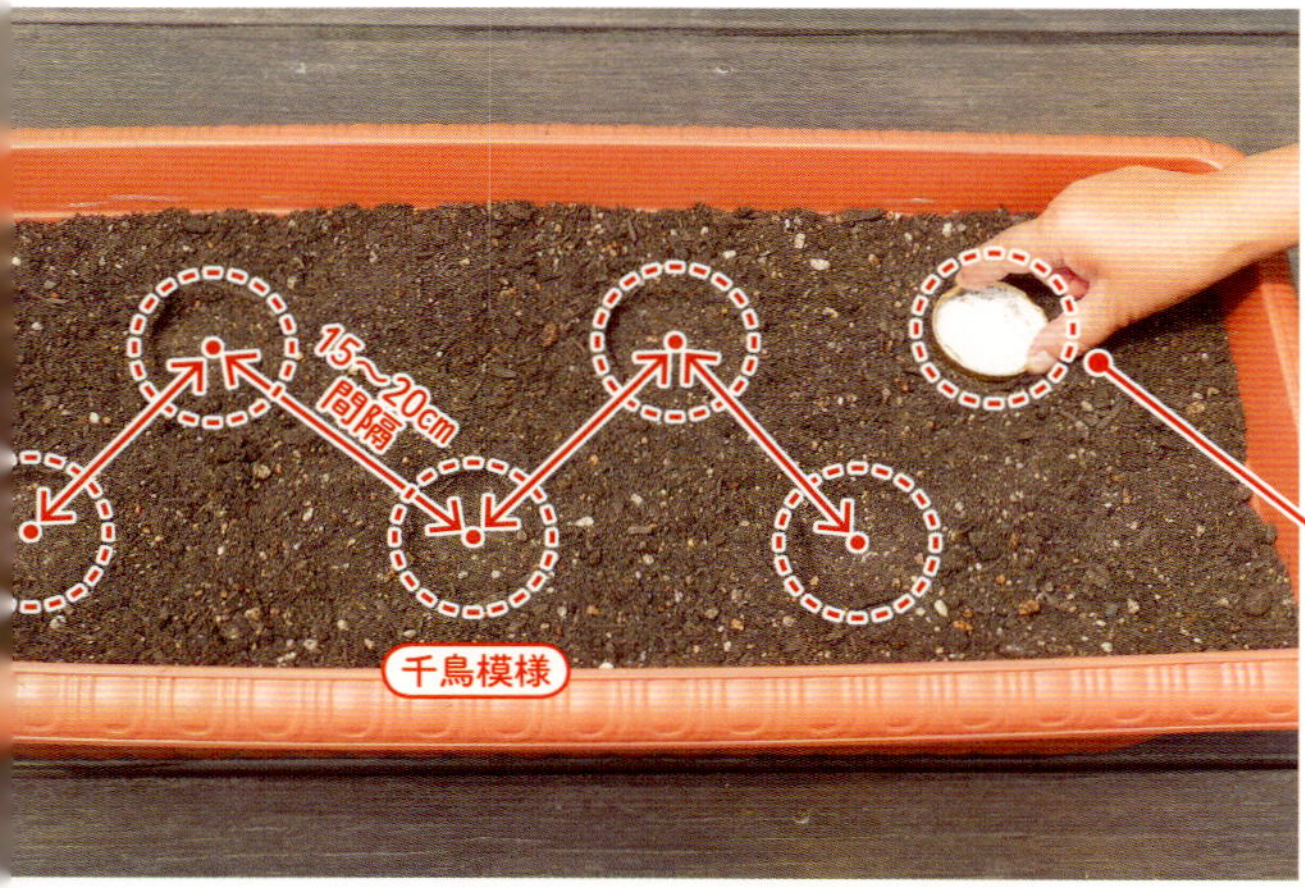

《POINT
大株に育てる秋まきでは千鳥模様に点まきする

3 点まきで、1カ所のまき穴に7〜8粒ずつまく

4 軽く土をかけ、手で押さえてタネと土を密着させ、たっぷり水をやる

置き場所 日当たりのよい場所

コンテナサイズ プランター または 鉢

栽培用土 葉もの野菜用の配合土

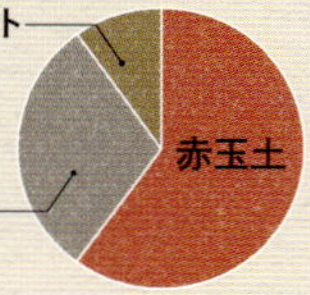

石　　灰：用土10ℓ当たり 10〜20g
化成肥料：用土10ℓ当たり 10〜20g

栽培カレンダー

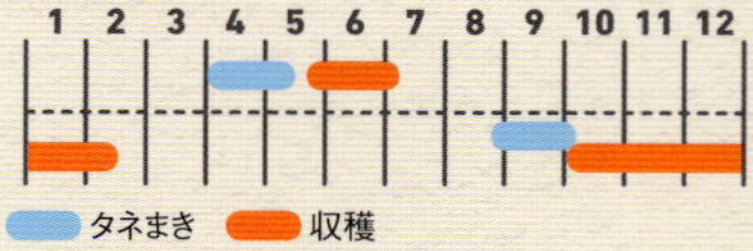

栽培のポイント

- ハボタンのように葉が平らに開くので、適宜に間引いて株間をしっかり取りましょう。
- 寒さに強く、霜に当たると甘みが増します。秋にタネをまくと大株に育ち、冬じゅう収穫できます。
- 春まきは、害虫の被害にあうので、寒冷紗をかけて防虫しましょう。

2 間引き・追肥

タネまきから7～10日ほどで発芽がそろいます。双葉が開いたら3回間引いて、2回ほど追肥を施します。条まきにする場合も順次間引いて、最終株間を15～20cmにします。

1 子葉の形のよいものを3本残して間引く。苗が倒れないように根元に軽く土寄せする

2 本葉2～3枚のころ2本に間引く

3 間引き後、化成肥料10gを全体にぱらぱらとまく。軽く土に混ぜて株元に寄せる

4 本葉5～6枚で、1本立ちにする。2回目の間引き後と同量の化成肥料を追肥し、土に混ぜる

3 収穫

タネまき後、40～60日で収穫できます。株の直径が20～25cmになったら、必要に応じて間引きながら収穫します。寒くなると大きく育ち株の直径が30cm以上になります。

大きく育ったものを株元から切り取る

1 苗の植え付け

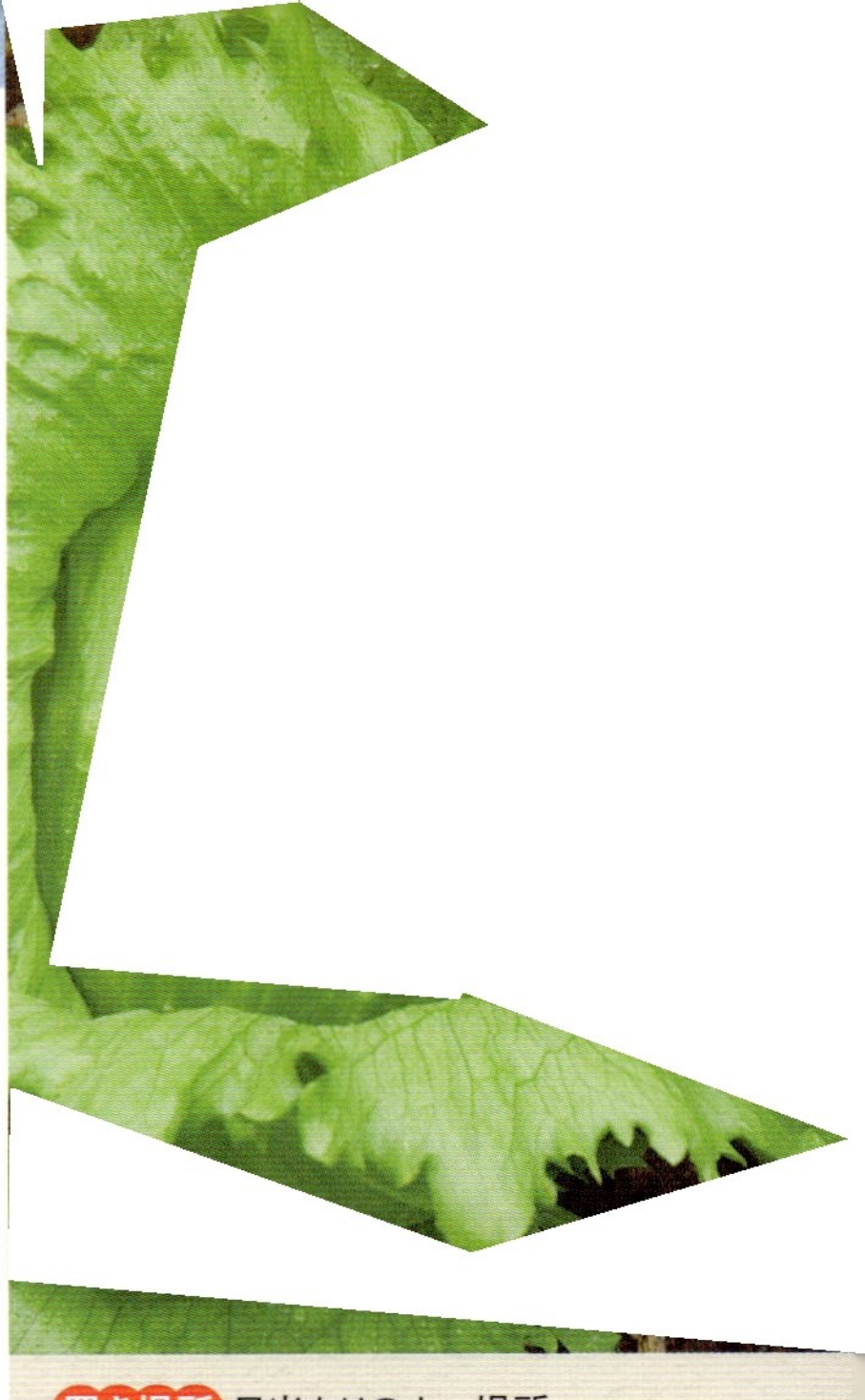

栽培する株が少ないときは、市販の苗を購入すると簡単です。苗は、葉の勢いがよく、葉と葉の間の狭いものを選びましょう。

1 防虫網を敷き、コンテナの底が見えなくなる程度に鉢底石を入れる

2 ウォータースペースと植え付け時の用土を考慮して7分目くらい用土を入れる

3 15cm間隔に苗を置き、用土の高さを調整し、根鉢を崩さないようにポットから抜く

4 根鉢の高さに土を足して苗を植える

置き場所 日当たりのよい場所

コンテナサイズ プランター

栽培用土 葉もの野菜用の配合土

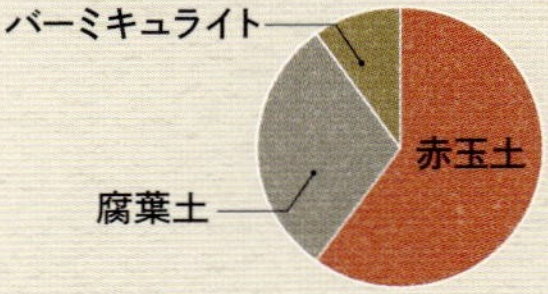

石　　灰：用土10ℓ当たり 10〜20g
化成肥料：用土10ℓ当たり 10〜20g

栽培カレンダー

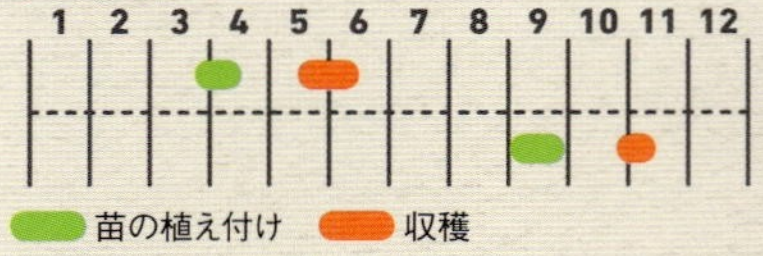

栽培のポイント

- 冷涼な気候を好むので、春と秋に育てられますが、最もつくりやすいのは秋です。
- 長時間光に当たると、トウ立ちしやすいので、夜間に外灯や部屋の光が当たらない場所に置きましょう。
- リーフレタスと違い、栽培期間が長いので追肥を与えます。

5 株元を軽く押さえて苗を落ち着かせる

6 泥はねしないように手に水を受けて、やさしく水やりする

2 追肥

肥料切れさせないことが大事。植え付け2週後から、2週間ごとに定期的にコンテナ全体に化成肥料10gを施します。特に結球が始まるころが最も肥料を要求する時期なので忘れずに施します。また、生育期に乾燥させると葉が小さくなるため、液肥を水やりを兼ねて施しても効果的です。

《POINT
追肥を忘れないように
植え付けて40日くらいで結球が始まる。追肥を忘れないこと

3 収穫

苗の植え付け50〜60日後、結球した玉を押してみて固くしまっていたら収穫適期です。切り口がぬれると腐りやすいため、雨の日は収穫を避けましょう。また、切り口から滲み出る白い汁は新鮮さの証ですが、乾くと茶褐色になりほかの葉を汚すので、出てきた乳液はふき取りましょう。

植え付け後 50〜

玉を片手で押さえ、地際から包丁で切り取る

レタスの玉の形が悪いのはなぜ？

レタスは冷涼な気候を好むため、高温期になると結球しにくくなります。これは、高温と日が長くなるなどの条件で花芽ができてトウ立ちするからです。街灯などの光に長時間当たってもトウ立ちすることがありますから、ベランダで育てるときは人工的な光にも注意が必要です。市販品のように丸く形のよいものを収穫するには、生育適温に合わせて適期に苗を植え、置き場所にも注意しましょう。

1 タネまき

間引きながら育てるので条《すじ》まきしますが、5cm間隔に点まきすることもできます。発芽までは乾かさないようにします。

1 ウォータースペースを残して用土を入れる

2 支柱などで10〜15cmの条間をとり、深さ5mmのまき溝を2本つくる

3 タネを1cm間隔にまく

4 まき溝の周りの土を寄せて、タネが見え隠れする程度に薄く土をかける

5 手で押さえて、タネと土をよく密着させる

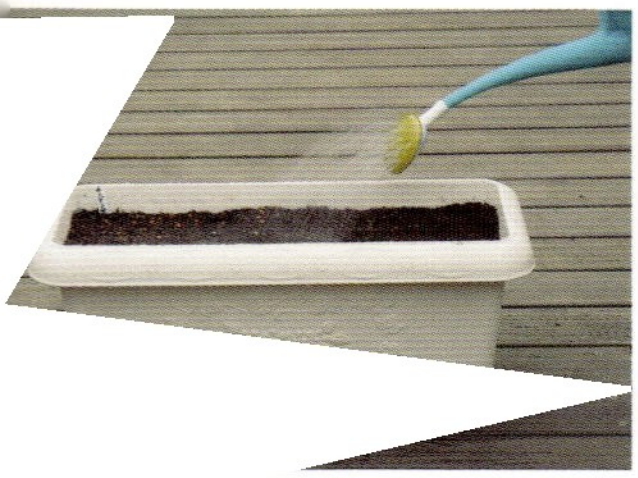

6 ジョウロのハス口を上にむけて、タネを流さないように水をやる

置き場所 日当たりのよい場所

コンテナサイズ プランター または 鉢

栽培用土 葉もの野菜用の配合土

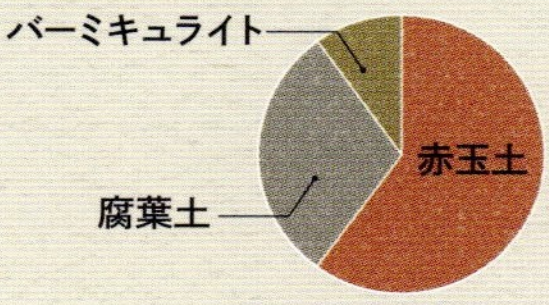

石　　灰：用土10ℓ当たり 10〜20g
化成肥料：用土10ℓ当たり 10〜20g

栽培カレンダー

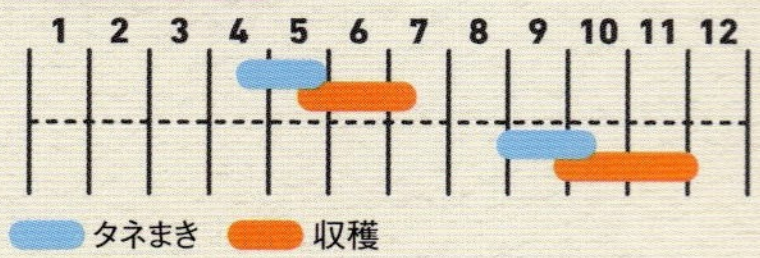

栽培のポイント

- コンテナで育てるなら、手のひらサイズのミニ種がおすすめです。
- 追肥はそれほど必要ありませんが、乾燥に弱いので、液肥を水やり代わりに施すと効果があります。
- 間引きが遅れると徒長《とちょう》して葉柄《ようへい》の元の部分が十分にふくらまないので、適期に間引きましょう。

2 間引き

タネまき後、7〜10日ほどで発芽がそろいます。双葉が開いたころと本葉3〜4枚のころと2回間引きます。間引いて株間をとらないと徒《と》長《ちょう》して形が悪くなります。

1 虫食いや形が悪いものを間引いて、3〜4㎝間隔にする

2 本葉3〜4枚のころに間引いて、5〜6㎝間隔にする

POINT 適期に間引くと形のよいものになる

3 追肥

日当たりのよい場所で、肥料と水を切らさずに、のびのび育てると良質のものが収穫できます。2回目の間引きの後から、水やりを兼ねて2週間に1回液肥を施しますが、化成肥料なら10gをコンテナ全体にまいて、軽く土に混ぜ込み、株元に土を寄せます。その後、7〜10日おきに同量の化成肥料を施します。

2回目の間引き直後に液肥を施し、生育を見て2週間に1回の割り合いで水やりを兼ねて施す

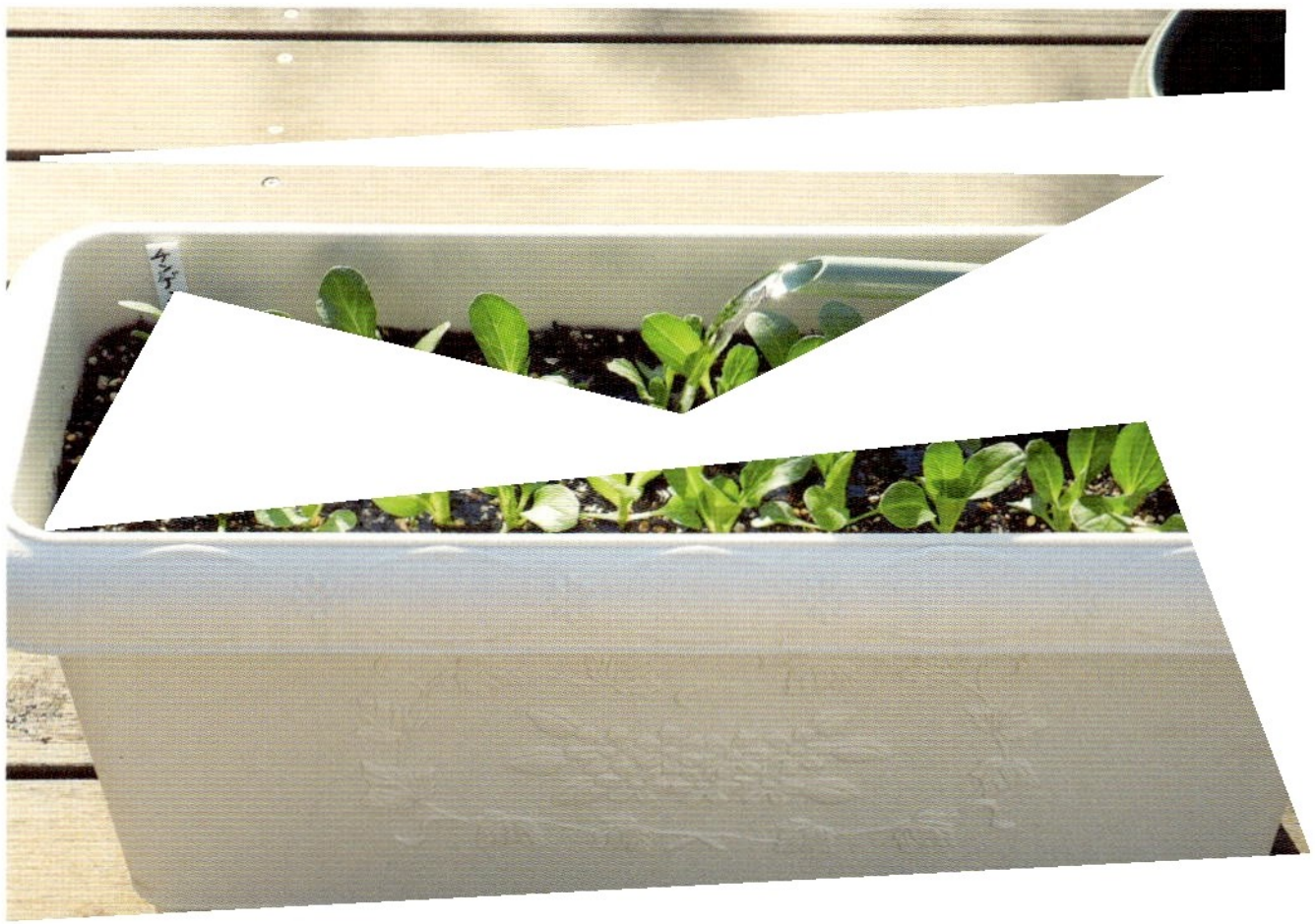

4 収穫

丸ごと調理できるミニ種は、生育日数が20〜30日と短く、草丈が10〜15㎝になったものから順に間引き収穫します。その後、液肥を施しておくと残った株の株元が膨らんでくるので、尻張りのよいものから収穫します。

タネまき後 20〜30日

1 草丈が10㎝になったら間引き収穫ができる。10〜15㎝間隔に間引いて収穫し、液肥を施す

2 尻（葉柄の元の部分）が張っているものを地際からハサミで切り取るか、引き抜く

1 植え付け・管理

1 ウォータースペースを残して用土を入れ、苗を植え付けて株元を押さえる

2 植え付け後たっぷり水をやる

タネまきもできるが、コンテナで数株育てるなら市販の苗を利用すると簡単です。収穫を兼ねて切り戻すと支柱を立てずにこんもりと育てられます。

3 草丈が30cmになったら、先端から15〜20cm下で切り取る

摘心後、残った部分の葉のわきからわき芽が伸びてくる

2 収穫

わき芽が15cm以上になったら本格的な収穫のスタート。収穫が遅れると品質が悪くなるので、若どりが基本です。

置き場所 日当たりのよい場所

コンテナサイズ プランター または 鉢

栽培用土 葉もの野菜用の配合土

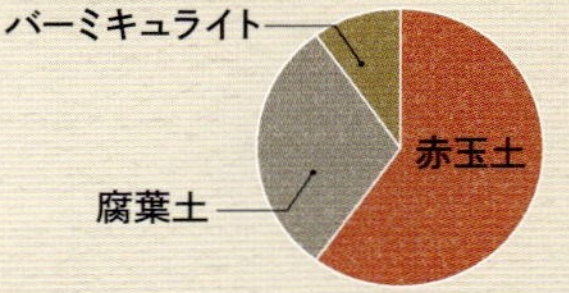

石　灰：用土10ℓ当たり 10〜20g
化成肥料：用土10ℓ当たり 10〜20g

栽培カレンダー

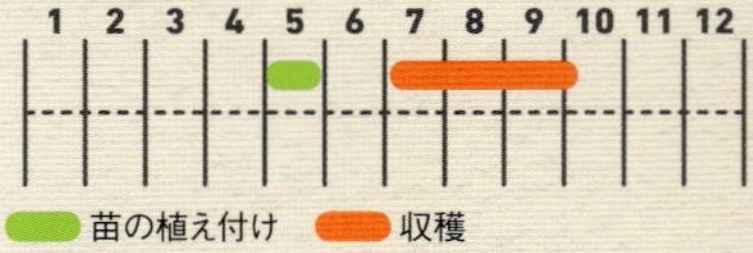

栽培のポイント

- 茎の色が赤っぽい赤茎系と緑色の青茎系がありますが、野菜として利用されるのは主として青茎系です。
- わき芽を発生させて収穫量を多くするためには、摘心します。
- 花が咲いてからも硬くならないので収穫期間が長い野菜です。追肥と水やりを忘れずに行います。

1 種球の植え付け・管理

種球《しゅきゅう》を秋に植えます。植え付けが遅れると春になって球根が肥大しにくくなるため、適期に植えることが大事。植えた後は追肥を与えるくらいで、手間がかからずに育てられます。

1 外皮をはがし、1片ずつに分ける。1片を包んでいる皮ははがさずに、とがっているほうを上に向けて用土に置く

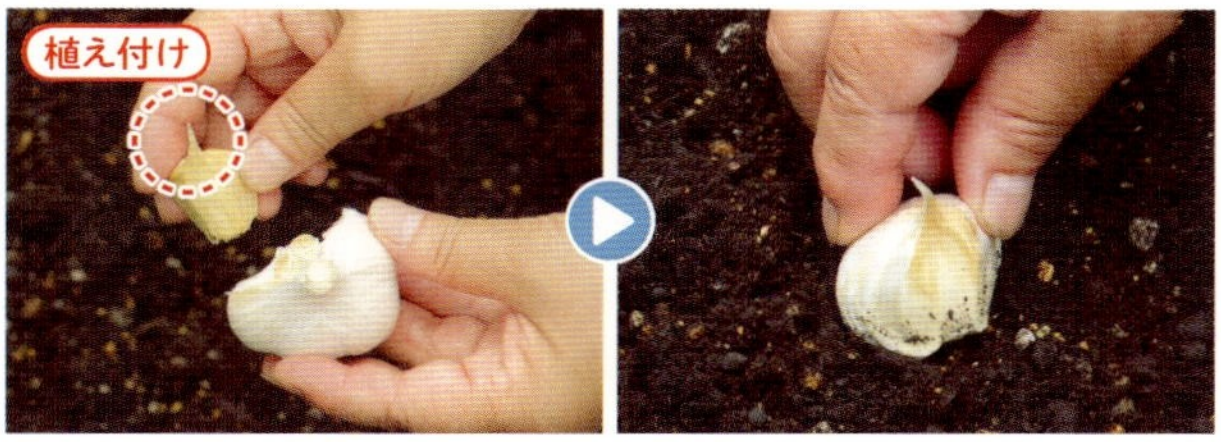

2 10〜15㎝の条間をとり、10㎝間隔に2条に植える

種球の上に用土を5〜6㎝かぶせ、水をやる

3 植え付け1カ月後と、翌年生長を始める春先が追肥の時期。化成肥料10gを列間にまいて土に混ぜる

4 2芽出たら根元を押さえて引き抜き、1本立ちにする

2 収穫

茎や葉が枯れてきたら収穫の時期です。抜き取ってすぐに根と葉を切り落とし、日陰で乾燥させた後ネットに入れて風通しのよい場所に吊るして保存します。

置き場所 日当たりのよい場所

コンテナサイズ プランター

栽培用土 葉もの野菜用の配合土

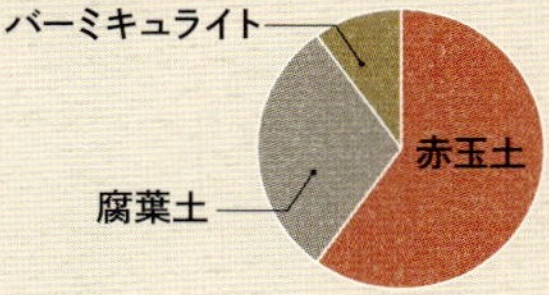

石　　灰：用土10ℓ当たり 10〜20g
化成肥料：用土10ℓ当たり 10〜20g

栽培カレンダー

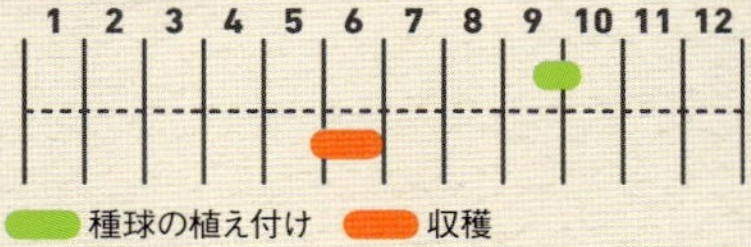

栽培のポイント

- 寒地系の品種と暖地系の品種があり、その土地に合う品種を選ぶことが大事。
- 種球はウイルス病に感染していない健全なものを選びます。
- 寒さに強く、コンテナでは冬越しの心配はありません。
- 1カ所から2芽以上生えたら、養分が分散しないよう1芽だけ残します。

置き場所 日当たりのよい場所

コンテナサイズ プランター または 鉢

栽培用土 葉もの野菜用の配合土

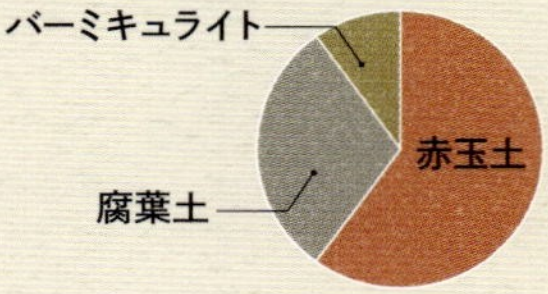

石　灰：用土10ℓ当たり 10～20g
化成肥料：用土10ℓ当たり 10～20g

栽培カレンダー

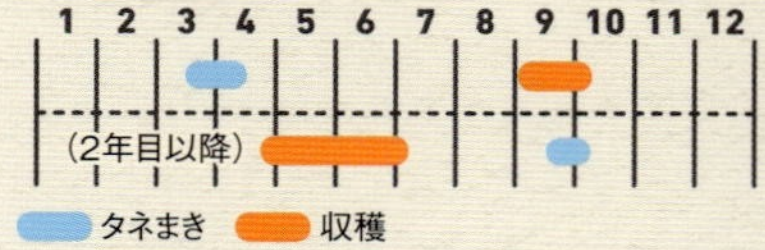

栽培のポイント

- 2～3年に1度、春に株分けして植えかえるようにしましょう。
- タネをまいてから1年間は株を充実させるために、収穫を控えます。
- 過湿に弱いので、排水穴が多めにあるコンテナや脚のついた底上げ網とセットになったコンテナを利用して、通気や水はけをよくして栽培しましょう。

1 タネまき

タネは春まきと秋まきができますが、春まきのほうが収穫が早いです。タネを一晩水に浸しておくとよく発芽します。嫌光性種子なので、タネまき後はやや厚めに土をかけます。

1 棒などで10～15cmの条間をとり、深さ1cmのまき溝を2本つくる

2 タネを1cm間隔にまく。まき溝の周りの土を寄せて土をかけ、手のひらで軽く押さえる

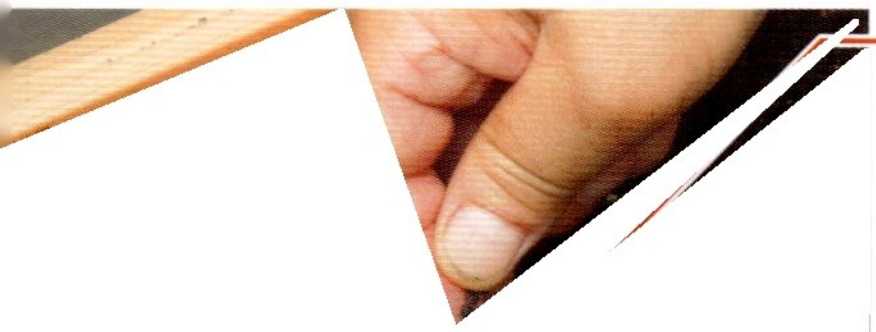

《POINT
一晩水に浸したタネをまく

3 ハス口を上に向けたジョウロでタネを流さないように水をやる

2 育苗

10～15日で発芽します。草丈が10cm程度になったら間引いて、葉が2～3枚になるまで育苗します。育苗中は液肥や化成肥料を月に1～2回施します。

1 葉の長さが10cmのころに込み合ったところを1cm間隔に間引く

2 液肥を月2回程度施す

3 苗の植え付け

春まきは6月中旬~7月中旬、秋まきは3月中旬~4月中旬に定植します。苗は根を切らないように掘り上げ、倒伏しないように深植えにします。市販の苗を購入して植えてもよいです。

1 移植には強いが、できるだけ根を切らないように掘り上げる

2 コンテナに新しい用土を入れる

3 5㎝間隔に、苗を2～3本ずつまとめて5㎝の深さに植え付ける

4 十分に水をやる

4 追肥・花芽摘み

植え付けてから1カ月後に追肥を施します。夏に花茎が伸びてきたら、花芽を摘み取り株の消耗を防ぎます。

植え付け1カ月後に化成肥料5gを追肥する

つぼみ（花芽）はそのつど花茎から摘み取る

5 収穫

春まきは秋から収穫できます。株元を2～3㎝残して切り取ると、葉が伸びて再び収穫できますが、最初の秋は1回程度にすると株が充実して、翌年以降多く収穫できます。収穫後は追肥を施します。

1 春と秋、草丈が20㎝を超えたら株元を3㎝ほど残して切り取る

POINT
収穫したら必ずお礼の追肥を施す

2 収穫後、化成肥料5gをまいて土に混ぜる

アブラナ科

ハクサイ(ミニ種

置き場所 日当たりのよい場所

コンテナサイズ プランター または 鉢

栽培用土 葉もの野菜用の配合土

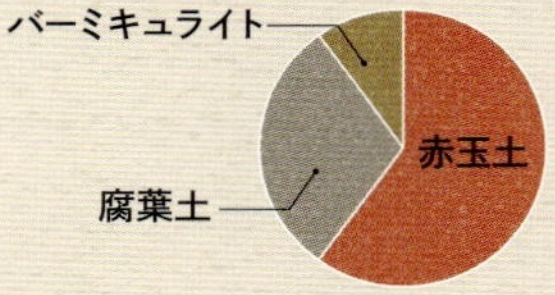

石　　灰：用土10ℓ当たり 10～20g
化成肥料：用土10ℓ当たり 10～20g

栽培カレンダー

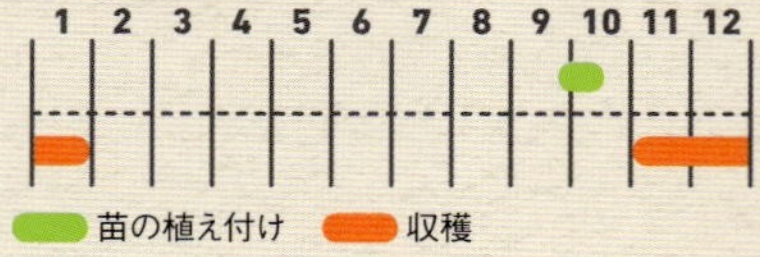

栽培のポイント

- コンテナで数株育てるなら市販の苗を利用すると手軽です。
- 栽培期間が短く、つくりやすい早生種やミニ種がおすすめの品種です。
- 害虫の被害が多いので、寒冷紗で覆って育てるとよいでしょう。
- 適期に追肥を施し、結球するまで肥料切れしないように管理しましょう。

1 苗の植え付け

植え傷みによって活着が遅れると、その後の生育に影響が出ます。本葉4～5枚で葉がピンと張ったしっかりした苗を、根鉢を崩さないようにポットから出し、根鉢の上面と用土の表面が同じ高さになるように植えることが大事です。

1 ウォータースペースを残して用土を入れる

2 株間を20～30㎝とり、根鉢より大き目の植え穴をあける

3 株元に土を寄せ、手で軽く押さえて土を落ち着かせる

4 水をたっぷりやる

2 寒冷紗をかける

ヨトウガやアブラムシ、コナガ、アオムシなどの被害にあうので、植え付け後に寒冷紗をトンネルがけにすると被害が減らせます。

» POINT
寒冷紗をかける前に葉に害虫がいないことを確かめる

支柱をまげてコンテナに挿し、寒冷紗をかけて洗濯ばさみでとめる

3 追肥

植え付けて2週間後から結球が始まるまで追肥を施し、肥料切れにならないようにします。化成肥料は2週間に1回、液肥なら1週間に1回水やりを兼ねて施し、その後土を足しておきます。

1 本葉8～9枚のころから追肥を施す。液肥は週に1度の割合で施す

2 結球が始まったころに化成肥料なら1株につき、3g程度を施し、軽く土に混ぜ込む

4 収穫

ミニ種は植え付け後40日くらいで収穫できます。球の頭の部分を押さえて、固くしまっているようなら収穫適期です。

球を少し斜めに倒すようにし、株元に包丁を入れて切り取る

1 苗の植え付け

春と秋にタネまきができますが、苗づくりに60〜75日くらいかかるため、コンテナで少量栽培するときは、ポット苗が出回るのでそれを利用すると手軽につくれます。また、植え付けの時期に出回る干し苗を植えるとよく分《ぶん》けつしてたくさん収穫できます。

1 コンテナの底が見えなくなる程度に鉢底石を入れる

2 ウォータースペースを残して、鉢底石の上に用土を入れる

«POINT
太さや長さをそろえて分ける

3 ポットから抜いた苗を2本ずつに分ける

4 平らにならした用土の上に、2本を1組にして5cm間隔に千鳥に並べる

置き場所 日当たりのよい場所

コンテナサイズ プランター または 鉢

栽培用土 葉もの野菜用の配合土

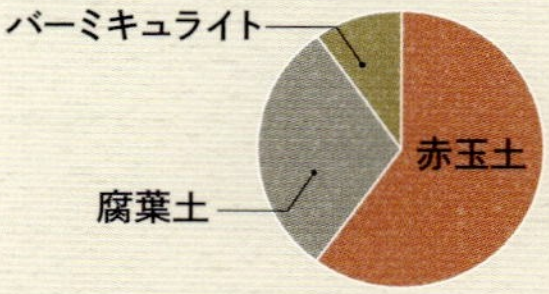

石　　灰：用土10ℓ当たり 10〜20g
化成肥料：用土10ℓ当たり 10〜20g

栽培カレンダー

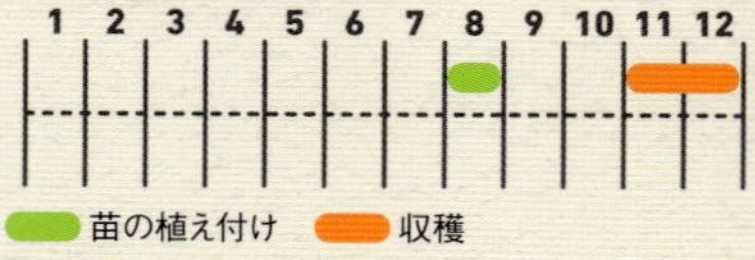

栽培のポイント

- 暑さに強いので、春から夏にかけてもつくれる便利な野菜です。
- 株元を残して切り取ると、年に数回収穫できます。
- 分けつ数を多くしてたくさん収穫するには、苗を1〜2週間風通しのよいところに置くか、乾燥させた市販の干しネギを植えます。

5 植え穴を指であけ、苗を5㎝ほど用土に差し込む

6 ジョウロの水を手に受け、やさしく水やりする

草丈が15㎝ほどになったら、化成肥料5gを全体にまき、軽く土に混ぜ込む

2 追肥

根が活着してきたら化成肥料をコンテナ全体にまき、土寄せします。収穫まで肥料切れしないよう月に1回追肥します。

3 収穫

植え付け後2カ月程度で収穫できます。大きく育ったものから順に収穫しますが、日持ちが悪いので必要な分だけ収穫しましょう。株ごと抜き取って収穫するか、根元を少し残して切り取って収穫します。収穫後は追肥をします。

1 草丈30cmになったら、根元を3cmほど残して切り取る

2 必要な分だけ収穫した後、液肥を施すと葉が伸びてきて再度収穫できる

お得な

万能ネギの再生

スーパーなどで購入した万能ネギを根の部分から上5～6cmのところで切り、コンテナに植えておくと1カ月くらいで再生し、利用できます。

根がついている万能ネギ（小ネギ）の根元を5～6cm残して切る

培養土を入れたコンテナに、切った根元を4～5cm間隔で2列に千鳥に植える

切り口から新たに芽が出てきたら、2週間に1回水やり代わりに液肥を施す

植え付けて1カ月後くらいになると、切り取って薬味などに利用できる

液肥を施しながら育てると、草丈が40～50cmになり、根ごと抜いて収穫もできる

1 植え付け・管理

発芽しにくく、育苗にも時間がかかるので、市販の苗を利用したほうが簡単です。根鉢を崩さずに植えます。収穫期間が長いので、液肥を週1回施します。

1 土を入れ、15cm間隔にポットを置き、高さを調整する

POINT

根鉢を崩さずにポットから苗を抜く

2 根鉢の高さに土を足し、株元を軽く押さえて水をやる

3 長期間生育するので、週に1回、水やり代わりに液肥を施す

2 収穫

本葉が13枚以上になったら、下の葉からかき取って収穫しますが、常に8枚くらい葉を残しておかないと株が弱るので注意します。収穫後は追肥を施して次の葉の生長を促します。

1株当たり葉柄ごと2〜3枚ずつ下の葉からかき取っていく

置き場所 日当たりのよい場所

コンテナサイズ プランター または 鉢

栽培用土 葉もの野菜用の配合土

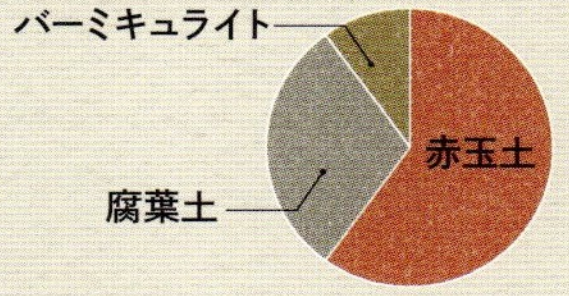

石　　灰：用土10ℓ当たり 10〜20g
化成肥料：用土10ℓ当たり 10〜20g

栽培カレンダー

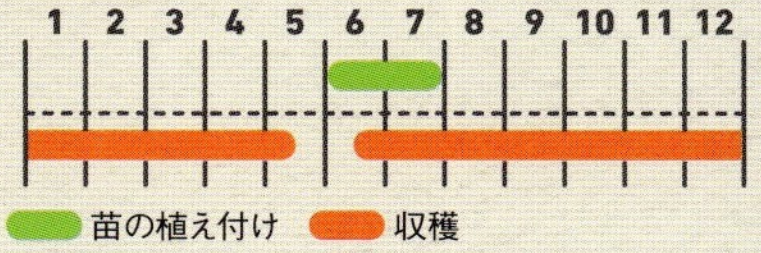

栽培のポイント

- 長期間収穫できる野菜なので、コンテナでつくっておくと便利です。
- 直根性なので、本葉3〜4枚の幼苗を根鉢を崩さずに定植します。
- 夏は風通しのよい半日陰、冬は5℃以上保てる暖かい場所に置きます。
- トウ立ちするまで収穫できるので、液肥を週1回施します。

アブラナ科

ブロッコリー

置き場所 日当たりのよい場所

コンテナサイズ プランター または 鉢

栽培用土 実もの野菜用の配合土

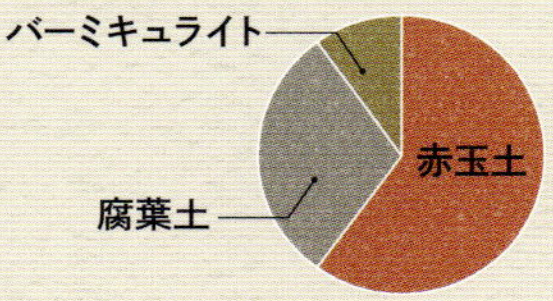

石　　灰:用土10ℓ当たり 10～20g
化成肥料:用土10ℓ当たり 10～20g

栽培カレンダー

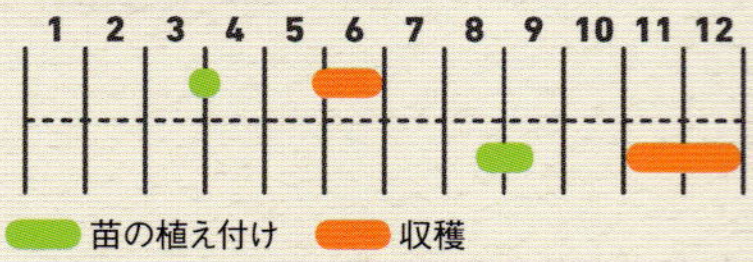

栽培のポイント

- 冷涼な気候を好み、花蕾《からい》が肥大するころは高温に弱くなるため、秋に収穫するものがつくりやすいでしょう。
- 栽培する株が少ないときは、市販の苗を利用すると簡単です。
- 虫害が多いので、こまめに虫を取り除きます。苗が小さいときは防虫ネットをかけるとよいでしょう。

1 苗の植え付け

タネからも育てられますが、市販の苗を利用すると簡単です。苗は本葉4～6枚で、茎が太く葉色が濃く、害虫の被害のないものを選び、深植えにならないように植えます。

1 コンテナの縁から3～5cm下まで用土を入れる

2 根鉢の大きさの植え穴を掘り、根鉢を崩さないようにポットから出し、15～20cm間隔に植え付ける

3 表面を軽く手で押さえる

»POINT
仮支柱を立てる
苗が小さいときは、苗をはさむように2本の仮支柱を立てて保護する

4 たっぷり水やりする

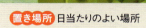

2 追肥・土寄せ

肥料切れを起こさないように追肥をします。植え付けて15～20日後から2～3週間に1回化成肥料を施し、軽く用土に混ぜ込んで株元に土寄せします。液肥なら1週間に1回水やり代わりに施します。花蕾《からい》ができ始めたら最後の追肥をしますが、このとき水やりなどで減った分の用土を足しておきましょう。

1 植え付けて15～20日後に、化成肥料10gを株の脇にまく。この後2～3週間おきに追肥をする

2 肥料と土を軽く混ぜ合わせて、株元に土寄せする

3 小さな花蕾ができたら化成肥料10gを株から離れたところにぱらぱらとまき、新しい用土を足して、土寄せの代わりにする

3 収穫

つぶつぶした小さなつぼみの形がはっきりし、花蕾《からい》の直径が10～12㎝ほどになったら収穫します。つぼみとつぼみの間にすき間ができ、全体の形が崩れてくると食味が落ちるので、花蕾がしまって全体がまとまっているうちに収穫しましょう。花蕾が急に大きくなるので適期を逃さずに収穫すること。側花蕾《そくからい》も収穫できる品種は頂《ちょう》花蕾《からい》を収穫した後に液肥を施しておきます。

花蕾がまとまっているうちに茎を長めにつけて切り取る

収穫した後、液肥を与えて側花蕾の生長を促す

»POINT

側花蕾は直径3～5㎝のころ収穫する

こんなときどうしたらいいの？ 葉が黄色に！かじられた!?

モンシロチョウの幼虫のアオムシやコナガ、ヨトウムシなどの食害にあい、葉だけでなく花蕾がかじられることもあります。毎日こまめに観察して、害虫を見つけたら捕殺しましょう。また、緑色が抜けた下葉は病気の要因になるので、そのままにせず取り除きます。

アオムシはピンセットなどで取り除く

枯れた下葉は病気の原因になるので折り取る

アカザ科

ホウレンソウ

置き場所 日の当たる場所～半日陰

コンテナサイズ プランター または 鉢

栽培用土 葉もの野菜用の配合土

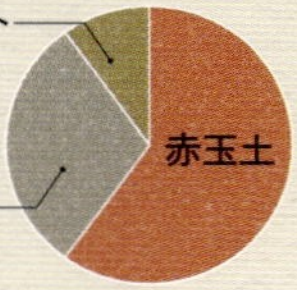

石　　灰：用土10ℓ当たり 10～20g
化成肥料：用土10ℓ当たり 10～20g

栽培カレンダー

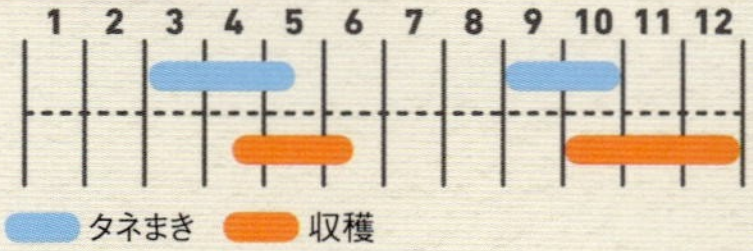

栽培のポイント

- 冷涼な気候を好み、寒さに強いので、秋まきがおすすめです。春まきの場合はトウ立ちしにくい品種を選ぶようにしましょう。
- 日が長くなるとトウ立ちしやすい特性があるので、夜間に外灯が直接当たる場所に置かないこと。
- 半日陰でも十分育ちます。

1 タネまき

酸性土にとても弱いので、タネをまく前に必ず用土を中和し、コンテナに直接タネをまきます。春まきと秋まきに適した品種があるので、時期にあった品種を選びましょう。まだ気温が高い9月上旬ころは、一晩水につけてからまくと発芽がよくなります。

1 条間を10～15cmとり、2条に浅いまき溝をつける

2 1cm間隔でタネをまく

«POINT
やや厚めに覆土して手のひらで押さえる

3 1cm程度覆土し、軽く手で押さえて土とタネを密着させる

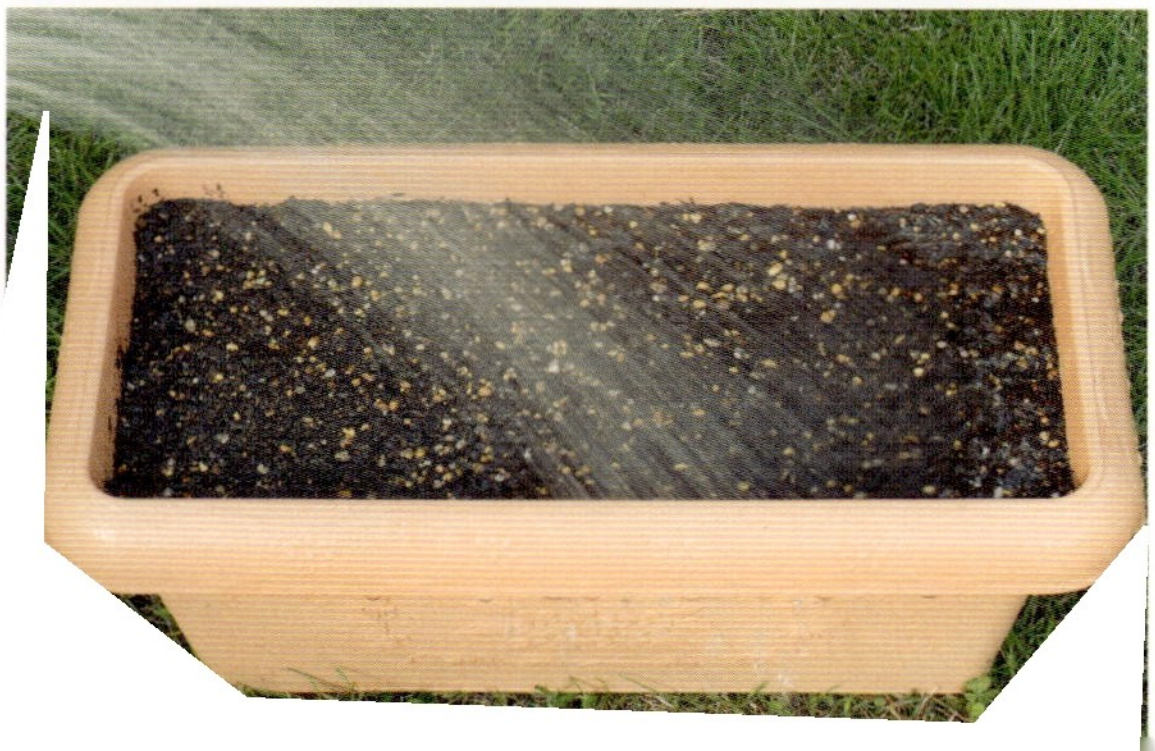

4 コンテナの底から流れ出るまで十分水をやる

2 間引き

タネまき後、3～5日で発芽するが、強い雨に当たると腰が折れることがあるので、発芽したばかりのころは雨の当たらない場所に置くとよいでしょう。ホウレンソウは株間が狭くてもよく育つので、1回の間引きでも十分ですが、株を大きく育てたいときは、さらにもう1回間引きます。間引いた苗は食べられます。

① 1回目は、本葉1～2枚で密な部分を間引いて株間を3cmにする

② 株を大きくしたいときは、本葉4～5枚のときに、2回目の間引きをして株間5～6cmにする

3 追肥

生育状態を見ながら、化成肥料や液体肥料を追肥します。肥料は土と混ぜ合わせるとより効果を発揮しますから、肥料を施した後に土に軽く混ぜ込みながら土寄せしておきましょう。なお、乾燥を嫌うので、発芽後から10日おきに液体肥料を水やり代わりに施しても効果があります。

① 1回目の間引き後に、化成肥料10gを条間にぱらぱらと施す

② 肥料を土に軽く混ぜ込んで、株元に土を寄せていく

③ 草丈が10cm前後に育ったら、液体肥料を水やりを兼ねて施す

4 収穫

タネまき後、秋まきで30～50日、春まきで30～40日ほどで収穫できます。目安は草丈が20cmくらいになったときです。大きく育ったものから順に根元からハサミで切るか抜き取って、間引き収穫しますが、長くおくと葉が硬くなるので適期に収穫しましょう。

《POINT
株もとの土を片手で押さえて引き抜く

葉が折れやすいので、株もとの土を片手で押さえて株全体を持って引き抜く

栽培のヒント 芽出しまきの方法

芽出しの必要がないプライマックス種子

プライマックス種子をまくといっせいに発芽する

布袋にタネを入れる
一昼夜水に浸す
水を切って冷蔵庫へ
白い根が少し見えたらまく

ホウレンソウの発芽適温は15〜20℃なので、気温が高い時期は発芽が悪くなります。よく発芽させるためには、芽出しをしてからタネをまきます。その方法は、タネを布袋に入れて一昼夜水に浸して吸水させた後、水を切ってから冷蔵庫の野菜室に入れて、白い根が1㎜くらい出てきたらまきます。伸びすぎると折れたりするので注意しましょう。芽出しの必要がないプライマックス種子は、内部を保護する硬い殻をかぶっていないため、発芽がそろうまで、十分な水やりが必要です。

つくってみたい ホウレンソウの品種

サラダホウレンソウ

生食用に改良された品種で、アクやえぐみが少ない。立性で葉の切れ込みがなく葉の色がやや薄く、茎が細くて軟らかい。店頭には主に水耕栽培されたものが出回るが、タネも売られているのでコンテナでの栽培もできる。通常より密植して栽培する

日本ホウレンソウ

根元が赤く、茎が長めでぎざぎざの葉が特徴の東洋種。アクが少なめでおひたしにすると本来の懐かしい味が味わえる

赤軸種のホウレンソウ

軸が赤く、生食に向く。肉厚の広い葉は切れ込みが大きく、ベビーリーフから草丈20㎝前後の大きさまで、どの時期もおいしい

アトラス

西洋種と東洋種を掛け合わせたF1種。生育が早く、暑さや病気にも強いので育てやすい。家庭菜園に最適の秋まき用品種

置き場所 日当たりのよい場所

コンテナサイズ プランター または 鉢

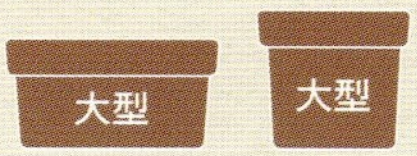

栽培用土 葉もの野菜用の配合土

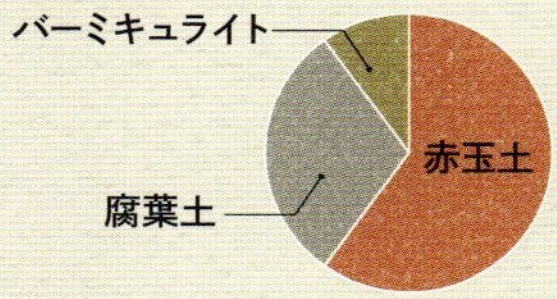

石　　灰：用土10ℓ当たり 10～20g
化成肥料：用土10ℓ当たり 10～20g

栽培カレンダー

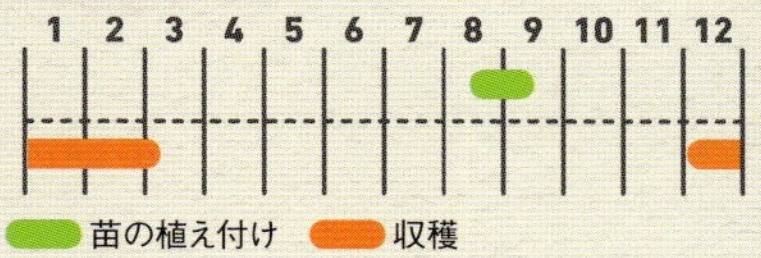

栽培のポイント

- 栽培期間が長いので、肥料を切らさないように育てます。
- 光が当たるように下葉かきを行い、わき芽の生長を促します。
- コナガ、アブラムシ、アオムシなどの害虫の被害が多いので、寒冷紗などで防虫します。
- わき芽が膨らんできたら追肥をします。

1 植え付け・管理

芽キャベツとケールの交配から生まれた新しい野菜です。本葉5～6枚のがっちりした苗を購入して植え付け、収穫期間が長いので肥料を切らさないように育てます。下葉かきをていねいに行い、わき芽を生長させます。

1 用土を入れたコンテナに株間を20cmとって植え、たっぷり水をやる

2 植え付けて1カ月後から、2～3週間おきに化成肥料10gを施す

3 わき芽が生長してきたら下から順に葉を切り取る。水やりなどで減った分、新しい土を足す

2 収穫

わき芽が4～5cmに育ったら下から順に収穫します。収穫後も追肥を施しわき芽の肥大を促すと3カ月以上収穫できます。

1 わき芽の葉が開いたものを付け根からていねいに摘み取る

2 収穫後に化成肥料10gを施す

置き場所 日当たりのよい場所

コンテナサイズ プランター または 鉢

栽培用土 葉もの野菜用の配合土

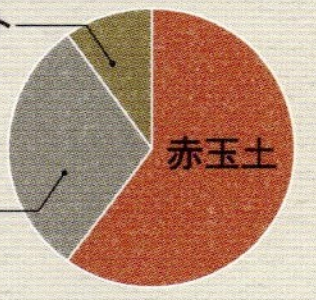

石　　灰：用土10ℓ当たり 10〜20g
化成肥料：用土10ℓ当たり 10〜20g

栽培カレンダー

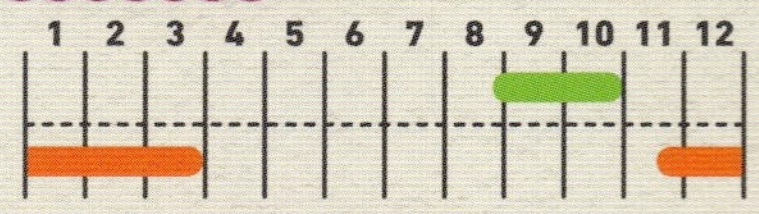

栽培のポイント

- コンテナでは、子球を植えるホームタマネギ（オニオンセット栽培）が収穫までの期間が短いので育てやすく、年内の収穫も可能です。
- 子球の先端部分がわずかに見える程度に植え付けます。
- 過湿を嫌うので、水のやりすぎに注意し、適期に追肥を施します。

1 子球の植え付け

苗から育てるタマネギと違い、8月下旬に植えると年内に収穫できます。子球の先端が見えるくらいに浅植えするのがポイント。また、適期に植えないと生育不良になったり、玉の肥大が悪くなるので注意します。

1 ウォータースペースを残して用土を入れ、表面を平らにならす

2 条間を15cmとり、10〜12cm間隔に指で1cmほどの深さの植え穴をつくる

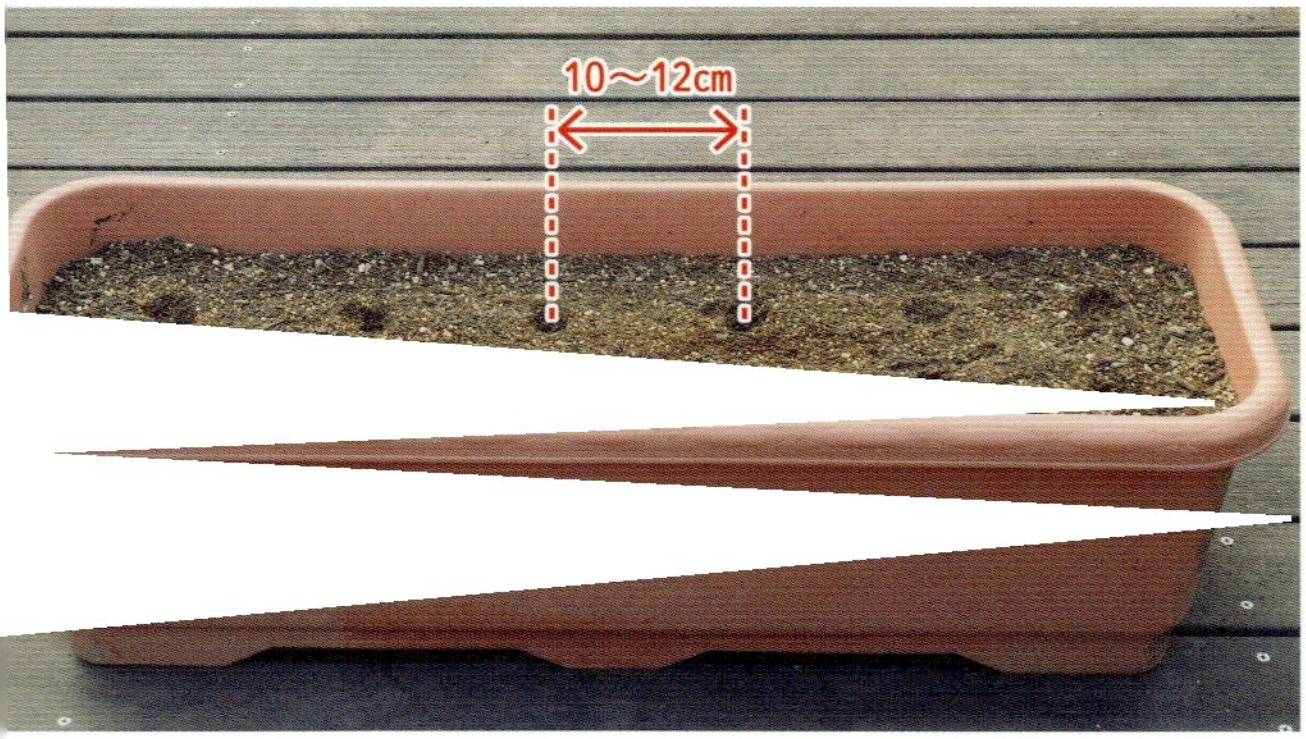

3 植え穴に子球を置き、子球の先端が見える程度に植え穴に埋めて浅植えし、たっぷり水をやる

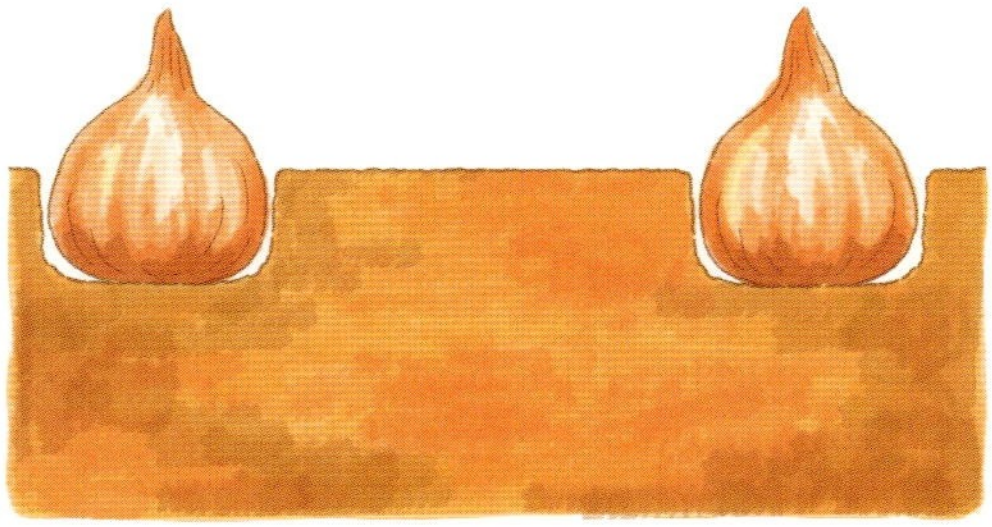

POINT
子球が2/3ほど埋まるように植える

2 追肥

7～10日ほどで芽が出てきます。苗から育てるタマネギより早めに追肥します。8月下旬植えで、9月下旬と根の肥大が始まる10月下旬ころの2回施します。

1 植え付け後、1カ月たったら化成肥料10gを施し、土に混ぜる

2 植え付け2カ月後に1回目と同量の化成肥料を施し、土に混ぜる

3 ネギ坊主摘み

9～10月に子球を植え付けると、低温にあってトウ立ちすることがあります。ネギ坊主は小さなうちに摘み取り、雑草も早めに取り除きます。

1 雑草は小さなうちに根ごと抜き取る

2 ネギ坊主は茎を5～6cmつけて摘み取る

4 収穫

8月下旬に植えると11月中旬に、9～10月に植えると翌年の1～3月に収穫できます。球が十分に大きくなって、葉が倒れてきたら、晴天の日を選んで収穫します。

葉が倒れてきたら収穫の合図。よく日に当て、適期に肥料を施して葉を大きく育てると大玉ができる

POINT
よく日に当て、追肥して葉を大きく育てる

根元を持って引き抜き、数時間風に当てて乾かす

ホームタマネギのペコロスづくり

ペコロスは直径3～4㎝の小さなタマネギで、ベビーオニオンとも呼ばれています。株間5㎝くらいに密植してつくりますが、育て方などは大きなタマネギと同じです。

ホームタマネギは、株間を変えると大玉から小玉まで手軽につくれる人気種

ウォータースペースを残して用土をいれる

5㎝間隔に子球の2／3が隠れるくらいに用土に埋める

草丈が10～15㎝くらいになったら、化成肥料5gを全体にまき、指で土に混ぜる

根元が丸く膨らみ始めたら、化成肥料5gを追肥する。このくらいのときに収穫すると葉タマネギとして楽しめる

球根の直径が3～4㎝になり、葉が9割以上倒れたら収穫する

栽培のヒント

苗から育てるタマネギ

タマネギはタネからつくるのが難しい野菜のひとつ。苗を購入してスタートしましょう。よい苗は草丈20～30㎝、根元の太さが6～7㎜で、これより太いと春先にトウ立ちし、小さすぎると寒さで枯れたり、十分な大きさの玉ができません。慎重に苗を選びましょう。よい苗を選んで植えれば後の栽培はらくです。

よい苗を選ぶことが最大のポイント

用土を平らにならし、株間10㎝をとり指で植え穴をあける

緑葉が埋まらないように注意し、深さ2～3㎝に植える

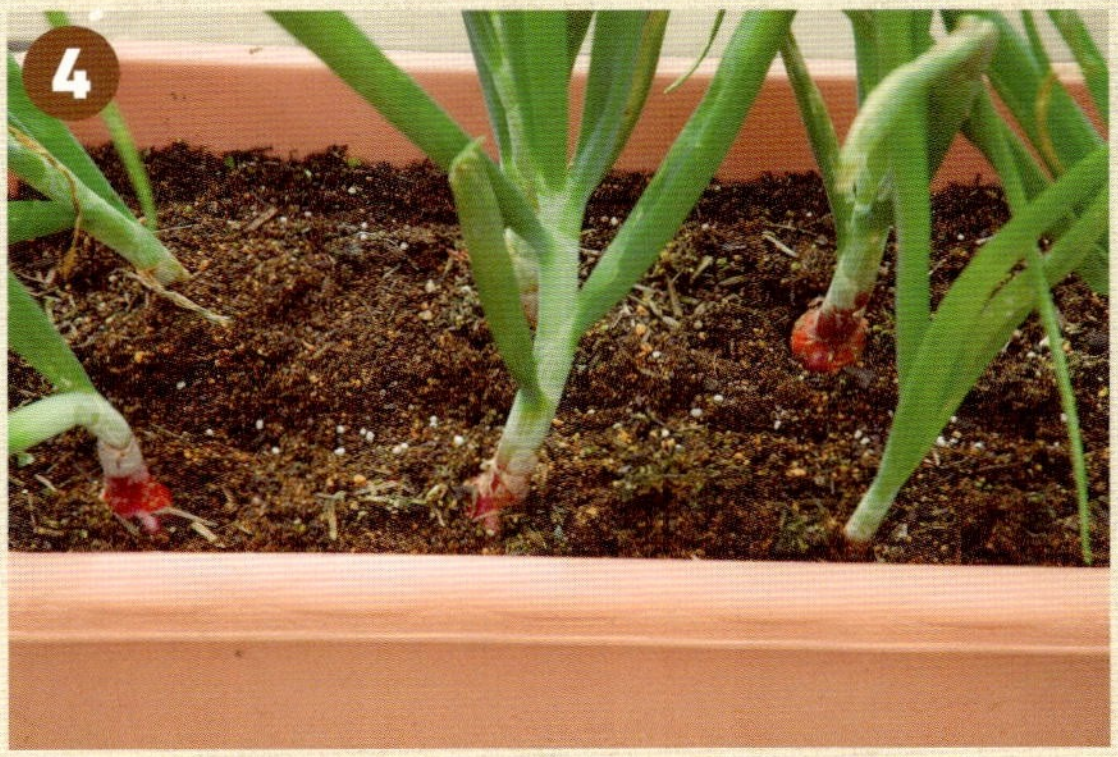

2月中旬と3月中旬に化成肥料10gを追肥する

葉が倒れたら引き抜いて収穫する

1 タネまき

涼しい気候を好み、暑さと乾燥を嫌うので、春まきと秋まきが適しています。発芽に光を必要とするので、覆土はタネが見え隠れする程度に薄くかけます。発芽までの日数がかかるので、その間乾燥に注意します。

1 ウォータースペースを残して用土を入れ、細い棒を押し付けて、10～15㎝間隔に5㎜ほどの浅い溝を2本つける

2 まき溝にタネを1㎝間隔にまく

» POINT
好光性種子なので薄く覆土する

3 土を厚くかけると発芽しにくいので、ごく薄くかける。覆土後は土の表面を軽く押さえて土とタネをなじませる

4 タネまき後、ハス口をつけたジョウロでたっぷり水をやる

置き場所 日の当たる場所～半日陰

コンテナサイズ プランター または 鉢

栽培用土 葉もの野菜用の配合土

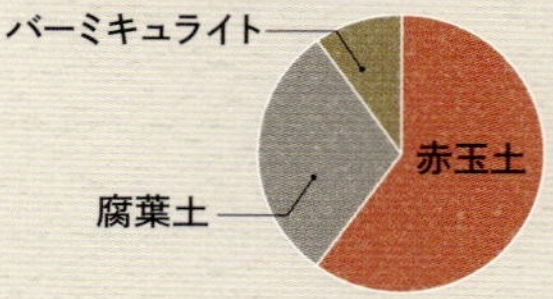

石　　灰：用土10ℓ当たり 10～20g
化成肥料：用土10ℓ当たり 10～20g

栽培カレンダー

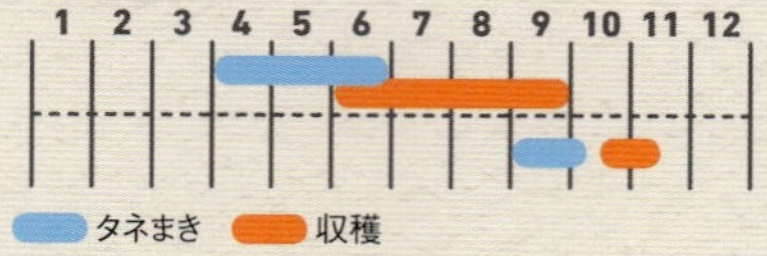

栽培のポイント

- 好光性種子なので、タネまき後の覆土は薄くします。
- 発芽まで時間がかかるので、乾燥させないように毎日水やりをしましょう。
- 乾燥に弱いので、夏は風通しのよい日陰に置きます。
- 2、3度刈り取り収穫するには、収穫後、追肥を施し株の再生を促します。

2 間引き・追肥

密植気味に育てると、葉柄が軟らかく美味しいので、2回の間引きで株間を5cm前後にします。追肥は、2回目の間引き後からスタートし、液肥を7〜10日に1回、化成肥料なら10gを月1回コンテナ全体に施します。また、収穫のたびに追肥をして、新しい芽の生長を促します。なお、トウ立ちするとよい葉が収穫できないので、早めに花を摘み取ります。

1 本葉が見え始めたら、3cm間隔に間引く

2 本葉が3〜4枚になったら、5cm間隔に間引く

3 間引き後に液肥を施す。その後も7〜10日に1回水やり代わりに施す

3 収穫

春まき、秋まきともタネまき後2カ月くらいで収穫できます。草丈が20cm以上になったら根元を残して切り取ると1株で3回ほど収穫できます。収穫後は必ず追肥を施して、新葉の再生を待ちます。

1 株元を3cmほど残してハサミで切り取る

2 収穫後、化成肥料10gをコンテナ全体にぱらぱらとまき、土に軽く混ぜ込んで、株元に土を寄せる

伸びて再び収穫できる

1 苗の植え付け

育苗時の温度管理が難しいため、苗を購入して育てると楽です。本葉5～7枚で、病気や虫害の痕がないがっちりした苗を選び、10号鉢に1株を目安に、浅植えにします。

1

ウォータースペースを残して用土を入れ、根鉢より大きな植え穴を掘る

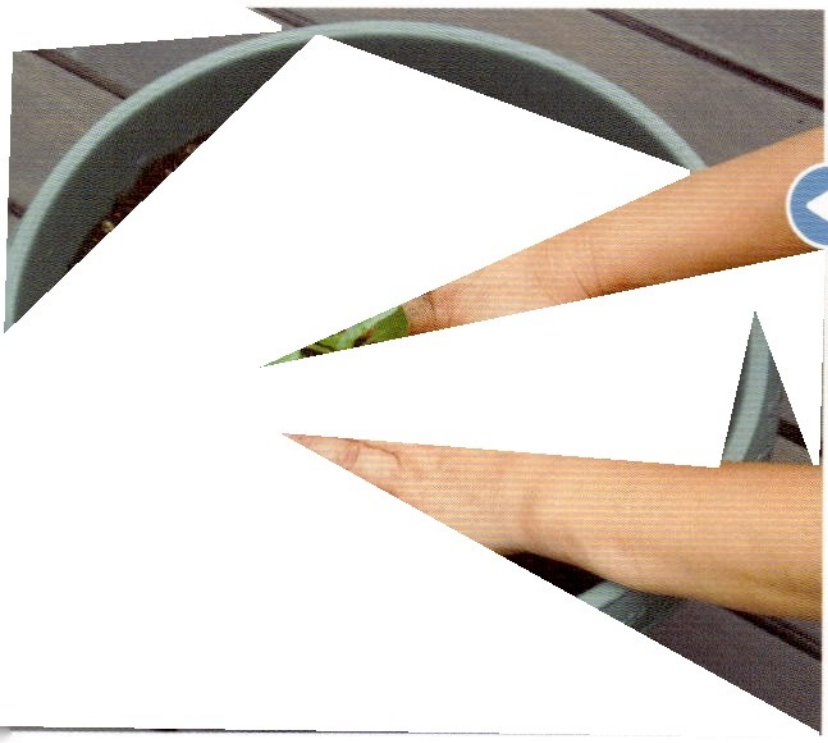

2

根元を指で挟んで、根鉢を崩さないように苗を抜く。苗を植え、周囲の土を埋め戻して株元を軽く押さえる

3

たっぷり水をやり、仮支柱を立てる

2 追肥

生育期間が長いので、肥料切れしないように植え付け1カ月後から月1回追肥します。

本葉が10枚くらいになったら化成肥料10gを施し、軽く土に混ぜ込む。土が減ったときは追肥後に減った分の土を足す

置き場所 日当たりのよい場所

コンテナサイズ プランター または 鉢

栽培用土 葉もの野菜用の配合土

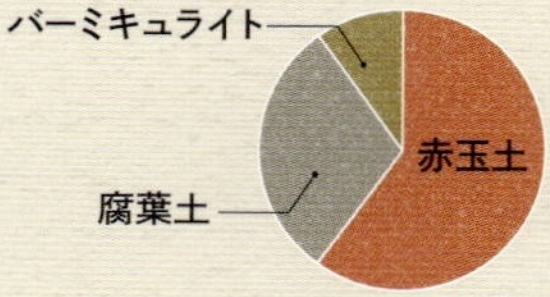

石　灰：用土10ℓ当たり 10～20g
化成肥料：用土10ℓ当たり 10～20g

栽培カレンダー

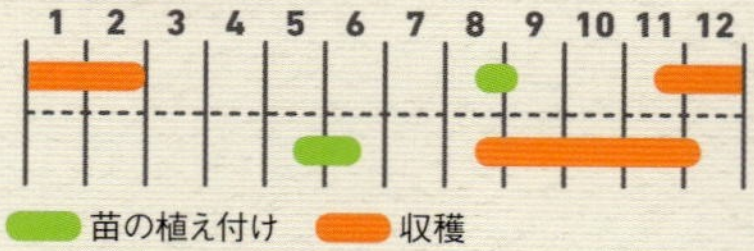

栽培のポイント

- 下葉を順に切り取ってわき芽に日光を当て、球の肥大を促しますが、頂部の葉は10枚くらい残しておきます。
- 栽培期間が長いので、肥料切れに注意しましょう。
- 冷涼な気温を好み、低温下でよく結球するので、晩夏～初秋に苗を植えるとつくりやすいです。

1回目の追肥から1カ月後に1回目と同量の化成肥料を施します。苗が小さいときは株元に施しますが、大きくなってからは株元から離して施し、根を切らないように注意して土に混ぜます。

下葉をかきとった後に、化成肥料10gをコンテナの縁に沿ってまき、軽く土に混ぜる

4 収穫

芽球は下から順にできていきます。丸く充実して直径3㎝ほどになったら収穫します。上手に育てると2カ月くらい収穫できます。

芽球が硬くなったらハサミで切るか手でもぎ取る

3 葉かき・下芽かき

わき芽が結球し始めたら、球の肥大を促すため、葉を取り除いて日照や風通しをよくします。同時に、下のほうの芽は切り取ります。

1 下葉を切り取り、小さな芽に光が当たるようにする

POINT

葉かきをして球が大きくなるスペースをつくる

2 結球するに従い葉を切り取るが、頂部の葉は10枚くらい残す

3 形が悪い下から10節くらいの芽は早めに摘み取る

コスレタス

キク科

1 苗の植え付け

タネからも育てられますが、市販の苗を購入すると失敗も少なく手軽に栽培できます。苗は、本葉が4～5枚で、葉がしっかりした健全なものを選びましょう。

1 防虫網を敷き、コンテナの底が見えなくなる程度に鉢底石を入れる

2 コンテナの縁から2cm程度のウォータースペースを残して培養土を入れる

3 根鉢を崩さずに苗を抜き取り、株間を20～25cmとって苗を置く

4 根鉢より大きめの植え穴を掘る

5 植え穴にたっぷり水を注ぐ

6 植え穴の水が引いたら、苗を植え穴に入れ周りの土を寄せて植え付け、株元を軽く手で押さえる

7 植え付け後、たっぷり水をやる

置き場所 日当たりのよい場所

コンテナサイズ プランター

標準

栽培用土 葉もの野菜用の配合土

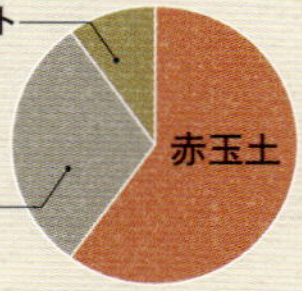

石　　灰：用土10ℓ当たり10～20g
化成肥料：用土10ℓ当たり10～20g

栽培カレンダー

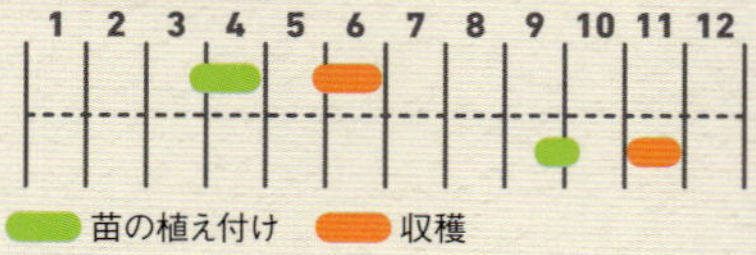

栽培のポイント

- ロメインレタスともいい、紡錘形にゆるく結球する立ち性タイプで、玉レタスより暑さ寒さに強く、育てやすい。
- ほかのレタス同様、冷涼な気候を好むので、春と秋が栽培適期です。
- 日が長くなって気温の上昇とともに、とう立ちしてくるとおいしく食べられません。春は早めに収穫しましょう。

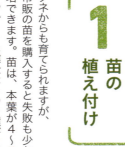

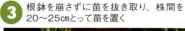

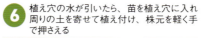

2 追肥

植え付けの1～2週間後くらいに、1株当たり3～5g程度の化成肥料を追肥します。その後、中心の立ち上がった葉の先がゆるく巻きはじめたら2回目の追肥を施します。また、乾燥に弱いので乾いたら水やりをします。

① 植え付けて1週間後に、株元に3～5gの化成肥料をまき、土に混ぜ込み、水やりをしておく

② 中心部の葉が巻き始めたら2回目の追肥の合図

③ 1回目同様、1株当たり3～5gの化成肥料を株元にまく

④ 移植ゴテを使って肥料を土によく混ぜ込む

3 古葉とり

病害虫の温床になりやすい、枯れた葉や虫に食われた葉は早めに取り除きます。

4 収穫

植え付けの50～60日後に収穫できます。草丈が20～30cmになり、半結球状態になったら収穫の適期で、地際から切り取って収穫します。結球前でも大きくなった下葉をかき取って収穫することもできます。

① 結球前でも大きく育った下葉をかき取って収穫し、炒めものなどにもできる

② 頂部がゆるく巻き、少ししまった状態になったら地際から切る

キク科

リー

1 苗の植え付け

タネからも育てられますが、市販の苗を利用すると簡単です。本葉4～5枚の苗を根鉢を崩さずにやや浅植えにします。大型のコンテナには、鉢底石や大粒の赤玉土を敷くと水はけがよくなります。

1 鉢底網を置く

2 赤玉土の大粒を底が見えなくなるくらい入れる。赤玉土の上に培養土を7分目ほど入れる

《POINT

用土は平らにならしておく

3 赤葉と緑葉品種のポット苗を置き、バランスをみる

置き場所 日当たりのよい場所

コンテナサイズ プランター または 鉢

栽培用土 葉もの野菜用の配合土

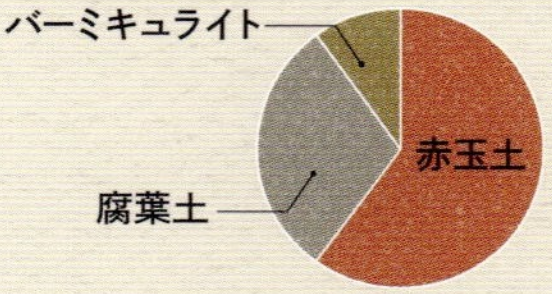

石　　灰：用土10ℓ当たり 10～20g
化成肥料：用土10ℓ当たり 10～20g

栽培カレンダー

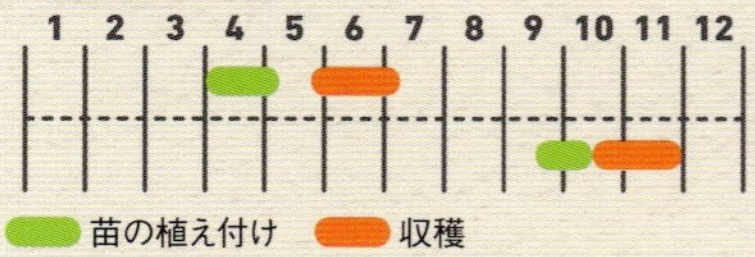

栽培のポイント

- 結球レタスに比べて収穫までの期間が短く、育てやすいです。
- 市販の苗を購入すると簡単。緑系と紅系があり、リーフレタスだけの寄せ植えも楽しめます。
- 元肥のみで十分育ちますが、葉色が薄いときや、かき取り収穫するときは追肥を施します。

4 根を傷めないようにポットから抜いて、用土の上に置く

5 深植えに注意し、苗の間にていねいに用土を入れていく。コンテナを持ち、ゆすって土を落ち着かせ株元を押さえる

6 苗が倒れないように、ジョウロの水を手に受けて、優しく水やりする

2 追肥

生育期間が短いので追肥は不要ですが、葉の色が薄いときは液肥を水やり代わりに施すとよいでしょう。また、苗を植えて2週間後、葉が伸び始めたら、1株当たり化成肥料5gを株元にまいて、土寄せした後に水をやると肥料分が土にしみ込んで効果的です。

«POINT 液肥を施すと葉が充実する

薄い液肥を水やり代わりに施す

栽培のヒント 残ったタネをまいてベビーリーフを

さまざまな葉菜類がベビーリーフとして利用できます。「ベビーサラダミックス」として絵袋（種子袋）も市販されていますが、シュンギク、コマツナ、ラディッシュ、ルッコラ、キョウナなどの残ったタネにリーフレタスのタネをミックスしてまくと、3週間後にはカットしながら収穫できる大きさに育ちます。

3 収穫

葉の長さが25㎝程度になったら株元から切って収穫しますが、外葉から必要な分だけかき取っていくと長い間利用できます。1回に収穫できるのは1株から3～4枚です。かき取った後は追肥を施しておきましょう。

かきとり収穫。結球しないので外葉から1枚ずつかき取りながら収穫できる

株ごと収穫。ハサミや包丁で株元から切り取る

彩りが美しいリーフレタス

緑葉のほかに葉っぱの先が赤く色づくもの、葉っぱ全体が赤く染まるもの、葉がフリル状に縮れるものなど、葉色、葉の形がバラエティーに富み、リーフレタスだけの寄せ植えも楽しめます。葉色、葉形の異なったいろいろなリーフレタスをミックスしたタネ「ガーデンレタスミックス」も売られています。間引きながら育てれば少し大きめで収穫もできますから、コンテナで育てれば、ベランダも食卓も華やかになるでしょう。

間引きながらサラダなどに利用するレタスミックス

窓辺に彩りを添えるリーフレタスの寄せ植え

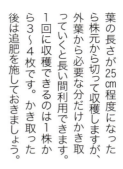

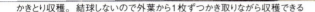

1 植え付け・管理

コンテナで数株育てるなら、本葉5枚程度の市販の苗を利用すると手軽です。株が大きくなってきたら支柱を立てます。乾燥を嫌うので、用土が乾いてきたらたっぷり水をやりますが、液肥を週1回、水やり代わりに与えると効果的です。

1 数株入っているポット苗は根を切らないように、1株ずつに分ける

2 25〜30cmの株間隔で苗を植え、株元を軽く押さえ、たっぷり水をやる

3 わき芽が伸びだし、株が育ってきたら支柱を立てる

4 植え付け2週間後から、週1回の割合で液肥を施す

2 収穫

草丈が30cmほどになったら、茎の先端を摘み取りながら収穫します。摘心しながら収穫するとわき芽がどんどん出ますが、葉を3〜4枚残さないとわき芽が出ないので注意しましょう。収穫後は必ず追肥を施します。

1 枝先10〜15cmのところで切り取る

2 液肥を施し、次の収穫に備える

種子は有毒なので注意

開花後に大きくなる細長いさやの中の種子は有毒です。花が咲き出したら収穫は終わらせましょう。

モロヘイヤの花

有毒成分を含むので、タネは食べないこと

置き場所 日当たりのよい場所

コンテナサイズ プランター または 鉢

栽培用土 葉もの野菜用の配合土

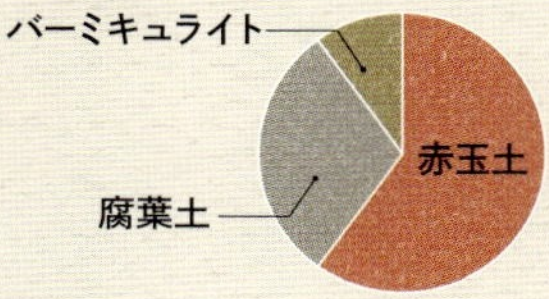

石　灰：用土10ℓ当たり 10〜20g
化成肥料：用土10ℓ当たり 10〜20g

栽培カレンダー

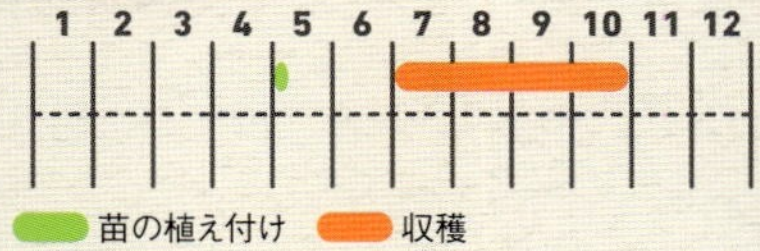

栽培のポイント

- コンテナで数株育てるなら市販の苗を求めるほうが手軽です。
- 乾燥を嫌い、水切れすると葉が硬くなるので、夏場は朝夕2回水やりしましょう。
- こまめに摘心しながら収穫して、わき芽の発生を促し、草丈を一定に保つようにします。

アブラナ科

ルッコラ

置き場所 日当たりのよい場所

コンテナサイズ プランター または 鉢

栽培用土 葉もの野菜用の配合土

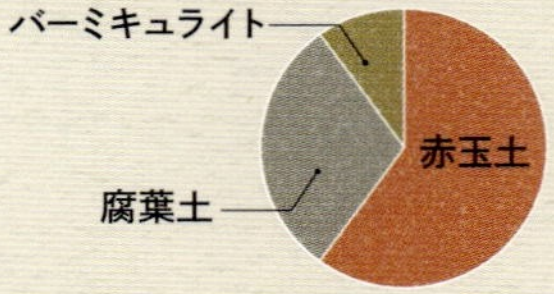

石　灰：用土10ℓ当たり 10～20g
化成肥料：用土10ℓ当たり 10～20g

栽培カレンダー

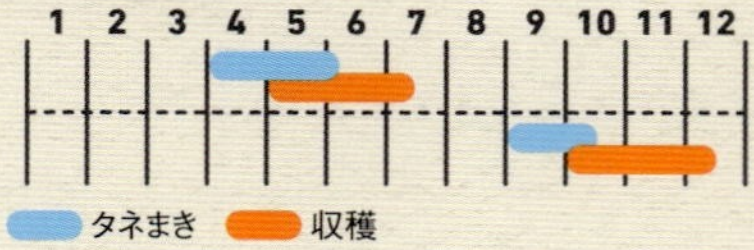

栽培のポイント

- 真夏と真冬を除けばいつでもつくれますが、涼しい時期に育てると失敗がありません。
- 外葉からかき取りながら収穫すると長く楽しめますが、春まきはトウ立ちするので、小苗で収穫します。
- 間引きと追肥をしっかり行い、収穫後も必ず追肥を施しましょう。

1 タネまき

日が長くなるとトウ立ちしますから、トウ立ちしにくい秋まきがおすすめです。コンテナに条まきした後、発芽まで乾燥させないように注意します。

1 ウォータースペースを残して用土を入れる

2 条間を10cmとり、棒で1cm深さのまき溝を2本つくる。まき溝に1cm間隔にタネをまく

3 ふるいでタネが隠れる程度に薄く土をかける。手で軽く押さえ、タネと用土を密着させる

4 ハス口をつけたジョウロでたっぷり水をやる

2 間引き・追肥

発芽まで5〜7日くらいかかります。2回の間引きと1回の追肥で育てます。間引きは発芽がそろったころと、タネまき後2週間くらいのときです。2回目の間引き後に追肥を施します。2回目の間引き菜は、小さくてもピリッと辛く、ゴマの香りがあって食べられます。

1 双葉が開いたころ、子葉の形が悪いもの、育ちの悪いものをハサミで切る。形のよい子葉を残し、2〜3cm間隔に間引く

2 本葉4〜5枚で2回目の間引きをする。4〜5cm間隔に間引く

3 2回目の間引き後に液肥を水やり代わりに施す

3 摘蕾《てきらい》

花が咲くと葉が硬くなるので、葉を長く収穫するときは、つぼみは早めに摘み取りましょう。

花もつぼみもサラダやスープに利用できる

≪POINT
軟らかい葉を摘むために つぼみをとる

4 収穫

草丈が15cm程度になったら本格的な収穫のスタート。外葉から摘み取るか株元から切り取って収穫します。鮮度が落ちやすいので、必要な分だけ収穫します。

使う分だけ株元からハサミで切り取る

外葉から摘み取り、追肥を施すと長く収穫できる

大きく育つと葉が硬くなるので注意。外葉から切り取るときは、1回に1株から2〜3枚程度にとどめる

ユリ科

ワケギ

1 種球の植え付け

1 用土を平らにならす。条間を10cm、株間を5～6cmとり、先端を上にして種球を並べる。1球ずつ2条に浅く植える

2 種球の先端が少し出るくらいに、用土を足し、たっぷり水をやる

3 草丈が10cm程度になったら化成肥料10gを月に2回、液肥なら週に1回施す

»POINT 液肥を1週間おきに与えるのも効果的

2 収穫

1 根元から3～4cm残して切り取って収穫する

2 収穫後化成肥料10gを追肥して新葉の伸びを促す

収穫後、新葉が伸び再び収穫できる

置き場所 日当たりのよい場所

コンテナサイズ プランター または 鉢

栽培用土 葉もの野菜用の配合土

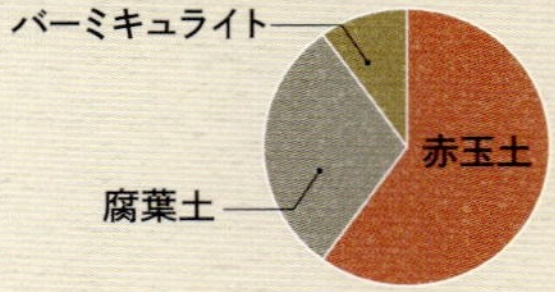

石　　灰：用土10ℓ当たり 10～20g
化成肥料：用土10ℓ当たり 10～20g

栽培カレンダー

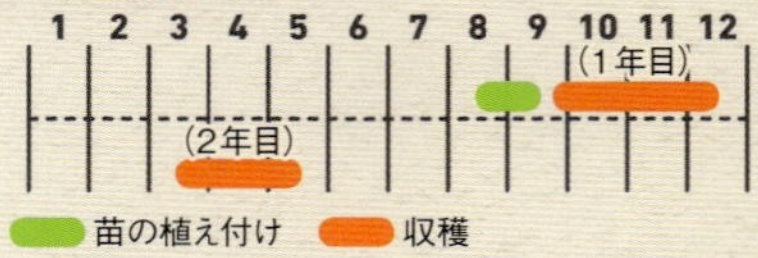

栽培のポイント

- ワケギはネギとシャロットの雑種で、花をつけずに株分けで繁殖します。
- 秋に種球を植えます。1度植えると2、3年植えっぱなしでも大丈夫。
- 過湿にすると生育が悪くなりますから水のやりすぎに注意します。
- 収穫時期が長いので、肥料切れにならないように注意します。

PART

4

コンテナで野菜をつくる

根菜類

1 タネまき

春まきと秋まきができますが、直根性なのでタネは直《じか》まきします。一晩水につけたタネをまき、タネが隠れる程度に土をかけると発芽がそろいます。

1 2〜3㎝のウオータースペースを残して用土を入れる

2 中央に1㎝間隔でタネを落とす

3 好光性種子のため、ふるいを使って1㎝程度に薄く覆土する

4 タネと土が密着するように軽く土の表面を押さえ、タネが流れないようにやさしく水をやる

置き場所 日当たりのよい場所

コンテナサイズ プランター または 鉢

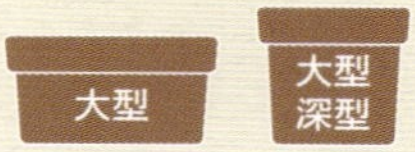

※袋でも栽培可

栽培用土 根もの野菜用の配合土

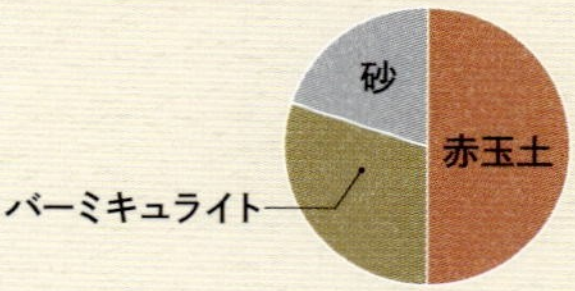

石　灰：用土10ℓ当たり 10g
化成肥料：用土10ℓ当たり 20g

栽培カレンダー

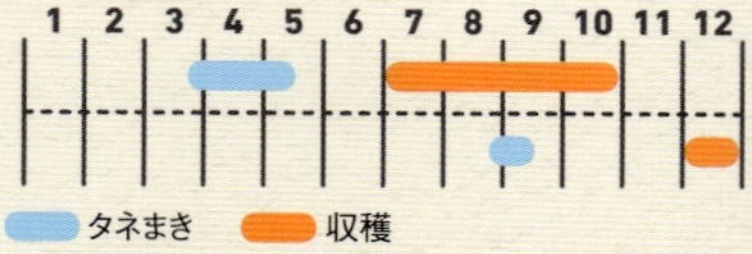

栽培のポイント

- 生育適温は20〜25℃で温暖な気候を好みます。
- 根の長さが40㎝程度のサラダゴボウや若い葉と根を食べる葉ゴボウなどは、深さが確保できる袋やコンテナで栽培ができます。
- 好光性の種子なので覆土を薄くし、間引きをして、株間をしっかりとります。

2 間引き・追肥

発芽まで1〜2週間かかりますが、その間土を乾かさないように管理します。発芽後は2〜3回間引いて適正な株間をとり、根の生長を促します。間引き後は追肥を施し、軽く土に混ぜて、株を立たせるように土寄せします。

1 双葉が開いたら、葉と葉が触れ合わないように込み合っているところを間引く

2 化成肥料を10g程度株から離してまく。肥料を軽く土に混ぜ、株元に土を寄せる

3 本葉2〜3枚になったら、株間を10cm程度に間引く

間引き後は1回目の間引き時と同量の追肥を施す

3 収穫

ミニゴボウはタネまきから70〜100日くらいで収穫できます。ふつうのゴボウは根の直径が2cmくらいで収穫しますが、サラダゴボウなどの短根種は直径が1〜1・5cm程度で若取りします。早めに収穫したほうが、香りがよく軟らかくて生でもおいしいゴボウがとれます。

根の直径が1cmほどになったら葉柄をもって引き抜いて収穫する

1 タネイモの植え付け

タネイモはふっくらとして、芽が傷んでいないものを選び、15号鉢や袋に一つ植えます。生長に従ってまし土をするため、コンテナの上部を10㎝以上あけます。

1 まし土する分を考慮して、用土を入れる

2 芽が出ているほうを上にして、真ん中にタネイモを置く

POINT

タネイモは芽を上にして置き深植えしない

3 深植えに注意。タネイモの上に5㎝くらい土をかけ、たっぷり水をやる

置き場所 日当たりのよい場所

コンテナサイズ 鉢

※袋でも栽培可

栽培用土 イモ類用の配合土

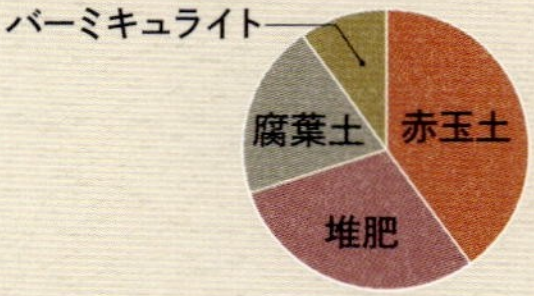

石　灰：用土10ℓ当たり 10g
化成肥料：用土10ℓ当たり 20g

栽培カレンダー

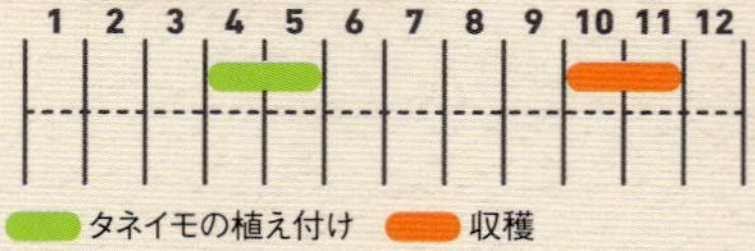

栽培のポイント

- 乾燥に弱く、一度しおれるとなかなか回復しないので夏は敷きわらをして水やりに努めましょう。
- タネイモは芽を上にし、浅植えして発芽をはやめます。
- 追肥とまし土が大事。コンテナでは6〜7月に2回に分けて行い、一度にたくさん土をかけないようにします。

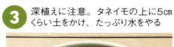

2 追肥・まし土

芽が出て葉が開いてきたら追肥のスタート。追肥と同時にまし土をして子イモの肥大を助けます。高さに制限のあるコンテナでは、まし土は2回程度にし、6月と7月に月1回、5㎝くらいずつ土を足します。

1 6月、草丈が10〜15㎝ほどになったら化成肥料5gを株の周りに施す

2 化成肥料の上に5cm程度の厚さに新しい用土を入れる

3 7月、草丈が30㎝以上上に伸びたら、1回目と同量の化成肥料を施し、1回目と同じように5㎝の厚さにまし土をする

3 敷きわら

サトイモはもっとも乾燥に弱い野菜です。真夏は敷きわらをしてたっぷり水やりをし、葉がしおれないようにします。ただし、腰水をして水が常にたまった状態にすると根を傷めるので注意しましょう。

1 2回目のまし土をしたら、敷きわらをする

2 敷きわらの上から、毎日たっぷり水をやる

4 収穫

葉が枯れ始めたら収穫適期です。霜が降りる前に収穫を済ませましょう。天気のよい日を選んで掘り上げ、土を落としながら親イモと子イモに分けます。

茎を切り取り、移植ゴテで掘り上げ、親イモと子イモに分ける

サツマイモ

置き場所 日当たりのよい場所

コンテナサイズ プランターまたは鉢

※袋でも栽培可

栽培用土 イモ類用の配合土

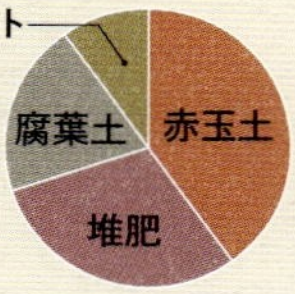

石　　灰：用土10ℓ当たり 10g
化成肥料：用土10ℓ当たり 20g

栽培カレンダー

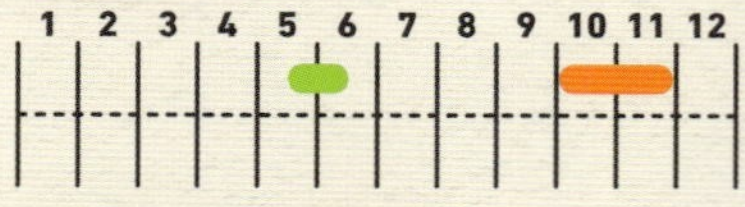

栽培のポイント

- 酸性土を好むので、用土に石灰は不要ですが、カリ肥料を必要とするので草木灰を混合するとベストです。
- 地上部が育ってきたら、イモの育ちをよくするために2回ほどまし土をしましょう。
- 追肥は不要ですが、生育中に葉が黄色っぽくなったら化成肥料を施します。

1 挿し穂とり

ウイルスフリーのポット苗が出回るようになりました。苗をコンテナに植え替えて、伸びたつるを切り取り挿し穂にします。この挿し穂はウイルス病に感染していないため、生育が旺盛で大きなイモが収穫できます。

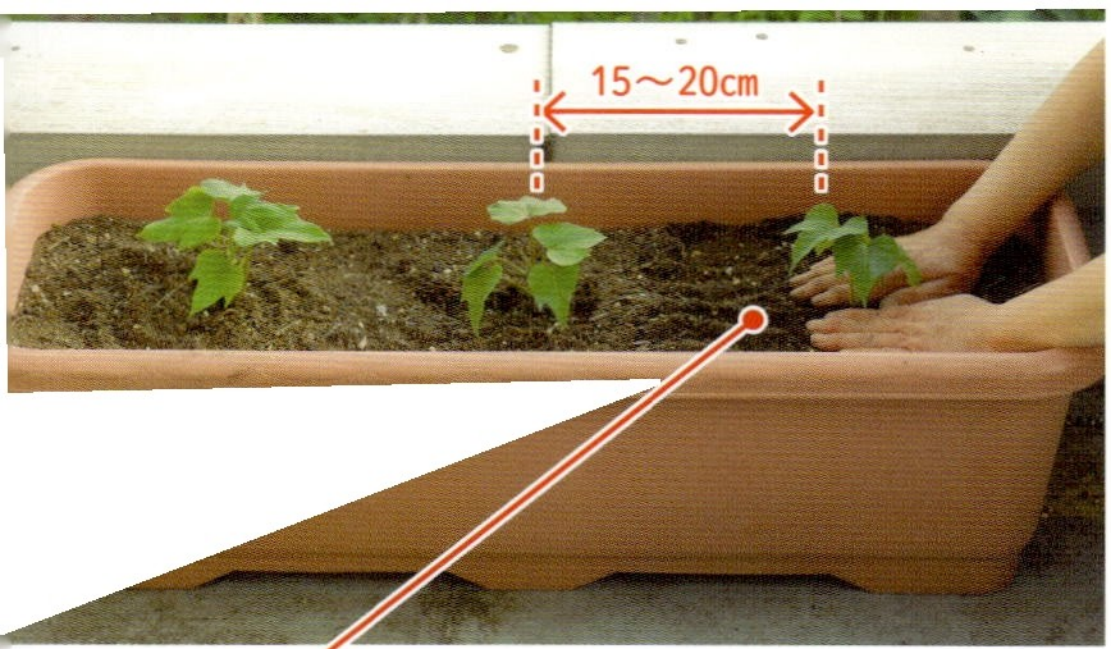

1 ポット苗を15〜20cm間隔に植え付け、株元を軽く押さえる

POINT ポット苗なので、十分に水を与える

2 植え付け後、たっぷり水をやる

3 つるが伸び葉が4〜5枚になったら、20cmほどの長さで切る

2 挿し穂の植え付け

温度が高いほど生育がよいので、遅霜の心配がなくなったら植え付けます。苗の植え付け方はいろいろな方法がありますが、採穂した苗がやや短く本葉が少ないときは、深さ3cmに斜めに植え付けます。

茎の3節くらいを土に埋め、葉を外に出して植える

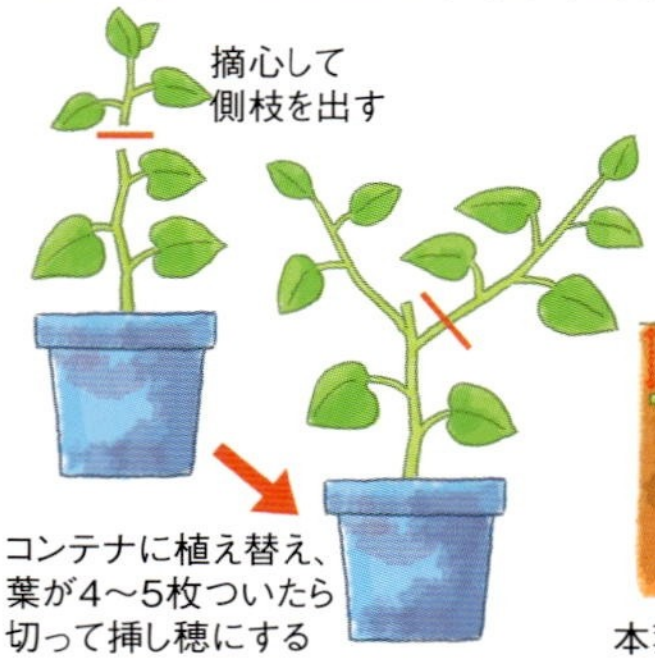

コンテナに植え替え、葉が4〜5枚ついたら切って挿し穂にする

本葉が7〜8枚以上の苗に向く

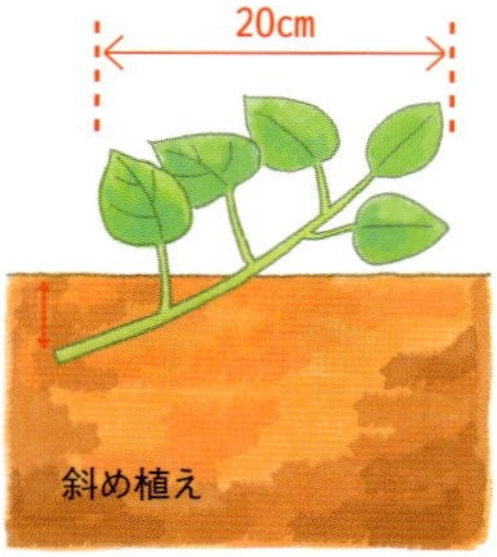

本葉が少なく、短い苗に向く

3 まし土・追肥

温度が上がってくるとともに、生育も次第に旺盛になります。イモの育ちをよくするために、梅雨の間に2回くらいまし土をします。追肥は必要ありませんが、生育中葉が黄色っぽくなり生育が悪いようなら、少量の化成肥料や薄い液肥を施します。

1 発根して根付くまでは用土が乾ききらないように注意

2 ベランダの手すりの外につるを垂らすと、枝の途中から発根せず、よく日に当たって葉が茂る

3 地上部が育ってきたら、梅雨の間にまし土をしてイモの肥大を助ける

4 葉が黄色くなり、生育が思わしくないときは液肥を施す

4 収穫

秋に乾燥した日が続くとおいしいイモができます。10～11月、茎や葉が黄色くなり始めたら晴天が何日か続いた後に収穫します。土が湿っているときに収穫するとイモの水分が多く、傷つきやすいので注意しましょう。まず、伸びたつるを切り、つるの付け根を持ってイモを傷つけないように注意して株ごと引き上げます。

1 地際から15cmほど残してつるを切る

2 移植ゴテで掘り、イモが見えたらつるを引っ張って収穫する

あんどん仕立て

サツマイモはアサガオのようにあんどん仕立てにしても栽培できます。ただし、つるが巻きつかないので、適宜誘引します。

ナス科

ジャガイモ

置き場所 日当たり・風通しのよい場所

コンテナサイズ プランター または 鉢

※袋でも栽培可
（➡P176）

栽培用土 根もの野菜用の配合土

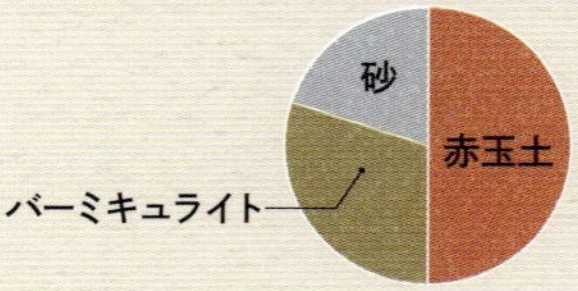

石　　灰：用土10ℓ当たり 10g
化成肥料：用土10ℓ当たり 20g

栽培カレンダー

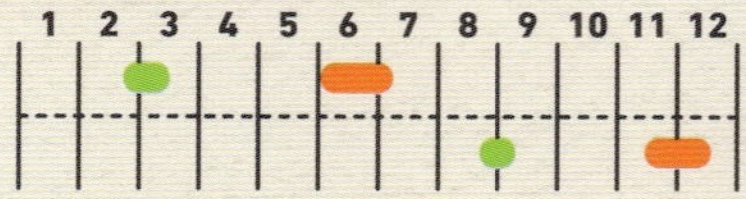

タネイモの植え付け　収穫

栽培のポイント

- ジャガイモはタネイモより上部にイモがつくため、植え付けるときは用土を少なめに入れて、まし土をして育てます。まし土が足りないと新イモが土の上に出てしまうので注意。
- 生育初期は適度の水分をほしがるため、コンテナ栽培は水やりに注意します。生育後期は乾かし気味に育てます。

1 タネイモの準備

ジャガイモはタネイモで伝染するウイルス病などがあるので、必ず検査に合格した専用のタネイモを購入しましょう。1個のタネイモから何本もの芽が出てくるため、芽の数が均等になるよう縦に2つに切り分けます。切り口にケイ酸塩白土をつけるとすぐに植えられます。

1 たくさん芽が集まっている頂部を切り落と

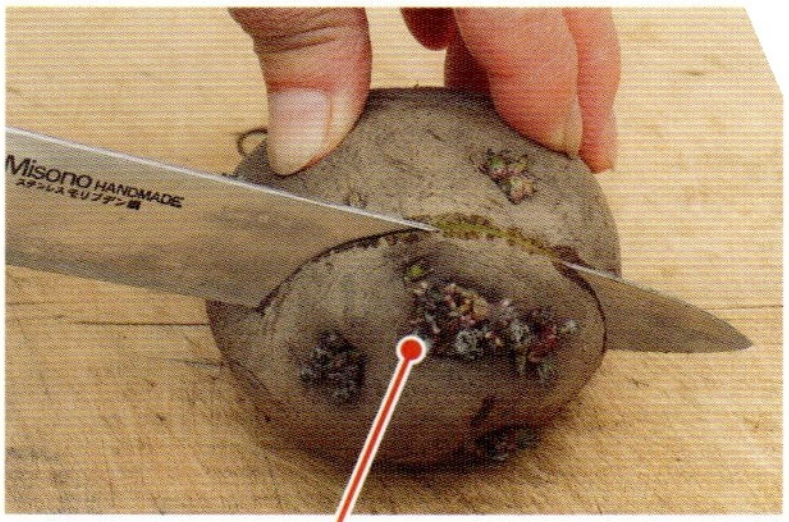

POINT
コンテナでは芽数を少なくするため芽の多い頂部を切り捨てる

2 芽の数が平均につくようタネイモを縦に切る

3 切り口にケイ酸塩白土をつける。ケイ酸塩白土がないときは切り口を半日程度乾かす

2 タネイモの植え付け

ジャガイモは途中で土を足しながらつくるため、タネイモを植える際は、まし土ができるようにコンテナに入れる用土の量を少なくします。切り分けたタネイモは、切り口を下にして用土の上に並べます。

1 培養土をコンテナの半分ほど入れ、株間20㎝とり、切り口を下にしてタネイモを置く

2 タネイモの上に5〜6㎝土をかけ、たっぷり水をやる

3 芽かき・追肥・まし土

タネイモを植え付けて1カ月ほどすると芽が10㎝以上伸びます。何本か出てきたうちの元気のよい芽を1～2本残して、ほかの芽をかき取ります。芽かき後に追肥をして新しい土を足し、イモが太るスペースをつくります。追肥とまし土はつぼみが見え始めたころにも行います。

1 強い芽を1～2本残してほかは抜き取る

2 1株当たり化成肥料10gを株の回りにぱらぱらとまき、新しい用土を10㎝ほど足す

3 つぼみが見えたら、芽かき後と同じように化成肥料10gを追肥して、まし土をする

4 収穫

花が咲き終わり、茎や葉が黄色くなったら収穫適期です。収穫が遅れると腐ったり、表面がささくれ立ったりしますから注意しましょう。また、雨の日に収穫すると保存中に腐りやすくなるため、掘り上げは晴天が2～3日以上続いた後に行います。掘り上げたら2～3時間表面を乾かしてから保存します。

株元を持って引き抜いた後、取り残しがないかどうか土中をよく探す

栽培のヒント 暑さに強い品種を使って、秋ジャガをつくろう

温暖な地方では、８月下旬～９月上旬に植えて11～12月に収穫できます。「デジマ」や「アンデス赤」、「ニシユタカ」など耐暑性のある品種を選び、タネイモを切断すると腐りやすいので、小さめのタネイモを切らずに植えるのがポイント。

ジャガイモの袋づくり

土のう袋や肥料袋などの大きな袋を利用しても栽培できます。小さなタネイモから大きなイモがごろごろ出てくる感動をベランダで味わってみましょう。プランター同様、途中で土を足しながら育てます。

袋は2／3くらいの高さで上部を折り返して、半分くらい土を入れる

小さめのタネイモは切らずに土に置き、5〜6cm土をかけ、水をやる

草丈が10cmほどになったら芽かきをして、元気のよい芽を1〜2本残す

用土に化成肥料30g、またはジャガイモ専用の有機配合肥料一握りを混ぜ込んでおく

折り返しておいた袋の上の部分を少し伸ばし、あらかじめ肥料を混ぜておいた土を10cmほど足して新イモの緑化を防ぐ

花が咲き始めたら、2回目のまし土をする。芽かき後同様に袋の折り返し部分を伸ばして、肥料を混ぜ込んでおいた土を株元に入れる

茎が枯れてきたら根元を持って引き上げる。イモは比較的株元近くについているが、とり残しがないように土中もよく探す

つくってみたい

ジャガイモの品種

アンデス赤

春・秋兼用の赤皮の品種。切り口は黄色だが赤みがわずかに残る。粉質でカロテンを豊富に含み、コロッケやポテトサラダによい

グラウンドベチカ

紫に芽の部分が赤いまだらになり、レスラーの覆面のようなので「デストロイヤー」とも呼ぶ。甘みがあり煮くずれしにくい

とうや

コロンと丸いイモで、芽が浅いので皮がむきやすい。中は黄色。ねっとりした食感で煮物には向くが揚げ物には不向き

ノーザンルビー

楕円形で、皮も中のイモもピンク色で色むらがない。粘質で加熱してもあまり色があせない。育てやすい家庭菜園向き

こがね丸

楕円形の大粒でたくさん収穫できる。中は淡黄色、煮くずれしにくく煮物のほか、油との相性がよいのでフライドポテトにもよい

キタアカリ

男爵薯を親にして育成された品種。肉質は薄い黄色でホクホクして甘みがある。イモにある芽の部分が赤みを帯びるのが特徴

メークイン

サイズにややばらつきはあるが、収穫量は多い。あっさりした風味で、煮くずれしにくく、カレーや肉じゃがなどに向く

男爵薯《だんしゃくいも》

丸くてでこぼこした粉質系の代表品種。収穫量が多い早生種でつくりやすい。ホクホクして粉ふきいもやコロッケに向く

紫月《しづき》

皮の色が紫色で中は淡黄色の丸いイモ。切り口が満月のようになるのでこの名がある。煮くずれしにくいので煮物料理に向く

1 タネまき

根が肥大する直根類の野菜なので、コンテナに直《じか》まきします。バラまきもできますが、条間を10㎝ほどとり1㎝間隔で条《すじ》まきにしたほうが、タネがむらなくきれいにまけ、間引きがしやすく、施肥などの管理も楽です。

1 条間10㎝をとり、深さ5㎜ほどの浅いまき溝を2本つける

2 1㎝間隔で重ならないようにタネをまく

3 ふるいで5㎜くらい薄く土をかける。土の表面を木片で軽く押さえてタネを密着させ、水をやる

栽培のヒント 良質のカブを長期収穫する

低温期はビニールなどで覆って、トンネル栽培をすると温度が保てるので、良質のカブが長く収穫できます。

置き場所 日当たりのよい場所

コンテナサイズ プランター または 鉢

栽培用土 根もの野菜用の配合土

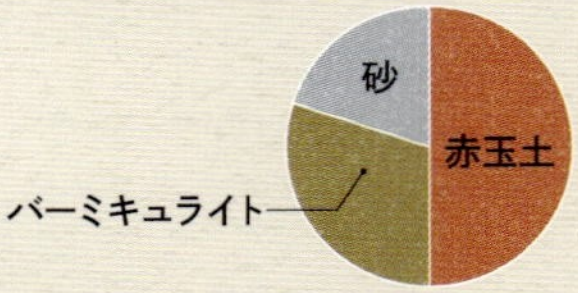

石　　灰：用土10ℓ当たり 10g
化成肥料：用土10ℓ当たり 20g

栽培カレンダー

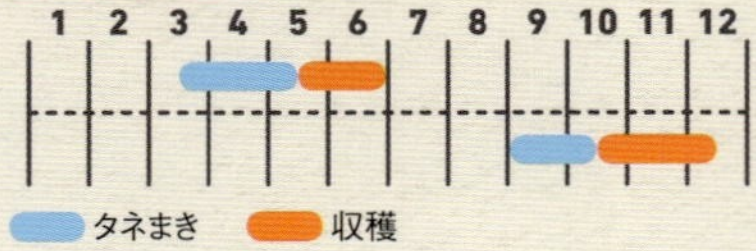

栽培のポイント

- 害虫の被害が多いので、寒冷紗でコンテナを覆うと被害が抑えられます。
- 冷涼な気候を好み、暑さと乾燥に弱いため、春まきと秋まきがつくりやすいです。
- 根部が肥大し地表に出て育つ性質があるため、適期に間引いて適正な株間をとります。

2 間引き・追肥

根が肥大するためには間引きと追肥は大事な作業です。3回に分けて間引き、株が倒れず正常に育つように間引いた後は必ず土寄せをします。根部の肥大が始まるころは肥料を要求するので、3回目の間引き後とその1～2週間後の2回追肥を施します。

1 発芽がそろったら2～3㎝間隔にする。間引き後、土寄せして株を真っ直ぐ立てる

2 本葉2～3枚になったら4～5㎝間隔にする。間引いた後、株元に土寄せして株が倒れるのを防ぐ

3 本葉5～7枚で8～10㎝間隔にする。間引き直後、化成肥料10gを条間に施す

«POINT
追肥を効果的にするため肥料の上から土をかける

3 収穫

タネまき後、約45～50日で収穫できます。根が太ってくると地面の上に出て育つので、土の上に出た根の直径が5～6㎝になったら収穫します。収穫が遅れると育ちすぎてすが入ったり、裂根したりするので、収穫適期の大きさになったものから順次抜き取るとよいでしょう。

大きくなったものから株元を持って引き抜く

一度に収穫しないときは、抜いた穴を埋めておく

つくってみたい

カブの品種

肩の部分が紫色に色づく中カブで、裂根や変形が少なくつくりやすい品種。肉質は緻密で甘みが強く、生でサラダやピクルスによい

あやめ雪

日野菜《ひのな》カブ

滋賀県で古くからつくられてきた細長いカブ。地上に出る部分は日光に当たって赤紫色になる。肉質は硬く、漬物にされる

愛真紅《あいしんく》3号

外皮は鮮やかな濃い赤で、中は中心部まで赤みを帯びて美しい。直径13cmほどに太っても変形やすが入りにくい

恵星紅《けいせいべに》

中カブ。大野紅カブ系で、病気に強くつくりやすく改良された品種。葉柄は赤く、肉質は緻密で軟らかく、漬物やサラダに向く

ターニップ・ミラノ

イタリアで人気の品種。土から出ている部分が赤紫色に染まり、彩りが美しい。収穫が遅れると裂根するので注意。内部は白く軟らかい

津田カブ

島根県特産。根の先端が曲がっているのが特徴で、「牛角」とも呼ぶ。地上部は紫紅色、地下部は白く、肉質が緻密で、漬物や煮物に向く

万木《ゆるぎ》カブ

滋賀県・湖西地方特産の赤カブ。直径10cm前後の中カブで葉柄は緑色、根部は鮮紅色、内部は白く、浅漬けや糠漬けにする

金町《かなまち》小かぶ

関東地方を中心につくられている小カブ。強健でつくりやすく、厳寒期を除いて年中栽培できる。肉質は緻密で甘みと風味がある

赤かぶ

皮は鮮やかな紅色で内側は白色。やや硬めで漬物に向き、酢漬けにすると全体がピンクに染まる。飛騨紅かぶなどの品種がある

アブラナ科

ダイコン

置き場所 日当たりのよい場所

コンテナサイズ プランター または 鉢

※袋でも栽培可
（➡P183）

栽培用土 根もの野菜用の配合土

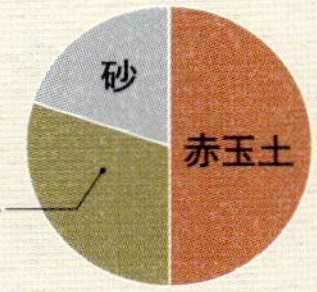

石　　灰：用土10ℓ当たり 10g
化成肥料：用土10ℓ当たり 20g

栽培カレンダー

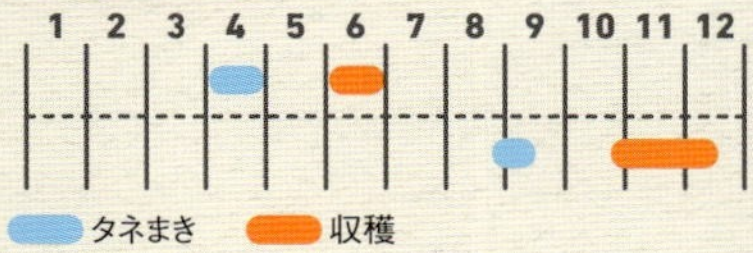

栽培のポイント

- コンテナ栽培には根の短いミニダイコンが適しています。
- 直根性で移植を嫌うため、タネは直まきします。
- 冷涼な気候を好むので、秋まきと春まきがつくりやすいでしょう。ただし、タネまきの時期にあった品種を選ぶことが大事です。

1 タネまき

ダイコンは直根性の野菜なので、移植ができないため直《じか》まきにします。点まきにしてタネの間隔を広めにすると間引きが楽です。用土はふるいでふるうなどして、できるだけ粒をそろえてまた根になるのを防ぎます。

1 2～3cmのウォータースペースをとって培養土を入れる

2 株間を20～25cmとって、空き缶などでまき穴をつける

3 まき穴1カ所に4～5粒のタネを重ならないようにまく

4 1cmくらい覆土して、手で軽く押さえる。タネまき後、たっぷりと水をやる

栽培のヒント タネを均一にまく工夫

空き缶などを利用すると、タネをまくくぼみが大きさ深さとも均一につけられます。発芽までは乾かさないように注意しましょう。

2 間引き・追肥

タネまき後、4～5日で発芽します。間引きは根を太らせるための大事な作業。遅れずに適切な時期に行います。また、根が太るのに合わせて追肥を施します。追肥は2回目と3回目の間引き後に施し、土が減っているようでしたら、新しい土を足しておきます。

1 発芽がそろったら、間引いて1カ所に3本残す。間引くときは株元を押さえて、残す株を傷めないように注意する

POINT
芽が接近しているときはハサミで切る

2 本葉1～2枚になったら、2回目の間引きをして2本残す

3 2回目の間引き後、化成肥料を1株当たり3～4g株元にまく。肥料を軽く土に混ぜ込んで、株元に土を寄せる

4 本葉4～5枚になったら1カ所に1本残す。根がしっかり張っているのでハサミで間引くのがよい

5 3回目の間引き後に最後の追肥を行う。化成肥料を2回目と同量施す。肥料を土に混ぜ込みながら、株元にていねいに土寄せする

ダイコンの首の太さが6～7cmほどになったら首もとをもって引き抜く

3 収穫

品種によってタネまきから収穫までの日数が異なりますが、首の部分が土から出て見えるようになったら収穫の目安。大きく育ったものから収穫しますが、とり遅れるとすが入るので、早めに収穫しましょう。

根が生長するにつれて青首の部分が土の上に出てくる

»POINT

早めに収穫する

時期を逃すとすが入るので早めの収穫を心がける

ダイコンの袋づくり

用土の袋や肥料・米袋などで深さ30cm以上の大きなビニール袋は、容器として利用できます。袋は、使う前に必ず両隅をハサミで切り落として水はけ口をつくります。作業の手順はコンテナと同じですが、ミニダイコンなら3本、ふつうのダイコンなら1袋に1本が目安です。

1. 両隅をハサミで切って水抜き用の穴（小指が入るくらい）をあける

2. ビンのふたなどで5cmのまき穴をつくり、5粒のタネをまいたら土をかけて水をやる

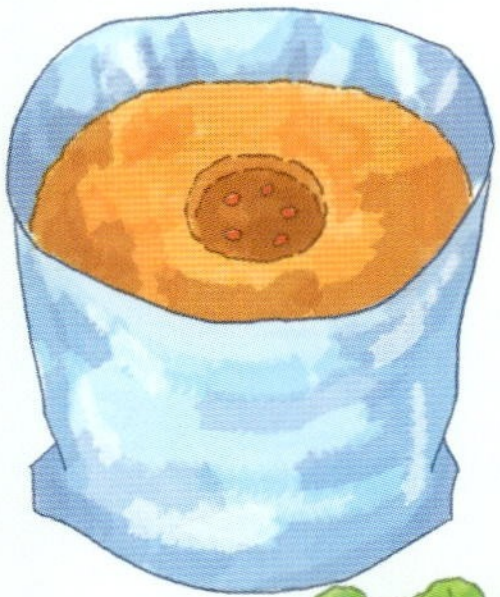

3. 子葉が開いたら3本に間引き、本葉1～2枚で2本に間引いて化成肥料10gを追肥する

4. 本葉5～6枚で1本にし、化成肥料10gを追肥する

5. 根の直径が6cm前後に育ったら収穫の目安。両手で引き抜く

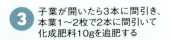

つくってみたい

ダイコンの品種

江《こう》都《と》青長《あおなが》

ビタミンダイコンとも呼ばれる中国ダイコンで、長さ20～25㎝。外皮の緑の部分は中も緑色で、甘くてサラダや大根おろしに最適

からいね赤

鮮やかな紫紅色の辛味大根。長さ15㎝前後、太さ7～8㎝ほどの小型種で、肉質が硬く水分が少ないので皮ごとおろして薬味に向く

紅《べに》化《げ》粧《しょう》

長さ20～25㎝、太さ5.5～6.5㎝。真っ赤な皮と純白の中身で、みずみずしくて甘みがあり、サラダに向く。す入りが遅く、つくりやすい品種

大蔵《おおくら》大根

東京都世田谷区が産地。根は長さ40～50㎝で、全体が同じ太さの円筒形。肉質が緻密で甘みが強く煮くずれしにくく、煮物に向く

方領《ほうりょう》大根

尾張大根の品種。肉質が緻密で煮物用の品種として有名。根が水牛の角のように曲がるのが良品とされるが、湾曲しない系統もある

たたら辛味《からみ》大根

長野市の鑪（たたら）地区でつくられてきた長さ15㎝ほどの短形の大根。赤紫の皮で中身は白い。とう立ちが早いので秋まきにする

黒大根

皮はゴボウのように黒いが、切ると中は純白。よくしまった肉質でサラダや薬味にもよい。ころんとした丸い種類もある

聖《しょう》護《ご》院《いん》大根

丸形のダイコンで京野菜の代表格。肉質がきめ細かく甘みがあり、煮物に向く。す入りが遅いので育てやすいのも魅力

ねずみ辛味《からみ》大根

長野県坂城町付近でつくられてきた地方野菜。根は長さ15㎝前後の短形で下ぶくれ。肉質は緻密で硬く、おろしのほか漬物にもされる

アブラナ科

ラディッシュ

1 タネまき

根が太る直根類の野菜なのでコンテナに直接タネをまきます。バラまきもできますが、条間を10cmほどとり、2列に1cm間隔で条まきにしたほうが、間引が容易です。

1 用土を入れたプランターに、細い支柱などで深さ1cmほどのまき溝を2本つくる

2 まき溝に1cm間隔でタネをまく

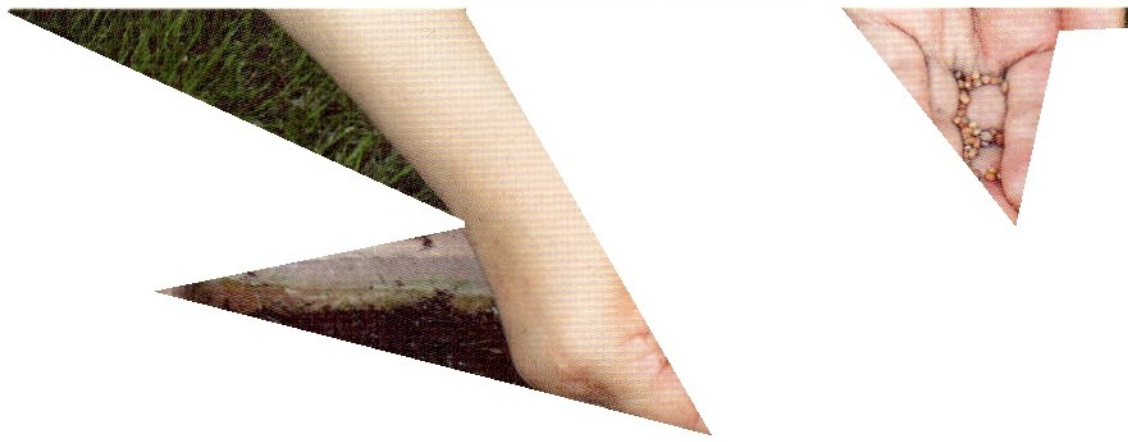

3 ふるいで5〜10mmほど土をかける

4 手で軽く押さえ、タネと用土を密着させ、たっぷり水をやる

置き場所 日当たりのよい場所

コンテナサイズ プランター または 鉢

標準　標準

栽培用土 根もの野菜用の配合土

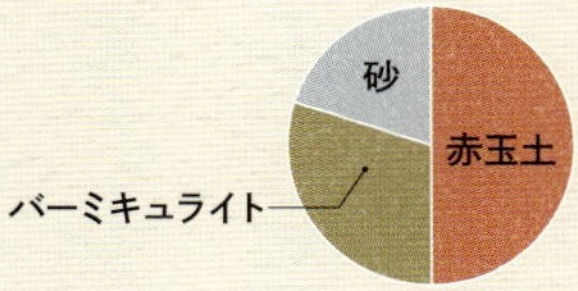

石　　灰：用土10ℓ当たり 10g
化成肥料：用土10ℓ当たり 20g

栽培カレンダー

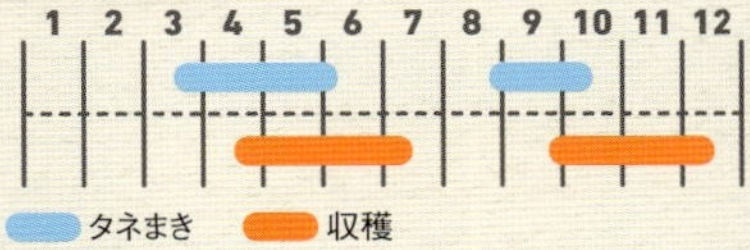

栽培のポイント

- タネまきから30日前後で収穫でき、真夏と真冬以外はいつでもつくれます。
- 形のよいものを収穫するためには、コンテナを日当たりのよい場所に置き、タイミングよく間引くこと、乾燥に注意することです。
- 色や形がバラエティーに富み、ベランダの彩りにもなります。。

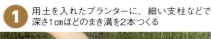

2 間引き・追肥

適期に間引いて間隔をあけないと根の形が悪くなります。また、用土の乾燥に弱く、乾かすと根が太らず形も悪くなります。間引き後から7日おきに水やりをかねて液肥を施すとよいでしょう。

1 発芽がそろったら、形のよい子葉を残して、密生した部分を間引く。間引き後500倍に薄めた液肥を与える

2 本葉3〜4枚のころに4〜5cm間隔に間引く。片手で株元を押さえて抜くと、残す株を傷めずに間引きできる

«POINT 片手で株元を押さえる

3 間引き完了。間引き菜は食べられる。葉は細かい毛がついているのでゆでるとよい

4 7日おきに、1回目の間引き同様に薄い液肥を与える

3 収穫

春まき、秋まきとも約30日で収穫を迎え、根部が肥大し始めると土から顔を出してきます。ラディッシュは若い新鮮なもののほうがおいしいので、根の直径が2〜3cmになったら収穫適期です。とり遅れるとすが入ったり、裂根して食味も落ちるので早めに収穫しましょう。根が太ったものから順次根元を持って引き抜きます。

丸形の品種は根元の直径が3cmほどになり、丸くなってきたら根元を持って引き抜く

収穫が遅れてすが入ったもの

収穫が遅れて根が割れたもの

つくってみたい

ラディッシュの品種

つくりやすい赤丸型の品種で、直径2cm程度。表皮は赤く、中身は純白。肉質が緻密で風味がよく、サラダやピクルスに最適

ゴールデンラディッシュとも呼ばれ、表皮が濃い黄色になる珍しい品種。中身は純白で、甘みがあり歯触りもよくサラダやマリネにする

長さ4～5cm、直径2cmほどの楕円形。鮮紅色と白のツートンカラーのおしゃれな姿で、甘みの強い極早生種。葉も軟らかくておいしい

長さ10～12cm、直径2～2.5cmほどの長形。外も中も透き通るような純白で、肉質は緻密。採り遅れないように注意する

濃紅色の愛らしい丸形の品種で、サラダの彩りによい。す入りが特に遅く、少し大きくなっても裂根が少ないので育てやすい

直径2～3cm。白、ピンク、赤、紫、薄い紫のカラフルな5色のラディッシュが1つのタネ袋からつくれる。軟らかい葉も利用できる

ラディッシュのかたちと特徴

直径２～３cmのまん丸な形で真っ赤なものが代表的ですが、ほかにもさまざまな色や形の品種が出回ります。たとえば、長さ８～10cmでダイコンをそのまま小さくしたような姿の“白雪姫”や“雪小町”、鮮紅色で細長い“赤長二十日大根”、やや下ぶくれの紡錘形で、上部は赤、先端は白と２色に色づく“紅白”や“フレンチ・ブレックファスト”、白色、ピンク、赤色、薄紫色、紫色の５色の球形のラディッシュがミックスされた“カラフルファイブ”などがあります。カラフルな色とカリッとした歯切れのよさが特徴で、サラダに彩りを添えるほか、ピクルスや一夜漬けにも利用されます。

セリ科

ニンジン

置き場所 日当たりのよい場所

コンテナサイズ プランター

栽培用土 根もの野菜用の配合土

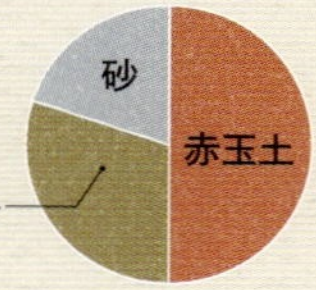

石　　灰：用土10ℓ当たり 10g
化成肥料：用土10ℓ当たり 20g

栽培カレンダー

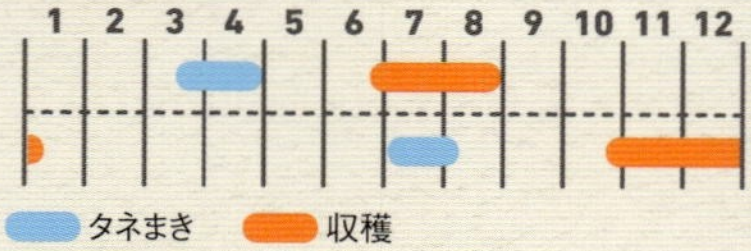

栽培のポイント

- タネは直《じか》まきし、発芽までは毎日水やりして乾燥させないことが大事です。
- いちどに株間を広げるのではなく、適宜に間引いて、徐々に根を太らせるようにします。
- 根元が緑色にならないように、間引きのたびにきちんと土寄せをし、肩が出てきたらまし土をしましょう。

1 タネまき

3〜4月にまく春まきと、7〜8月にまく夏まきに大別されます。失敗の少ないのは夏まきで、梅雨が明ける少し前にまくとよいでしょう。好光性の種子なので薄く覆土します。

1 用土を入れ、条間10cmをとり、棒で1cm深さのまき溝を2本つける

2 1cm間隔で、タネが重ならないようにまく

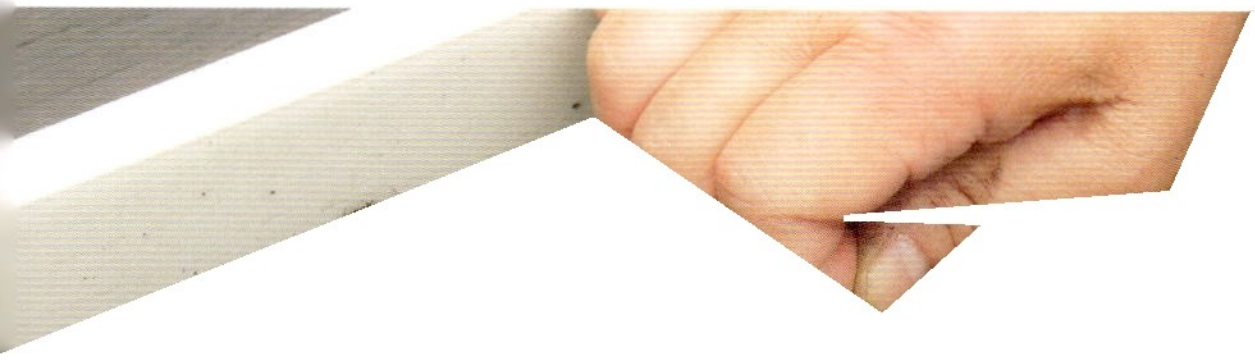

3 タネが隠れる程度にごく薄く土をかけ、手のひらでタネを密着させる

4 たっぷりと水をやった後、新聞紙をかけ、上からさらに十分に水をやる。乾きを防ぎ、発芽したら新聞紙を取り除く

2 間引き・追肥

幼苗時は生育がゆっくりなので急いで間引かず、葉と葉が触れ合う程度の密植で育てます。間引きは3回行い、追肥は2回です。間引くたびに土寄せをして株を固定します。

1 本葉1～2枚で、2cm間隔に間引く。間引き後、土を寄せて株が倒れないようにする

2 本葉3～4枚で、3～4cm間隔に間引く

3 間引き後、化成肥料10gをコンテナ全体にまき、1回目の追肥を施す。土に軽く混ぜて、株元に寄せる

»POINT
株がぐらつかないように土を寄せる

4 本葉5～6枚で、10～12cm間隔に間引く

5 間引き後、化成肥料10gをコンテナ全体にまき、2回目の追肥を施す

6 土に軽く混ぜて、株がぐらつかないように株元に寄せる

3 まし土

根が太るまでは倒れやすいため、土寄せが大事です。太ってからは肩の部分が土の上に出て、日に当たると緑色に変色して色が汚くなります。収穫までの間、肩が隠れる程度に数回まし土をして緑化を防ぎましょう。

まし土をして、上部の緑化を防ぐ

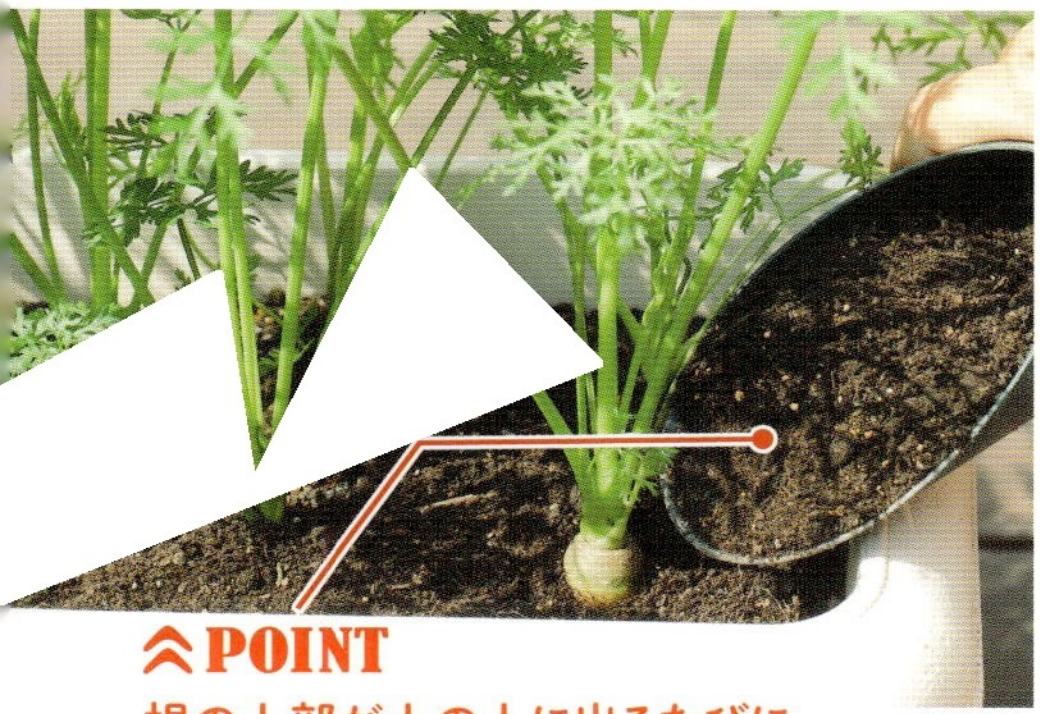

«POINT
根の上部が土の上に出るたびにまし土をする

4 収穫

ミニニンジンはタネまき後約70～90日、3寸ニンジンや5寸ニンジンは100～120日で収穫できます。大きく育ったものから収穫しますが、収穫が遅れると太りすぎて根が裂けることがあるので注意しましょう。

上部の根の直径が4～5cmになったら、根元を持って引き抜く

タネまき後
100～120日

1 タネまき

タネは乾燥に弱く発芽しにくいため、発芽を揃えることがポイント。好光性種子なので薄く覆土し、その上から敷きわらをして土が常に湿っている状態を保ちます。発芽までは水やりをします。

1
コンテナの底が見えなくなる程度に鉢底石を入れ、コンテナの縁から2cmほどのウォータースペースをとり、培養土を入れる

2
細い棒を押し付けて深さ5mmほどの溝を、15〜20cm程度あけて2本つくる

3
1cm間隔でタネをまき、薄く土をかける

4
覆土後、手で軽く押さえる

5
乾燥防止に敷きわらをして、上からたっぷり水をやる

置き場所 日当たりのよい場所

コンテナサイズ プランター

栽培用土 根もの野菜用の配合土

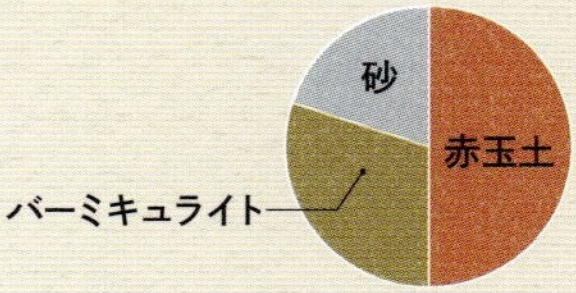

石　　灰：用土10ℓ当たり10g
化成肥料：用土10ℓ当たり20g

栽培カレンダー

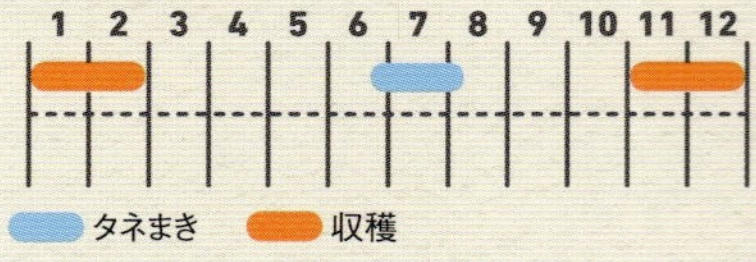

栽培のポイント

- 発芽まで水を切らさないことが大事。敷きわらや不織布をベタ掛けしておき、水やりを忘れないこと。
- ニンジンを肥大させるには間引きの作業が大事。間引きが遅れると葉だけが伸びて根が太らないため、間引きのタイミングを逃がさないことです。
- とう立ちが早いので夏まき専用です。

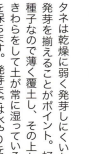

2 間引き・追肥

間引きで徐々に根を太らせます。発芽時はやや密にして共育ちをさせるので、間引きが少々遅れてもよいが、根が最も肥大する本葉5～6枚のころに混みあうと肥大しにくくなります。遅れないように間引き、株間をしっかり広げます。間引き後は追肥と土寄せをします。

1 発芽したら敷きわらをていねいに取り除く

共育ちの後、間引きが必要になった頃

2 本葉2～3枚のころ、株間が6㎝になるように間引く

3 コンテナ全体に化成肥料を10gまく

4 土と肥料をよくなじませて、株元に土寄せする

5 根が肥大する本葉5～6枚のころ。間引きが遅れないように注意

6 本葉が5～6枚のころ、株間が12～15㎝になるように間引く

7 コンテナ全体に化成肥料を10gまく

8 土と肥料をよくなじませて、株元に土寄せする

3 収穫

タネまき後、120日くらいから収穫できます。根元の直径が4～5㎝になったら引き抜いて収穫します。

大きく育ったものから葉をもって引き抜く

1 タネまき

テーブルビートのタネは、種球《しゅきゅう》といって2～3個の種子が集まって1粒のタネになっているものです。そのため1粒のタネから複数の芽が出るので、間隔を十分にあけて条《すじ》まきにします。タネの表皮が硬いので一昼夜ほど水につけてからまくと発芽がそろいます。

1 二つ折りにした湿らせたキッチンペーパーの間にタネを置き、芽を出させてからまく

2 土を入れたコンテナに10cm間隔で2条のまき溝をつけ、条まきにする

3 タネを2～3cm間隔にまき、周りの土を寄せて1cmほど覆土し、土の表面を手のひらで押さえる

»POINT
タネが流れないようにていねいに水をかける

4 発芽までは、水を切らさないように管理する

置き場所 日当たりのよい場所

コンテナサイズ プランター または 鉢

標準　標準

栽培用土 根もの野菜用の配合土

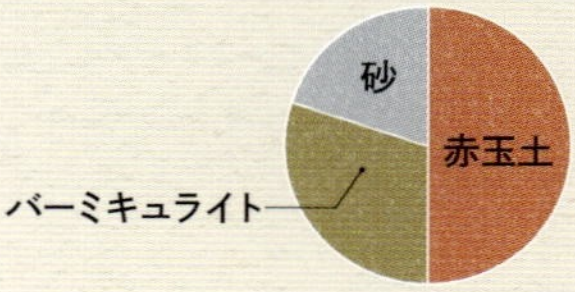

石　　灰：用土10ℓ当たり 10g
化成肥料：用土10ℓ当たり 20g

栽培カレンダー

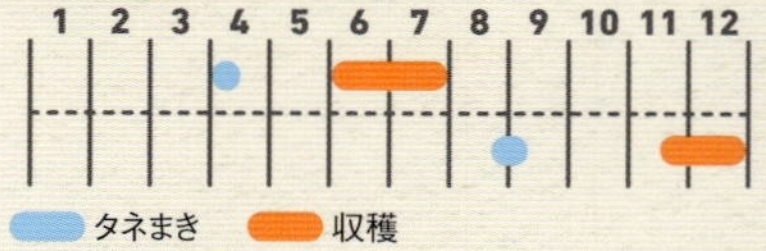

栽培のポイント

- 生育適温は15～21℃で、暑さにはやや弱く、冷涼な気候を好みます。
- 酸性土を嫌うので、用土には石灰を多めに施しましょう。
- 間引きが不十分だと根が肥大しないため、しっかり間引きを行います。
- タネの表皮が硬いため、一晩水につけて吸水させてからまきます。

2 間引き・追肥

間引きが不十分だと根の肥大が悪いので注意しましょう。1粒から複数の芽が出るため、間引いた後に出る芽もしっかり間引いておきます。2回目の間引後に化成肥料10gをコンテナの縁に沿って施します。水やりなどで土のかさが減っている場合は、追肥の上に新しい用土を足して、水やりしておくとよいでしょう。

1 発芽がそろったら1回目の間引きをする。1つのタネから複数の芽が出るので、2本残して間引く

2 本葉3～4枚のころに2回目の間引き。株間を6～8㎝とり、プランターの縁に沿って化成肥料を施す

3 防寒

耐寒性は強いほうですが、強い寒風が当たる場所では寒冷紗をかけ、トンネル栽培すると葉も寒さで縮れず生育も順調になります。鉢土の表面が乾いたら暖かい日中に水を与えますが、液肥を水やり代わりに施すと効果があります。水や液肥を与えた後は、寒冷紗を元に戻します。

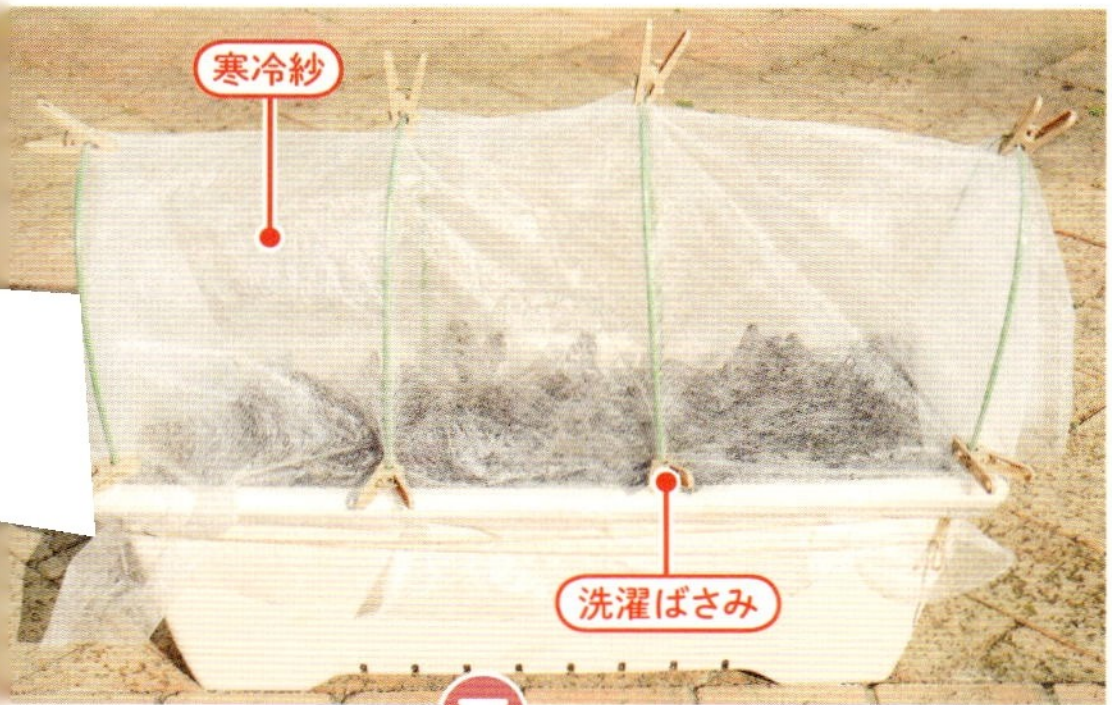

支柱を弓形に曲げてコンテナにさし、寒冷紗をかけ、端を紐や洗濯ばさみで固定して保温する。土が乾いたら、寒冷紗をはずして液肥を水やり代わりに施す

4 収穫

土から上に出た根の直径が5～6㎝くらいに育ったものから順次抜き取ります。とり遅れると硬くなって筋っぽくなるので、適期に収穫しましょう。

株元を持って引き抜く

1 タネショウガの植え付け

芽が出るまでに2カ月くらいかかるので、芽出しをして植え付けます。芽が伸びだしたら月に1回追肥し、夏は敷きわらをして水やりに努めます。

1 タネショウガは暖かい場所に置き、少し芽を出させてから植えると4〜5週間で芽が出る

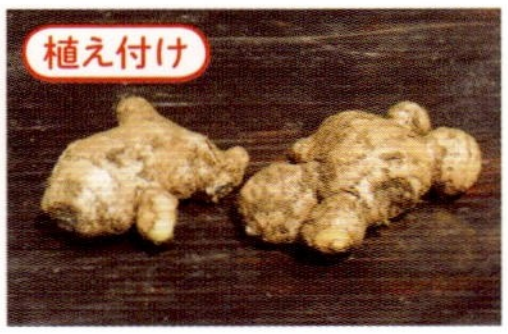

2 用土を入れ、芽が出ているほうを上に向けて、20cm間隔にタネショウガを置く

3 タネショウガの上に土を3〜5cmかけ、たっぷり水をやる

4 芽が伸びだしたら1株当たり化成肥料5gをまき、軽く土に混ぜ込んで、株元に土を寄せる

» POINT
敷きわらで乾燥を防止する

5 真夏は乾燥防止に敷きわらをする

2 収穫

夏に全体を掘り上げずに葉ショウガを収穫し、秋に葉が黄色くなってきたら霜が降りる前に掘り上げて根ショウガ（新ショウガ）を収穫します。植え付けたタネショウガも利用できます。

1 葉が7〜8枚になったら、残す茎を傷めないように株元を手で押さえてかき取る

2 根茎が十分に太ったら、移植ゴテで掘り上げ、手で引き抜く

置き場所 日当たりのよい場所

コンテナサイズ プランター

栽培用土 根もの野菜用の配合土

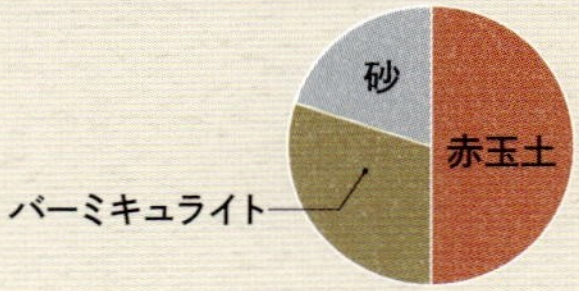

石　灰：用土10ℓ当たり 10g
化成肥料：用土10ℓ当たり 20g

栽培カレンダー

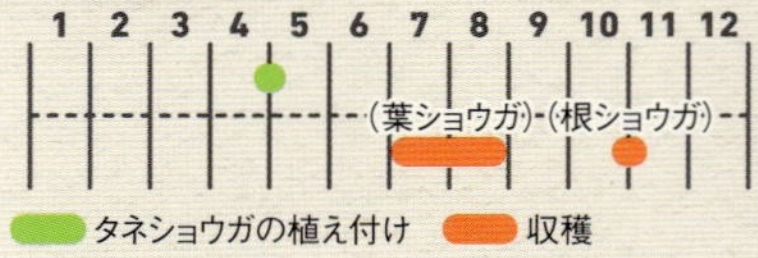

栽培のポイント

- 多湿を好むので、真夏の乾燥する時期はたっぷり水をやり、敷きわらをして乾燥防止をします。
- タネショウガは傷のないものを選び、暖かい室内で芽を出してから植えると生育が早まります。
- 熱帯性の野菜なので、気温が十分に上がってから植え付けます。

PART

5

コンテナでつくる

ハーブ（香草）

置き場所 日当たりのよい場所

コンテナサイズ プランター または 鉢

栽培用土 ハーブ用の配合土

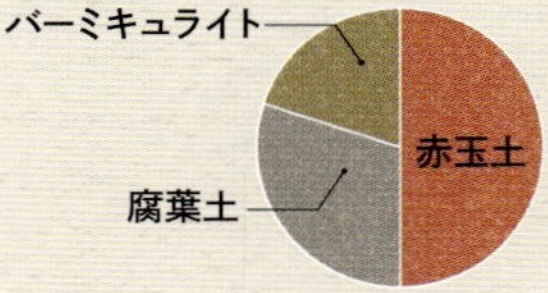

石　　灰：用土10ℓ当たり 10～20g
化成肥料：用土10ℓ当たり 10～20g

栽培カレンダー

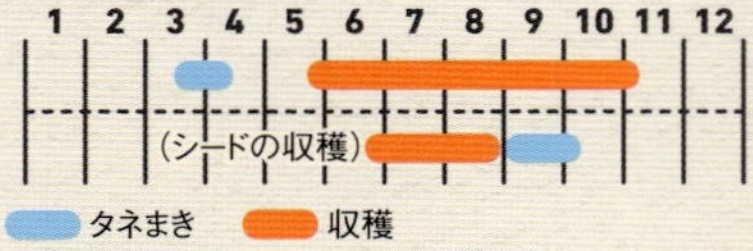

栽培のポイント

- 直根で移植を嫌うため、直まきするか、タネまき資材のジフィーセブンにまくとそのまま定植できるので、後の生育がよいです。
- 乾燥を嫌い、水切れすると葉が硬くなるので夏場はこまめに水やりします。
- タネは一晩水につけると発芽がよくなります。

1 タネまき

タネは半球形のタネが2つ合わさったもので、1粒から2本発芽します。春と秋にタネまきができます。葉をたくさん収穫するには春にまき、シード（種子）を収穫するときは秋にまいて初夏から収穫するとよいでしょう。

1 タネは一晩水につけ、沈んだタネだけをまく

2 ウォータースペースを残して用土を入れる

3 10cmの間隔をとり、タネを2粒ずつ5カ所に点まきする

4 ふるいで土をかけ、表面を手のひらで押さえて土とタネを密着させる。タネまき後たっぷり水やりする

2 間引き・追肥

10日から2週間で発芽します。葉の収穫を目的にするときは追肥の必要はないが、シードを収穫するときは6月に開花するまでの間、早春から2カ月に1回、追肥を施します。

1 本葉1～2枚で2本残し、ほかは間引く

2 本葉3枚で1本立ちにする

3 秋まきは、霜で根が浮き上がらないようにまし土や土寄せをする

POINT

霜で浮くと株元が折れやすくなるのでしっかり土を寄せる

4 2月下旬から開花までの間、2カ月に1回化成肥料10gを施す

3 収穫

草丈が15～20㎝になったら、株の外側から葉を摘み取ります。葉は霜に弱いので、秋まきでは霜が降りるまでに収穫します。シードを収穫するときは葉を摘まずに育て、冬は北風と霜を避けて暖かい場所に置きます。初夏に花を見てから7～8月に収穫します。収穫が遅れると香りが悪くなるので注意しましょう。

1 葉が10枚以上に茂ってきたら少しずつ切り取る

2 収穫後、液肥を施すと晩秋まで収穫できる

3 シードの収穫はタネが茶色に熟してから茎ごと切り取り、日陰で乾燥させる

セリ科

イタリアンパセリ

1 植え付け・管理

育苗に時間がかかるので、市販の苗を利用し、鉢土の表面が乾いたら水やりをして、少し湿った状態を保ちます。

1 ウォータースペースを残して用土を入れる

2 10cmの間隔をとり、根鉢より大きめの植え穴を掘る

3 根鉢を崩さないようにポットから抜く。周りの土を寄せて植え付ける

«POINT
株元を軽く押さえる

4 たっぷり水をやる

5 植え付けて2週間後に、化成肥料10gを施し、以後月に1度同量を追肥する

2 収穫

本葉が15枚以上になれば収穫できますが、葉が少ないと後の生長が悪くなるため、葉を取りすぎないようにしましょう。下のほうの葉からかき取り、1株に常に10枚くらい葉を残しておきます。つぼみを摘み取ると長く収穫できます。

外側の葉から2～3枚ずつハサミで切り取る。収穫後に液肥を施す

置き場所 日当たりのよい場所

コンテナサイズ プランター または 鉢

栽培用土 葉もの野菜用の配合土

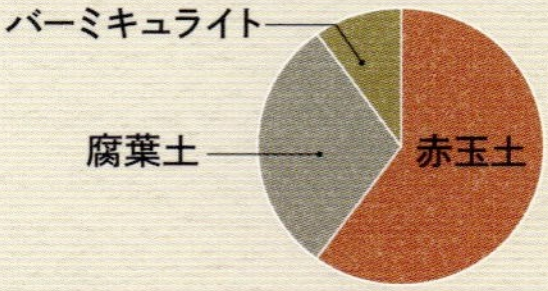

石　　灰：用土10ℓ当たり 10～20g
化成肥料：用土10ℓ当たり 10～20g

栽培カレンダー

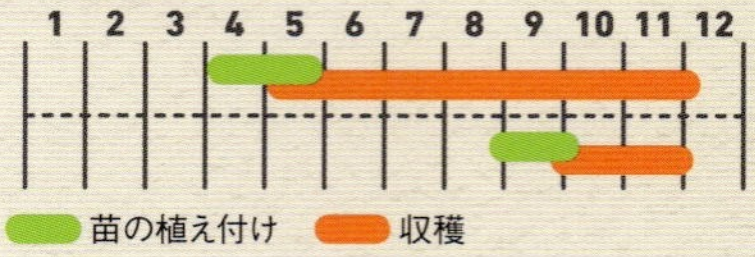

栽培のポイント

- 移植を嫌うので根鉢を崩さずに植えて、寒風の避けられる暖かい場所に置けばベランダで越冬できます。
- 花が咲くと葉が硬くなるので、花芽はできるだけ早く摘み取りましょう。
- 高温と乾燥を嫌うので、夏場は半日陰に置き、枯れた葉を取り除くなどして風通しよく管理します。

1 植え付け・管理

育苗に時間がかかるので、市販の苗からスタートします。摘心して枝数をふやし、2年目からは梅雨前に切り戻して蒸れを防ぎます。

1 防虫網を敷いて鉢底の穴をふさぎ、ウォータースペースを残して用土を入れる

2 根鉢を崩さないように植え付け、株元を押さえ、たっぷり水をやる

3 植え付けて1カ月後から、月に1回化成肥料3〜5gを施し、軽く土に混ぜる

4 草丈が30㎝以上伸びたら摘心し、わき枝を出させる

2 収穫

草丈が30㎝ほどになったら少しずつ葉や枝を収穫しますが、翌年に花を見るときは、夏〜秋の間は収穫を控え、葉を残すようにします。

枝の先端を5〜6㎝切り取る

置き場所 日当たりのよい場所

コンテナサイズ プランター または 鉢

栽培用土 ハーブ用の配合土

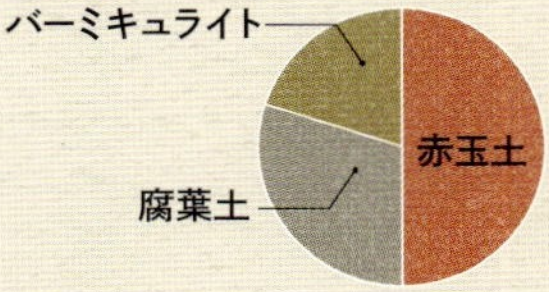

石　　灰：用土10ℓ当たり 10〜20g
化成肥料：用土10ℓ当たり 10〜20g

栽培カレンダー

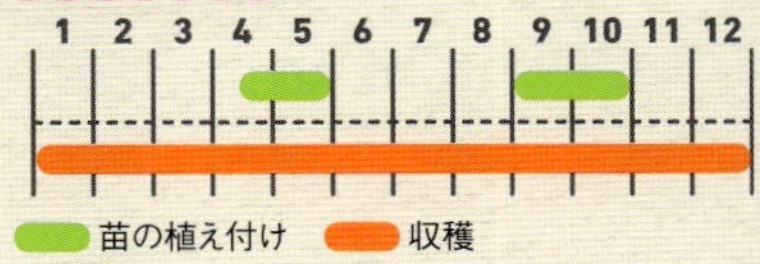

栽培のポイント

- 葉をたくさん収穫するときは、収穫を兼ねて摘心して枝数をふやします。
- 高温多湿を嫌うので、夏場は強い西日を避けて風通しのよい場所に、冬は寒風の当たらない暖かい場所に置き、寒さから守ります。
- 大株に育つので、生長に従って大きめのコンテナに植え替えます。

1 苗の植え付け

タネから育てると苦味のある株が出ることもあるため、市販の苗を購入して育てるとよいでしょう。節間のつまったがっちりした苗を選び、標準プランターなら株間30㎝で2株、鉢なら1株を目安に植えます。

1 植え付けの準備をする

2 防虫網を敷き、ウォータースペースを残して用土を入れる

3 根鉢より大き目の植え穴を掘る

《POINT
鉢の中央に植え穴を掘る

4 根鉢を崩さないように植え、株元を手で押さえ、たっぷり水をやる

置き場所 日当たりのよい場所

コンテナサイズ プランターまたは鉢

栽培用土 ハーブ用の配合土

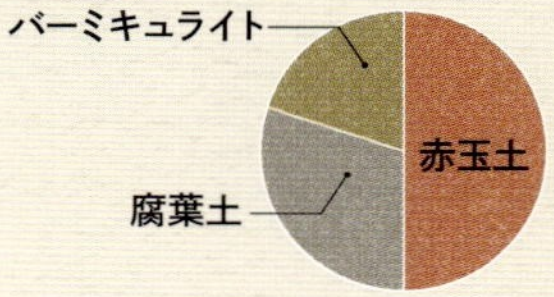

石　　灰：用土10ℓ当たり 10〜20g
化成肥料：用土10ℓ当たり 10〜20g

栽培カレンダー

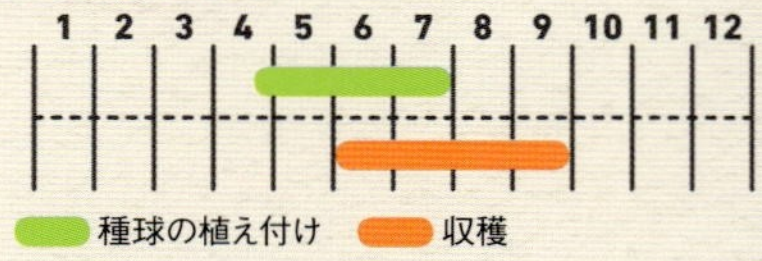

栽培のポイント

- やや湿り気のある場所に自生するので、乾燥を嫌います。夏の水切れに注意します。
- 挿し木でふやせます。苦味のある枝もあるので、挿し穂には甘味の強い枝を選ぶようにするとよいでしょう。
- 寒冷地では、冬は暖かい室内に置きましょう。

2 摘心・支柱立て

草丈が15㎝ほどになったら摘心してわき芽の発生を促します。温度があれば、向かい合った葉のわきから側枝を伸ばし旺盛に育ちます。しっかりした支柱を立てて茎を支えましょう。

一度摘心すると、両わきから芽が出て収穫も増える

摘心後、わき芽が伸びたら支柱を立てる

3 追肥

植え付け2週間後から液肥を月に1～2回水やりを兼ねて施すと乾燥も避けられて効果的です。

化成肥料なら5gをコンテナの縁に沿ってまき、土に混ぜ込む

4 収穫・冬越し

植え付け後、1～2カ月で収穫できます。使う分だけ葉を摘みますが、草丈が40㎝以上になれば半分ほど切り戻して乾燥保存します。半耐寒性なので、冬は暖かい場所に置き、水を忘れずにやります。

植え付け後
1～2カ月

必要に応じて葉を摘み取る

地上部が枯れたら株元から切る

寒冷紗で覆って暖かい場所に移して越冬させる

栽培のヒント 挿し木

長く伸びた茎葉は冬に枯れますが、6～8月につぼみのついていない茎先を挿し木でふやすことができます。葉を噛んで甘味の強い枝を選んで挿し穂にするとよいでしょう。

新梢を10㎝ほど切り、下葉を除いて赤玉土に挿す

置き場所 日当たりのよい場所

コンテナサイズ プランター または 鉢

栽培用土 ハーブ用の配合土

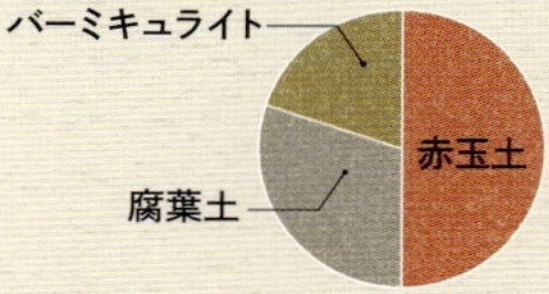

石　灰：用土10ℓ当たり 10～20g
化成肥料：用土10ℓ当たり 10～20g

栽培カレンダー

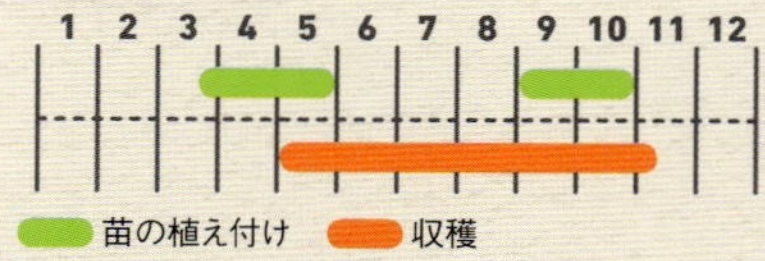

栽培のポイント

- 風通しが悪いと蒸れて枯れることがあります。コンテナは風通しのよい場所に置きましょう。
- 高温多湿を嫌うため収穫を兼ねて梅雨前に切り戻し、夏越ししやすいように管理します。
- 2～3年を目安に、挿し木で株を更新します。

1 植え付け・管理

市販の苗を求めると簡単です。乾燥を好むので水のやりすぎに注意し、伸びすぎた枝を切り戻して蒸れないように管理します。

1 ウォータースペースを残して用土を入れ、苗を植え付けて、株元を軽く手で押さえる。植え付け後たっぷり水をやる

2 梅雨前に1/3～1/2に切り詰め、蒸れを防ぐ

3 化成肥料5gほどを鉢の縁に沿って施し、肥料の上に減った分の土を足す

2 収穫

草丈が20cmくらいになったら収穫できます。使用するたびに枝ごと切り取り、梅雨前に収穫を兼ねて剪定《せんてい》したものは、乾燥保存します。

枝の先端から5cm程度のところをハサミで切り取る

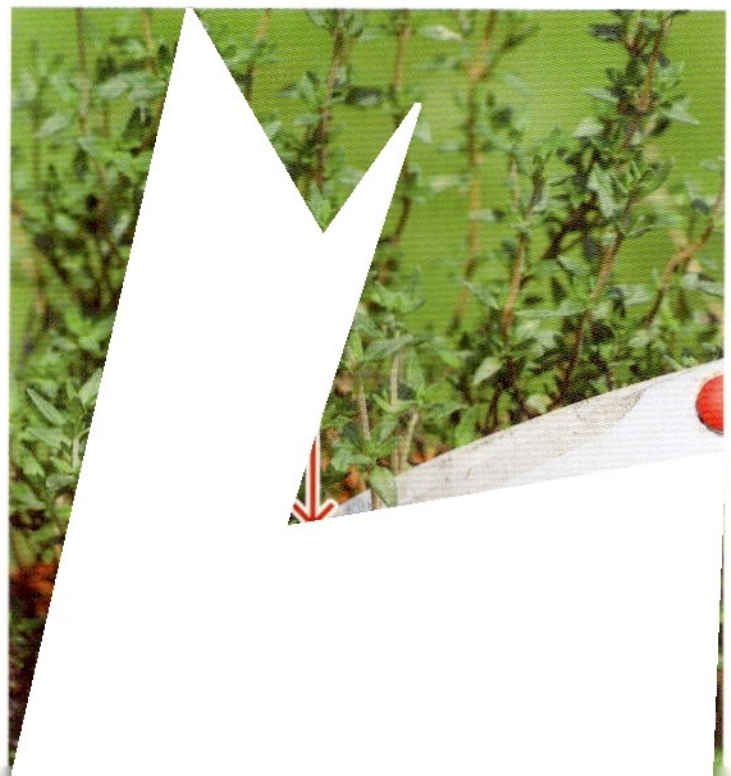

栽培のヒント 挿し木

株が老化すると新芽の出る勢いがなくなるため、挿し木で更新します。その年に伸びた枝を使い、発根まで乾かさないように管理します。適期は5～6月、9～10月。

6～7cmの挿し穂を挿し木用土に挿す

1 植え付け・管理

直根性で根が深く張るので、深めのコンテナに株間を広めにとって植え付け、1～2回追肥を施し、まし土をしながら育てます。

1 赤玉土の大粒を底が見えなくなる程度に入れる。ウォータースペースを残して用土を入れる

2 25～30㎝の株間をとり、根鉢を崩さないように植え付け、たっぷり水やりする

3 植え付けて3週間後に化成肥料10gを全体に施す。肥料の上に新しい土を足して株を安定させる

4 草丈が30㎝以上になったら化成肥料10gを全体にまく。株の基部が白くなるようにまし土をする

2 収穫

花茎が伸びるころには株元も肥大します。開花する前に、株の外側から必要に応じてかき取るか、地際から切り取って収穫します。

外側から1枝1枝かき取ると長く収穫できる

置き場所 日当たりのよい場所

コンテナサイズ プランター

栽培用土 ハーブ用の配合土

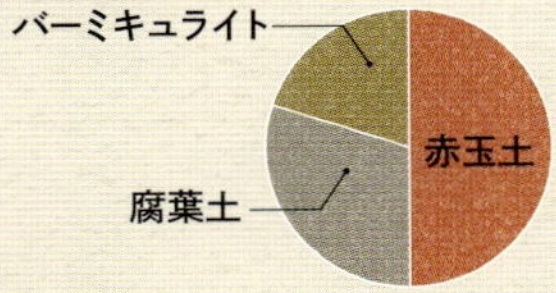

石　　灰：用土10ℓ当たり 10～20g
化成肥料：用土10ℓ当たり 10～20g

栽培カレンダー

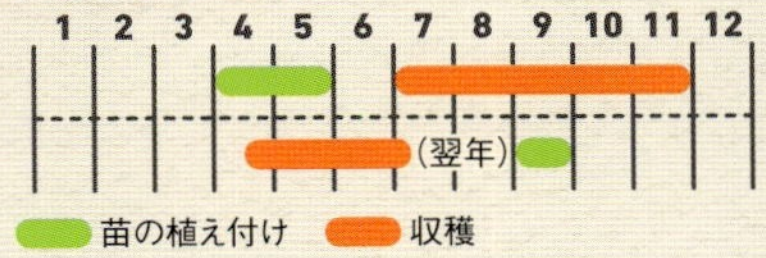

栽培のポイント

- 直根性で移植を嫌うので、直まきにするか、幼苗の時期に移植します。
- 日が長くなると花芽ができる性質があるため、フローレンスフェンネルは短日条件になる時期に栽培すると、株元が肥大します。
- 寒さには強いが、冬はできるだけ寒風の当たらない場所で育てます。

チャイブ

ユリ科

1 苗の植え付け

地下茎が分球してふえていくので、1本ずつ植えるのではなく、数本まとめて植え付けます。風や雨に当たって根際から折れないように、やや深植えにします。市販の苗を植えると簡単です。

1 鉢底に防虫網を敷き、ウォータースペースを残して用土を入れる

2 根鉢より大き目の植え穴を掘る

3 根鉢を崩さないように苗を抜く

4 数本をまとめて2～3cmほどの深さに植え、水をやる

置き場所 日当たりのよい場所

コンテナサイズ プランター または 鉢

栽培用土 ハーブ用の配合土

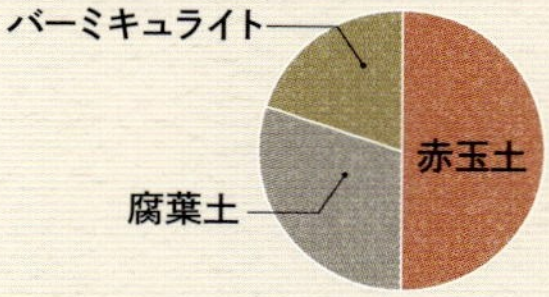

石　　灰：用土10ℓ当たり 10～20g
化成肥料：用土10ℓ当たり 10～20g

栽培カレンダー

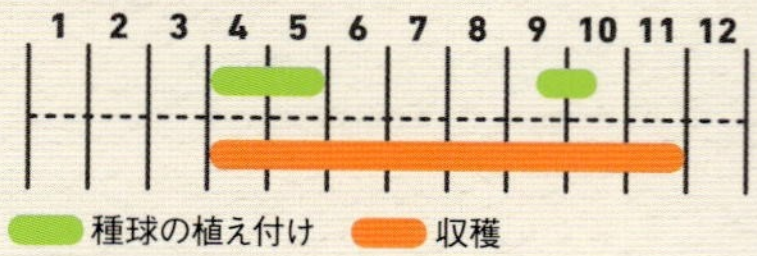

栽培のポイント

- 夏の高温と乾燥に弱いので、できるだけ涼しく管理します。
- 旺盛に育つので、根詰まりしたら一回り大きなコンテナに植え替えます。
- 水や肥料が切れると葉先が黄変するので、液肥を水やりを兼ねてを定期的に施しましょう。大株になったら株分けします。

2 追肥

気温の上昇とともに葉がふえていき、旺盛に生長します。肥料不足にならないように追肥を定期的に施します。化成肥料は月に1度、液肥なら週1回、水やり代わりに施します。早春、芽出しの前に少量の化成肥料を入れた用土でまし土しておくと、春の生長を助けます。

1 草丈が10cm程度になったら、化成肥料3～5gをまく

2 軽く土に混ぜ込み株元に寄せる

3 収穫

草丈が
20cm
以上

草丈が20cm以上になったら収穫できます。春から秋の生育期間中は、株元から切り取り追肥を施すと、再び伸びて何度か収穫できます。

1 地際から3～4cm残して、刈り取る

2 刈り取り後、液肥を施し再生を促す

栽培のヒント 株分けでふやす

1、2年もすると株がふえて密生し、養分を奪い合って葉も細くなります。できれば毎年掘り上げ、株分けをして植え替えましょう。株分けの適期は4～5月と9月中旬～10月中旬です。

地際から1cmくらい残して切る

3～4本で1株になるように株を分ける

15～20cm間隔で植え付ける

シソ科

ジル

置き場所 日当たりのよい場所

コンテナサイズ プランター または 鉢

栽培用土 ハーブ用の配合土

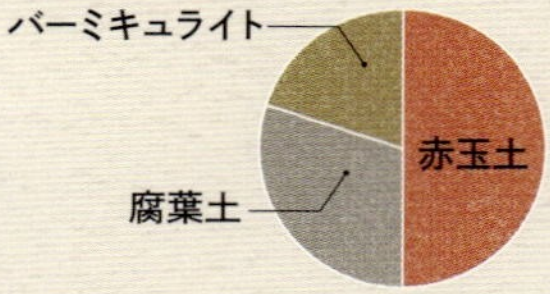

石　灰：用土10ℓ当たり 10～20g
化成肥料：用土10ℓ当たり 10～20g

栽培カレンダー

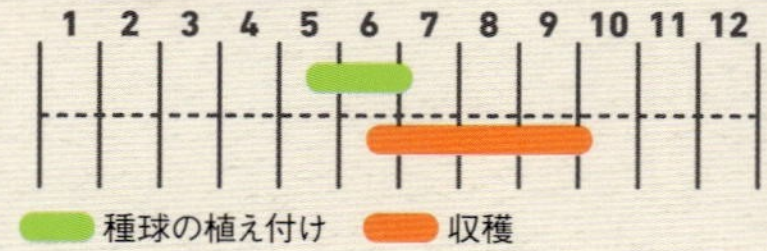

栽培のポイント

- 摘心を繰り返して、コンパクトに仕立てます。
- 乾燥させると品質が落ちます。鉢土が乾きすぎないように水やりしますが、液肥を水やり代わりに施し続けると効果があります。
- 花を咲かせると株が消耗するので、花穂は早めに切り取ります。

1 苗の植え付け

タネからも育てられますが、市販の苗を購入して栽培すると早くから収穫できます。本葉4～5枚の緑の濃いしっかりした苗を選びます。標準プランターなら3株植えられます。

1 鉢底に防虫網を敷き、ウォータースペースを残して用土を入れる

2 コンテナの中心に根鉢より大きな植え穴を掘る

3 根鉢を崩さないようにポットから苗を出す

4 植え穴に苗を置き、周りの土を寄せて植え付ける

5 たっぷり水をやる

2 摘心・摘蕾《てきらい》

草丈が15㎝ほどに伸びたら主茎を摘心して、わき芽を出させ、こんもりと育てます。温度の上昇とともに旺盛に育ち、6月中、下旬にはつぼみがつくので早めに摘み取ります。その後もわき芽が伸びて収穫が続けられます。

1 主茎を摘心してわき芽の発生を促す

2 花が咲くと葉が硬くなるので、つぼみのうちに切り取る

3 花穂は葉をつけて切り戻す

3 追肥

植え付けて2週間後くらいから追肥を施します。肥料が切れると下葉が黄色くなり勢いがなくなるので注意しましょう。

生育中は液肥を5〜10日に1回、水やり代わりに施す

4 収穫・切り戻し

生育期間中はいつでも収穫できます。わき芽が7〜8㎝伸びたら本格的な収穫のスタート。7月中旬に収穫を兼ねて切り戻すと秋までにまたこんもりと茂り収穫できます。長く収穫するコツは早め早めに花穂を切り取ることです。

5〜6㎝を茎ごと切り取る

枝の半分を切り戻す

切り戻した後、液肥を施す

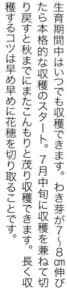

1 植え付け・管理

ミントの仲間は交雑しやすいため、タネをまくより気に入った香りの苗を購入して育てたほうがよいでしょう。夏は半日陰に置き、水切れに注意します。収穫が始まったら化成肥料なら5gほどをコンテナ全体に施します。

1 根鉢の高さを考慮して6分目ほど用土を入れ、ポットから抜いた苗を用土の上に置く。土を入れて植え付ける

2 植え付け後にたっぷり水をやる

3 収穫できるように育ったら、月に2回ほど液肥を施す

2 収穫

春~秋まで収穫できます。2年目からは開花前に収穫を兼ねて切り戻し、日陰に吊るして乾燥保存します。

1 わき芽の上で切り取ると、わき芽が伸びて再び収穫できる

2 梅雨の前に収穫を兼ねて切り戻し、蒸れを防ぐ

置き場所 日当たりのよい場所

コンテナサイズ プランター または 鉢

栽培用土 ハーブ用の配合土

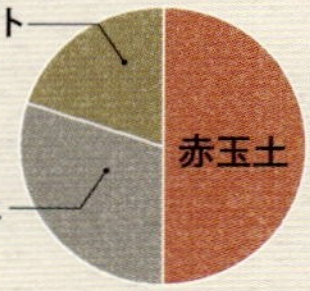

石　　灰：用土10ℓ当たり 10~20g
化成肥料：用土10ℓ当たり 10~20g

栽培カレンダー

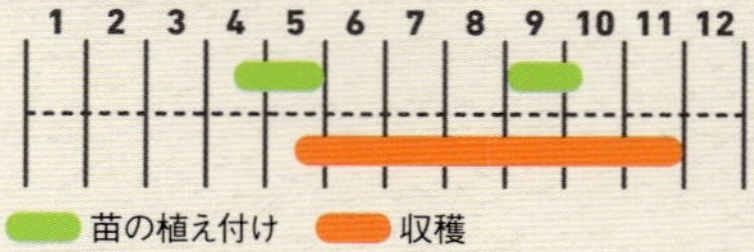

栽培のポイント

- 生育旺盛で根詰まりしやすいため、毎年株分けや植え替えをして株をリフレッシュさせましょう。
- 強い日ざしは嫌うが、日光不足になると株が弱々しくなるため、1日に1~2時間、日が当たる場所に置きます。
- 寒さには強いが、夏の乾きすぎ、過湿に注意しましょう。

1 植え付け・管理

インド南部、スリランカ原産なので、十分に気温が上がってから植え付けましょう。春から秋の生育期は月に1～2回追肥を施し、霜が降りる前に地上部を株元から10～15㎝で切り取って室内に取り込みます。

1 コンテナの底が見えなくなるくらい鉢底石を敷き、ウォータースペースを残して用土を入れる。ポットから苗を抜き、茶色や黒ずんだ根を取る

2 周りの土を寄せて植え付け、株元を押さえ、たっぷり水をやる

3 生育期は化成肥料10gを施し、土に混ぜ込む

4 霜が降りる前に地上部を刈り取り、室内に入れる

2 収穫

草丈が30㎝くらいになったら収穫できます。ドライにするときは、晩秋に葉が緑のうちに株元から10㎝上あたりで切り取り、風通しのよい場所で陰干しします。

必要な分だけ株元から10㎝ほど上あたりで切り取り、残した株に化成肥料を施す

ドライで保存

ドライで保存するときは、晩秋になって、まだ緑色を保っているうちに葉をすべて切り取り、室内に吊るして乾燥させます。

置き場所 日当たりのよい場所

コンテナサイズ 深鉢

栽培用土 ハーブ用の配合土

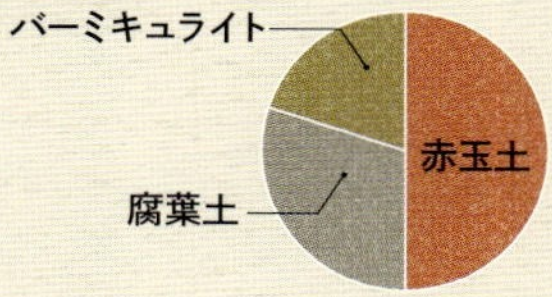

石　灰：用土10ℓ当たり 10～20g
化成肥料：用土10ℓ当たり 10～20g

栽培カレンダー

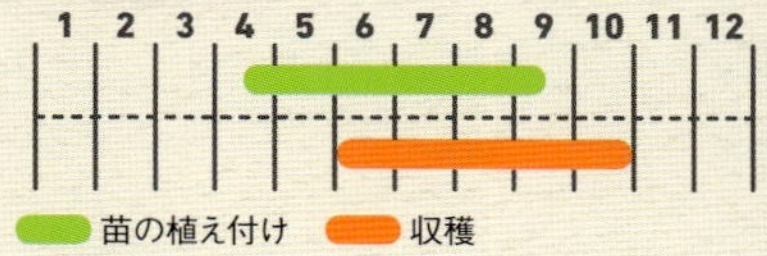

栽培のポイント

- 高温多湿を好むハーブです。寒さに弱いので晩秋に地上部を切り、明るい室内に置きます。
- 水切れに弱いため、特に真夏は水やりに努めます。
- 大株になると株の中心部が枯れ込むので、1～2年に1度、春に株分けして植え替えます。

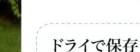

1 植え付け・管理

タネから育てると収穫まで3年くらいかかるので、苗を購入してスタートします。過湿を嫌うため、梅雨の時期は特に注意します。

1 防虫網を敷き、ウォータースペースを残して用土を入れ、根鉢より少し大きめの植え穴を掘る

2 根鉢を崩さないように苗を抜き、土を寄せて植え付け、株元を押さえる

3 たっぷり水をやる

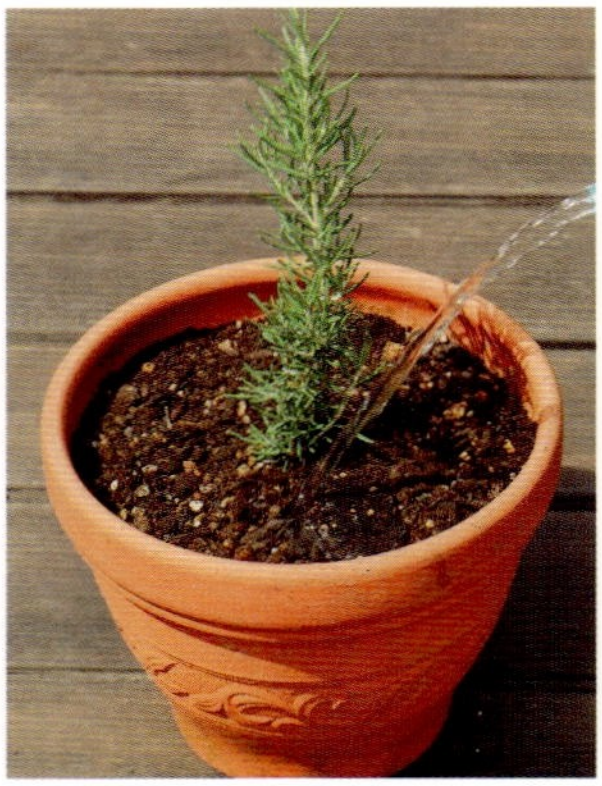

4 4～5月と9～10月の年に2回、化成肥料5gを施す

2 収穫

常緑なので生葉はほぼ1年中摘んで利用できますが、植え付けて1年目は収穫を控えます。梅雨前に込み合った枝を収穫を兼ねて切り戻し、風通しをよくして蒸れを防ぎます。剪定《せんてい》した枝は乾燥保存します。

厳寒期を除いて枝先を切って収穫する

置き場所 日当たりのよい場所

コンテナサイズ プランター または 鉢

標準　標準

栽培用土 ハーブ用の配合土

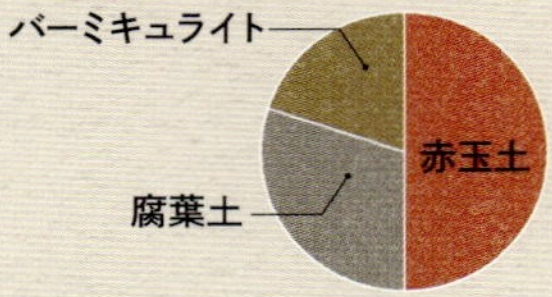

石　　灰：用土10ℓ当たり 10～20g
化成肥料：用土10ℓ当たり 10～20g

栽培カレンダー

栽培のポイント

- 旺盛に育ち、根詰まりしやすいので、1年ごとに一回り大きなコンテナに植え替えましょう。
- 日当たりと風通しのよい場所にコンテナを置き、乾燥気味に管理します。
- 寒冷地では、冬は室内の明るい窓辺に置き、そのほかの地域では寒風を避けられる場所に置きます。

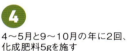

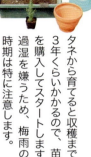

PART

6

簡単に育てられる

モヤシとスプラウト

コン

置き場所 光の当たらない場所に置き、双葉が出たら明るい場所に移す

容器 やや深さがあり口が広めの容器が栽培しやすい

- 牛乳パック
- イチゴパック
- 食器
- 専用の栽培容器など

栽培用土

- バーミキュライト
- パーライト
- 砂
- 薄手のスポンジ
- 発泡煉石《はっぽうれんせき》
- ゼオライト など

栽培カレンダー

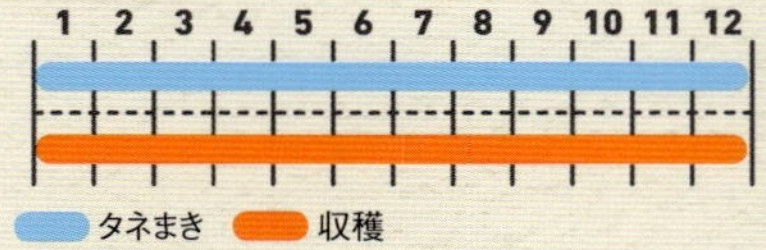

栽培のポイント

- 一般栽培用のタネは殺菌剤による処理がしてあるので、スプラウト（芽野菜）用のタネを購入して育てましょう。
- 専用の水栽培用の容器を利用すると、根を張るための培地が必要ないため、手軽に作れます。
- タネが乾かないように1日に1～2回、霧吹きで水やりをします。

準備するもの

1 タネの吸水

タネは水を含むことによって発芽します。順調に発芽させるために、たっぷりの水の中に一晩つけて十分吸水させます。冬はぬるま湯程度の温水につけると早く発芽します。

1 水で2～3回洗ってごみやタネについた汚れを洗い流す

2 タネの4～5倍の水に浸して暖かい場所に置く

2 タネまき

プランターや鉢に砂やバーミキュライトを入れてタネをまく方法もありますが、発泡煉石やキッチンペーパー、スポンジなどを用土代わりの培地に利用することもできます。

1 容器の底によく洗ったゼオライトを薄く敷く。霧吹きで水をかけ、十分湿らせる

2 水気を切ったタネを、ゼオライトが見えなくなるくらいの厚さに均一にまく。霧吹きで水を与える

3 遮光

光を当てないことによって、長く軟らかく育ちます。アルミホイルで覆ったり、段ボール箱に容器ごと入れて光を当てずに発芽、伸長させます。

段ボール箱に入れ、ふたをして遮光する

4 霧吹き

15℃以上の暖かい室内に置きます。1日に1〜2回換気を兼ねて霧吹きで水を与えると、5〜7日で5㎝くらい伸びて子葉が開きます。

1 タネが乾かないように1日に1〜2回、霧吹きで水を与え、段ボール箱に戻す

2 芽が4〜5㎝伸びたら段ボールから出す

光の当たる場所に移動して緑化させる

POINT
収穫までは
霧吹きで水を与える

5 収穫

タネまき後7〜10日ほどで収穫できます。茎が10〜12㎝伸び、子葉が開きかけた状態で収穫するのがベターです。

使う分だけハサミで切って収穫する

タネまき後
7〜
10日

準備するもの

1 タネを洗う

水で2～3回洗ってごみやタネについた汚れを洗い流します。水に浮き、指でつついても沈まないタネは発芽しないので捨てます。

1 ボウルに水を張り、水に浮くタネやごみを取り除く

2 ざるで水を切る

置き場所 適度な温度と暗さを保てる場所

容器
- 広口ビン
- 広口で深さのあるカップなど

使用する容器は、熱湯消毒しておく

栽培用土 用土は使わず、タネを水で湿らせて育てる。すすぐ水は冬はぬるま湯程度の暖かさだと生育が早まる

栽培カレンダー

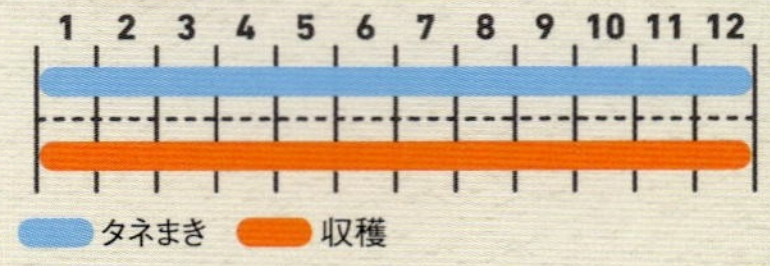

栽培のポイント

- 一般栽培用のタネは殺菌剤による処理がしてあるので、モヤシ用のタネまたは食用の乾物を購入しましょう。
- 使ったタネの10倍以上に育つので、できたモヤシがうまく出せるように広口の容器を使いましょう。
- 1日2回、水でよくすすぎ、しっかり水切りをして清潔に保ちます。

2 タネの吸水

タネは水を含むことによって発芽するので、たっぷりの水につけて十分吸水させます。吸水時間は5～12時間以内で、小さなタネほど短時間でよいが、ダイズは6時間以上水につけると発芽が悪くなるので注意します。

1 水切りしたタネを容器に入れ、タネの高さの5倍ほどの水を入れる

2 容器の口をガーゼやネットで覆い、輪ゴムでとめて1晩置く

3 すすぎ・水の取り替え

毎日欠かせないのが水でよくすすぎ、しっかり水を切ることです。すすぎは、朝と夕方2回行います。すすぎは、タネや芽を湿らせ、同時に古い空気を押し出して新しい空気を根に届け、雑菌も洗い流す役目もします。すすぐときは静かにゆすってから水を捨てます。芽が出てからは乱暴にすすぐと、芽が折れて腐る原因になるので注意します。

1 1晩吸水した後、ネットをつけたまま、静かに水を捨てる

2 受け皿に口を下にして置き、よく水を切る。ネットの上から新しい水を入れ、水をまわすように容器を揺らしてタネを洗う

POINT

水が残っていると腐敗の原因になるのでよく水を切る

4 遮光

光を当てないことによって、長く軟らかく育ちます。アルミホイルで覆ったり、段ボール箱に容器ごと入れて光を当てずに発芽、伸長させます。

すすいだ後、段ボール箱に入れふたをして遮光する

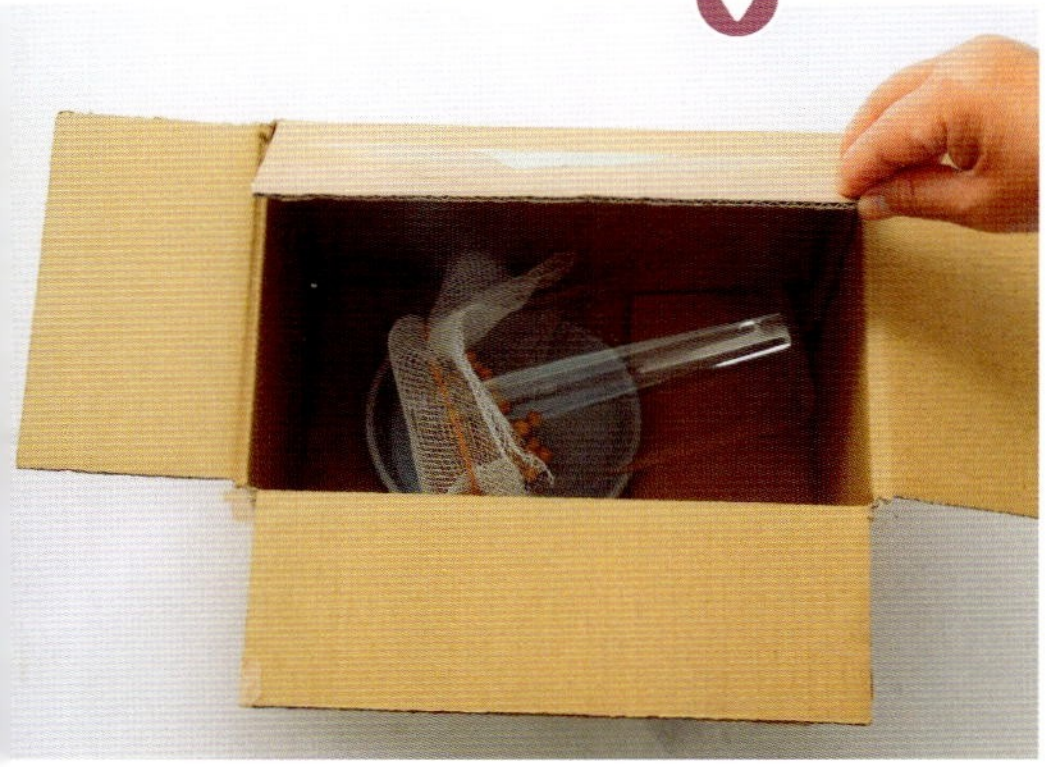

5 収穫

遮光してから5～10日で収穫できます。モヤシの白い部分（胚軸）が5～7㎝になったら収穫適期。根から支根が伸び始めたら食べごろを過ぎています。

容器から出し、すすぎ洗いして水気を切る

よいタネを使い、適度な温度と暗さを保てる場所に置き、過不足ない湿り気と通気を保てば、栄養満点のモヤシとスプラウトが、一年中栽培できます。

冬は室内でモヤシとスプラウトを育てよう

モヤシやスプラウトは、容器にタネを入れ、霧吹きや、水を注いで、捨てることを繰り返すと絡み合いながら伸びていきます。水分の多い市販のモヤシと異なり、小さなうちに収穫する手づくりのモヤシやスプラウトは味が濃厚で、歯ごたえも違います。

タネまきから収穫まで7～10日と栽培期間も短く、眺めて楽しむインテリアとしても活躍します。特に栽培する野菜の少ない冬こそぜひチャレンジしてみましょう。

専用の水栽培用容器を使って

中敷が培地の役割を果たし、容器に水をためておくだけでスプラウトが簡単につくれます。ほかにもタネとタネまき用のスポンジがセットされたものなど、いろいろなものが市販されていますから、利用するとよいでしょう。

水栽培用容器セット

おすすめモヤシ

モヤシはマメ類や穀類などでつくります。光に当てないで育て、双葉が開く前の白い状態で食べます。自分でつくるとちょっと変わった、コクのあるモヤシがつくれます。タネはモヤシ用か食用の乾物を使います。野菜用のタネは殺菌剤などで処理されていることが多いので、使わないように注意します。

おすすめスプラウト

さまざまな色や形の新芽が愛らしいスプラウト。発芽したての新芽は栄養素がたっぷりで、モヤシと違って光を当てて双葉を緑色にするのが特徴。育てる、眺める、食べるの喜びが得られ、手軽に栽培できるのも魅力です。たくさんの種類のタネが出回りますが、必ずスプラウト用のタネを購入して育てましょう。

つまもの（和製スプラウト）

刺し身のつまに使われるアカジソ、アオジソの芽やハマボウフウ、ヤナギタデの芽、伸び出したばかりの糸のように細い芽ネギなど、日本料理で「芽もの」と呼ばれるものもスプラウト。日本では昔から食卓の彩として利用されてきました。

グリーンマッペ
市販品でおなじみの緑豆モヤシ。シャキシャキした歯ざわりが特徴

ラッカセイ
白い部分が太くシャッキリして、炒めるとラッカセイ特有のコクが味わえる

レンズマメ
発芽しやすいので栽培が容易。炒めたり茹でるとマメの甘みが増す

アズキ
白い部分があまり伸びないので、3～4㎝ごろが食べごろ。風味がよい

アルファルファ
牧草の一種で、独特の風味とシャキシャキ感がある。スプラウトにもできる

九条ネギ
和製スプラウトでおなじみの芽ネギ。ハサミなどで刻んでスープなどに利用してもよい

ブロッコリー
発芽しやすく栽培が容易。発ガン予防の効果があるとされるスルフォラファンが豊富

ソバ
すらりと伸びた赤みがかった色合いが美しく、シャキシャキした歯ごたえがある

紫キャベツ
レッドキャベツの名で出回る。紫色はアントシアニンという色素で、味はマイルド

トウミョウ（エンドウ）
エンドウの芽で、大きめに育つスプラウト。炒め物など中華料理に向く

ハマボウフウ
セリ科特有の芳香があり、刺し身のつまのほか、吸い物の椀だねにも利用される

芽ジソ
紫芽《むらめ》とも呼ばれる赤ジソの若芽。白身魚の刺し身のつまに使われる

芽タデ
ヤナギタデの栽培種で、ピリッとした辛味が特徴

コンテナ菜園 用語集

あ

赤玉土〔あかだまつち〕
赤土が乾燥した有機質を含まない弱酸性土で、水はけ、水もち、通気性がよい。腐葉土などの土壌改良材と混ぜて使われることが多い。「大粒」、「中粒」、「小粒」がある。

浅植え〔あさうえ〕
苗や種球《しゅきゅう》を植えるとき、普通より浅めに植えること。

あんどん仕立て〔あんどんじたて〕
つる性の野菜に利用する。数本の支柱にワイヤーなどで作った輪を2～3段固定したあんどん支柱に、つるを絡ませて栽培するコンテナ植えでの仕立て方。

育苗〔いくびょう〕
タネをまいてから苗が生長するまで環境を整え、しっかりした丈夫な株に育てること。

1番花〔いちばんか〕
その株で最初に咲く花、花房。

1本立ち〔いっぽんだち〕
苗を間引いて1本だけで育てること。

植え傷み〔うえいたみ〕
植え付けや植え替えのときに起こる障害。根が切られるなどして、一時生育が止まったり葉が落ちたりし、ひどいときには枯れることもある。

植え付け〔うえつけ〕
定植《ていしょく》のこと。タネをまいて育てた苗や購入した苗などを、最終的に育てる場所（コンテナや花壇、畑）に植えること。

ウォータースペース
コンテナに植物を植えるとき、コンテナの縁より数センチ低くなるように用土を入れ、水やりのときに一時的に水をためる空間。水代《みずしろ》ともいう。鉢が大きいほどウォータースペースも深くとる。

腋芽〔えきが〕
茎の先端の芽（頂芽）に対し、葉のつけ根から出る芽のことで、わき芽、側芽ともいう。

液肥〔えきひ〕
液体肥料。液体状の肥料のことで、原液を薄めて使うもの、粉末状の肥料を水にといて使うもの、そのまま使うものがある。即効性があり、追肥に向き、葉面散布《ようめんさんぷ》も可能。

雄しべ〔おしべ〕
細長い糸状の花糸と、その先端にある葯《やく》からなり、葯の中には花粉が入っている。

遅霜〔おそじも〕
晩春から初夏にかけて降りる霜のこと。春に植えた植物がダメージを受けるので、天気予報で遅霜の予報が出たら、霜よけをしたり、軒下にコンテナを移動させて霜の害から守る。

親づる〔おやづる〕
つるを伸ばす植物で、最初に中心に伸びるつるのこと。その植物の主となる茎の部分で主枝ともいう。親づるから出たつるを子づる、子づるから出たつるを孫づると呼ぶ。

オベリスク
もともとは四角い石造りの塔のこと。それが転じて庭では三角錐や円錐などの先端をとがらせたタワー形の構造物を指し、つる植物の誘引に使う。

か

外葉〔がいよう、そとば〕
中心から出る新しい葉を包んでいる外側の葉のこと。キャベツやハクサイ、レタスなど結球した部分の外側に広がっている葉。

果菜〔かさい〕
トマトやカボチャなど実を食す野菜。普通は豆類、果物も含める。

化成肥料〔かせいひりょう〕
化学肥料の中で、窒素、リン酸、カリのうち2種類以上混合して粒状化したもの。成分比が明示されているので、必要に応じて使い分けるとよい。

活着〔かっちゃく〕
コンテナや花壇などに植え付けた苗が根づくこと、また、挿し木や接木した植物が根づき、生育しているさま。

株間〔かぶま〕
株の中心から、隣の株の中心までの距離。植物の大きさによって変える。

株元〔かぶもと〕
根元を指し、植物が地面に触れている部分。

花蕾〔からい〕
つぼみのこと。ブロッコリーやカリフラワーはこの花蕾を食べる。

カリウム肥料〔かりうむひりょう〕
カリウムを主成分とする肥料のこと。カリウムは肥料の三要素のひとつで、根の生育を促し、植物が丈夫に育つようにしてくれるので「根肥《ねごえ》」ともいう。

緩効性肥料〔かんこうせいひりょう〕
施してからゆっくりと効果の現れる肥料。

完熟堆肥〔かんじゅくたいひ〕
原料の有機質が完全に分解され、熟成が進んだ堆肥。

寒冷紗〔かんれいしゃ〕
日よけに用いる網目状になった布。遮光のほか、植物を寒さから保護するときや虫や鳥の害などを防ぐときも利用できる。

希釈倍数〔きしゃくばいすう〕
農薬や液体肥料の原液などを水で薄めて使用する際の薄める倍数のこと。

強剪定〔きょうせんてい〕
剪定の程度を表す言葉で、大きくなりすぎた樹木を小さくする場合、あるいは思いきった樹形改造などの際、長い枝を一気に短く切りつめること。

切り戻し〔きりもどし〕
伸びすぎた枝や茎を、つけ根または途中で切りつめること。切り戻すことによって下から元気な枝や茎が伸びてくるので、クウシンサイやモロヘイヤ、ツルムラサキなどは収量がふえる。

苦土石灰〔くどせっかい〕
園芸用の石灰（カルシウム）で、苦土（マグネシウム）を含むものを指す。植えつけ場所にこれをまいてよく耕すと、土の酸度調整と肥料という二重の効果が期待できる。

クラウン

地際にある節間が短くなって肥大した茎の部分で、イチゴはこの部分を埋めないように植える。

結球〔けっきゅう〕

キャベツやレタス、ハクサイなど内側の葉が重なり合って巻き、球状になること。球状になった葉を結球葉《けっきゅうよう》、または内葉《ないよう》と呼ぶ。

茎頂〔けいちょう〕

茎の先端付近。細胞分裂が盛んで、生長点でもある。

嫌光性種子〔けんこうせいしゅし〕

光が当たると発芽しにくいタネ。タネまき後、覆土を十分にする必要がある。

好光性種子〔こうこうせいしゅし〕

光が当たらないと発芽しにくいタネ。タネまき後、ごく薄く覆土するか、タネをまいた容器に新聞紙などをかけて管理する。

腰水〔こしみず〕

「腰水《こしみず》灌水《かんすい》」の略。水やりのひとつで、浅い容器などに水を張り、そこに鉢を入れて、鉢底穴から水を吸わせるやり方。

根菜〔こんさい〕

根が肥大した部分を食べる野菜。ニンジンやダイコン、イモ類など。

コンテナ

植物を植える容器の総称。鉢、プランター、木製の樽など、材質や形、大きさなどは問わない。

コンパニオンプランツ

近くに植えたり、混植するとお互いがよい影響を与える組み合わせの植物。

さ

直まき〔じかまき〕

植物を栽培する花壇や菜園、コンテナなどに直接タネをまくこと。

敷きわら〔しきわら〕

マルチングの1種で、株の周りや栽培場所全体にわらを敷き詰めること。乾燥防止や保温、雨による泥の跳ね上げなどを抑える効果がある。

シード

タネのこと。ハーブのフェンネルやコリアンダーなどはシードを収穫して料理に利用する。

地ぎわ〔じぎわ〕

地上部のうち、地面に接しているあたり。

支柱〔しちゅう〕

草丈の高い植物や幼苗、幼木などが風で倒れないように、またつる性の植物が生長しやすいように、あらかじめ立てておく棒などの支え。

子房〔しぼう〕

雌しべの基部のふくらんだところ。

遮光〔しゃこう〕

夏、直射日光に当たると葉やけを起こすので寒冷紗やヨシズなどを張って光を遮り、植物を保護すること。

種球〔しゅきゅう〕

繁殖用の球根のことで、アサツキやワケギ、ラッキョウ、エシャレットなどは休眠中の種球を植えて栽培を始める。ジャガイモやサトイモなどは種イモという。

主枝〔しゅし〕

株の中心となる太い茎や枝

子葉〔しよう〕

植物体に最初につくられる葉のことで、多くは発芽後しばらくしてなくなる。双子葉植物の場合は、双葉とも呼ぶ。

小果樹〔しょうかじゅ〕

食べる実をつけるあまり大きくならない樹木で、主にブルーベリーやラズベリー、グーズベリーなどのベリー類を指す。

人工授粉〔じんこうじゅふん〕

ウリ科の野菜などで、人為的に雌しべに雄花の花粉をつけること。花粉を媒介する昆虫があまり来ないような高層のベランダや、低温、降雨、強風などのときも確実に受粉させることができる。

水和剤〔すいわざい〕

殺菌剤の形状。細かく砕いた有効成分を水で練って糊状にし、規定の水に薄めて使う。

条まき〔すじまき、じょうまき〕

タネまきの方法のひとつで、すじ状にタネをまくこと。まっすぐなまき溝をつくってタネをまく。

スプラウト

「芽もの野菜」で、カイワレダイコンやブロッコリーなど発芽して間もない幼植物を利用する野菜の総称。

節間〔せつかん〕

葉の付け根と付け根の間。

剪定〔せんてい〕

枝や茎を切る作業。日当たりや風通しがよくなり、新芽の数もふえる。ナスは7月下旬に剪定すると秋にまた収穫できる。

側芽〔そくが〕

➡腋芽《えきが》

速効性肥料〔そっこうせいひりょう〕

施すとすぐに植物に吸収されて効果が現れる肥料。液肥などがある。

た

耐寒性〔たいかんせい〕

寒さや低温に耐えられる性質のことで、植物が寒さに強いものを「耐寒性がある」という。

耐暑性〔たいしょせい〕

暑さに耐えられる性質。

堆肥〔たいひ〕

落ち葉、枯れ葉、家畜のふんなどを積み重ねて、発酵させた土壌改良剤で、わずかに肥料成分を含む。

耐病性〔たいびょうせい〕

病気になりにくい性質。

多年草〔たねんそう〕

1年だけではなく、2年以上にわたり、生長サイクルを繰り返して生き残る植物。

遅効性肥料〔ちこうせいひりょう〕

ゆっくりと効果が現れる肥料で、油粕、骨紛などの有機質肥料の大部分がこれに当たる。無機肥料（化成肥料）などもある。

窒素肥料〔ちっそひりょう〕

窒素を主成分とする肥料。窒素は肥料の3要素のひとつで、植物の葉や茎を育てるので「葉肥」とも呼ばれる。

千鳥に植える〔ちどりにうえる〕
苗を2条以上植えるとき、日照や通風をよくするために隣の条と重ならないように、互い違いに苗を植えることをいい、千鳥模様に植えるとも言う。

中耕〔ちゅうこう〕
降雨や水やりで硬くなった土を軽く耕し、水や空気の通りをよくすることで、追肥と土寄せをセットで行うと効果的。

直根性〔ちょっこんせい〕
ダイコンやニンジンのように主根がまっすぐに深く伸びる性質。移植を嫌うため、タネをまくときは直まきにする。

追肥〔ついひ、おいごえ〕
植物が育ち始めてから施す肥料で、植物の生育状態に合わせて施す。即効性のある液肥や化成肥料が代表的。

接木苗〔つぎきなえ〕
病気に強い丈夫な品種を台木にして接木した苗。

土寄せ〔つちよせ〕
倒伏を防いで根張りをよくするために、小さな苗や株の根元に土を寄せて盛り上げること。

つるぼけ
窒素肥料を施しすぎて茎や葉ばかりが茂り、花や実がつかない状態。

定植〔ていしょく〕
➡植え付け

摘心〔てきしん〕
ピンチともいい、枝や茎の先端にある芽先(芯)を摘み取ること。摘心すると、わき芽の発生や分枝が促される。徒長や大きくなるのを抑えたいときにも効果がある。

点まき〔てんまき〕
タネのまき方の一つ。一定の間隔で、1か所に1粒あるいは数粒ずつタネをまくこと。

とう、とう立ち〔とうだち〕
アブラナ科の野菜などで花茎のことをとうと呼び、花茎が伸び出てくることを「とう立ち」という。とう立ちして花が咲くと株の勢いがなくなるため、花茎を食用とする以外は早めに摘み取る。

土壌改良材〔どじょうかいりょうざい〕
植物の生育に最適な土壌にするため、土に混ぜ込むもので、堆肥や腐葉土が使われる。

土壌酸度〔どじょうさんど〕
土壌の酸性の強度。pHで表され、pH7が中性の値でこれより小さい場合は酸性、大きい場合はアルカリ性という。

徒長〔とちょう〕
密植や光量不足などで、茎や枝がひょろひょろと細長く伸びて、弱々しく生育すること。間引きなどをしっかり行うとよい。

トンネル
野菜のタネまきや植え付け後、コンテナや畝に支柱を立ててビニールや寒冷紗をかけてつくるトンネル状のもの。

な

根腐れ〔ねぐされ〕
水のやり過ぎや通気が悪いと根が腐って衰弱する。気づいたときには手遅れの場合が多い。

根鉢〔ねばち〕
ポットやコンテナから抜いたときに根と根の回りについている土の塊。植え付けるときはこの根鉢をくずさないように注意すると活着がよい。

は

培養土〔ばいようど〕
数種類の土や堆肥、肥料などを混ぜ合わせたもので、コンテナで植物を育てるときに使う土。

ハス口〔はすぐち〕
ジョウロの先につける、小さな穴がたくさんついた部分。ハスの花托《かたく》によく似ているので名づけられた。

鉢上げ〔はちあげ〕
タネをまいて育てた苗やさし木、さし芽苗を、鉢や育苗箱から2〜3号のポリポットなどに植えなおすこと。発根を確かめ、根を切らないように注意して行う。

鉢底石〔はちぞこいし〕
ゴロ土ともいい、コンテナに植えるとき水はけと通気性をよくするため、用土を入れる前に鉢の底に入れる軽石などのこと。

ハーブ
花、葉、茎が料理やティー、ポプリ(芳香剤)、染料、医薬品などに用いられ、人の生活に役立つ植物をいい、全体に香りがあるものが多い。

ばらまき
タネのまき方の一つ。全面に重ならないようにパラパラとタネをまく方法。

ハンギングバスケット
吊り鉢に植物を植えて空中に吊るしたり、壁に掛けたりして植物を楽しむ園芸方法のひとつ。空間を利用して植物を立体的に演出できる。

半日陰〔はんひかげ〕
木漏れ日が当たる環境をいい、1日3〜4時間くらい日が当たる場所。

pH〔ぴーえいち、ぺーはー〕
土壌酸度を示す単位。pH7を中性とし、多くの野菜は弱酸性を好み、PH6・2〜6・5に調整するとよい。

肥培〔ひばい〕
水や肥料を施して、しっかり育てること。

肥料あたり〔ひりょう(こえ)あたり〕
肥料を施しすぎたり濃度の濃すぎる肥料を施したときに起きる生理現象。根に当たって起こるときは肥料やけや肥やけ、肥料まけという。

肥料三要素〔ひりょうさんようそ〕
植物が特に必要とする葉肥《はごえ》といわれる窒素、実肥《みごえ》といわれるリン酸、根肥《ねごえ》といわれるカリウムの3つの栄養素。

深植え〔ふかうえ〕
苗や球根を深く植えること。ポット苗などは深植えすると根が過湿状態になり、地際の葉や芽が埋もれて枯れたりするので注意する。

覆土〔ふくど〕
タネまきや種球を植えた後に土をかけて、タネや球根を埋めること。好光性種子はごく薄く土をかける。

腐葉土〔ふようど〕
クヌギ、ケヤキ、カシ、シイ、コナラなどの落ち葉を堆積して腐らせたもので、植物の根張りをよくする。

冬越し〔ふゆごし〕
冬の間に枯れずに春に成長できる状態で過ごすこと。

ベタがけ
タネまき後や育苗中に、寒冷紗などを支柱を立てずに全体にかけること。寒さや風除けのほかに防虫効果もある。

ポットフィート
底部が平らなコンテナの下において鉢を浮かせ、水はけをよくするために使う用具。

ポット苗〔ぽっとなえ〕
ポリ製の鉢に植えられた苗。花壇や畑、コンテナに定植して育てる。

ポットまき
タネをポリポットに直接まくこと。定植のときに根を傷めにくいので、移植を嫌う野菜やタネの大きな野菜に適している。タネは1カ所に固めず均一にまく。

ポリポット
タネまきや育苗に使うポリエチレン製の容器。ポットともいう。

本葉〔ほんよう、ほんば〕
子葉の後に出てくる葉のこと。普《ふ》通《つう》葉《よう》ともいう。

ま

まし土〔ましつち〕
コンテナでの栽培では、水やりで減った分の土を新たに足したり、生長に応じて土を補充すること。

間引き〔まびき〕
タネをまいて発芽した後、込み合わないように余分な苗を抜いて空間を作る作業のこと。日当たりや通風をよくして苗を健全に育てるのが目的なので、生育段階に応じて順次、株の数を減らしていく。

マルチング
腐葉土や堆肥、わら、バークチップなどで植物の株もとの土を覆うこと。雨や水やりによる泥はね、土の乾燥、冬の寒さ、夏の西日を防ぐなどの効果がある。

みじん
1㎜目のふるいも通り抜けてしまうほど、ごく細かい土のこと。鉢土に含まれていると通気性や排水性を損なう原因となるので、取り除く必要がある。

水切れ〔みずぎれ〕
植物の体の中に水分が不足している状態。

水はけがよくて水もちがよい
理想的な土の条件を指すいい方。「団粒構造」の土をいう。団粒構造の土は、土の粒子が集まって団子状の塊(これが団粒)をつくり、さらに団粒同士が集まって、さまざまな大きさの団粒ができている状態の土。粒と粒の間の隙間が大きいので水はけがよく、団粒内に水を蓄えるので水もちもよい。

水やり
灌《かん》水《すい》ともいい、植物に水を与えること。鉢植えの場合、水をホースなどで与えると根の生育を阻害して植物に悪影響を与えるため、ハス口のついたジョウロでやわらかく与える。

密植〔みっしょく〕
間隔をとらずに苗を植えること。

無機質肥料〔むきしつひりょう〕
科学的に製造された肥料。有機質のようなにおいがないので、家庭園芸ではよく使われる。

芽かき〔めかき〕
不要なわき芽などをあまり伸びださないうちに摘み取ること。

芽だし〔めだし〕
催《さい》芽《が》とも言う。発芽の時期を早めたり、発芽がそろうように、十分に吸水させたタネを一定の温度に加温して発芽させること。

元肥〔もとごえ〕
植えつけ、植え替えの際に施す肥料で、あらかじめ土に混ぜておく場合と、根の下の方にまとめて入れる場合がある。

や

誘引〔ゆういん〕
植物を支えるため、紐などを使ってつるや枝を支柱などに結び付けていく作業。

有機質肥料〔ゆうきしつひりょう〕
油かす、鶏ふん、牛ふん、骨紛、堆肥など。遅効性で土質の改良に役立つ。有機配合肥料はこれらの肥料を混ぜたもの。

葉腋〔ようえき〕
葉のつけ根部分。

葉菜〔ようさい〕
主に葉を食す野菜。キャベツやハクサイなど。

葉柄〔ようへい〕
葉と枝や茎の間の部分。

寄せ植え〔よせうえ〕
コンテナに根のついた苗などを複数植えること。異なる種類の草花や野菜、樹木を組み合わせるときは、日照や水やりなどの条件が似ている物を選ぶのがポイント。

ら

ラティス
細長い木を格子状に組み、木枠で囲んだもの。庭の一部や壁面、ベランダなどに立てて、つる性植物をからめたり、ハンギングバスケットなどを飾るのに最適。目隠しにも利用できる。

ランナー
ほふく茎、ほふく枝。這うように長く伸びる節間の長い茎やつるのこと。

リン酸〔りんさん〕
肥料の3要素のひとつで「実肥」とも言い、不足すると花つきや実つきが悪くなる。

わ

わき芽〔わきめ〕
茎の先端の芽に対して、葉の付け根から出る芽で、腋《え》芽《き》ともいう。

野菜の各部名称

つる性野菜

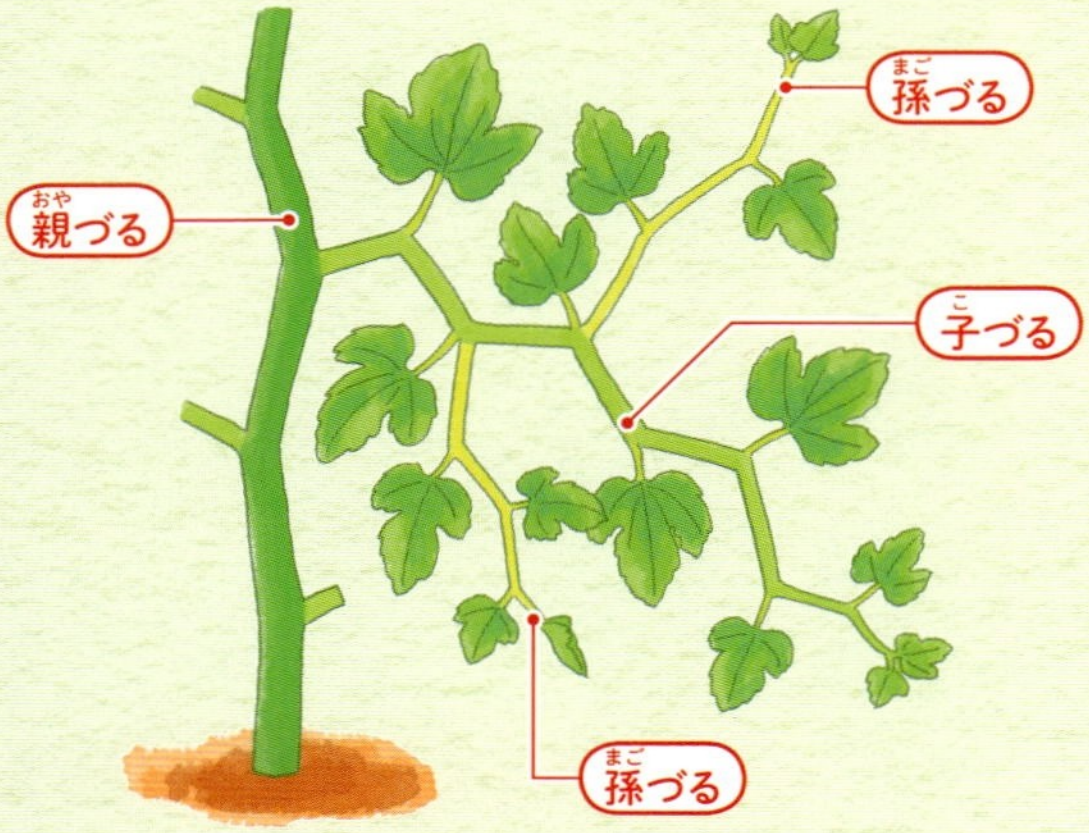

子葉と本葉

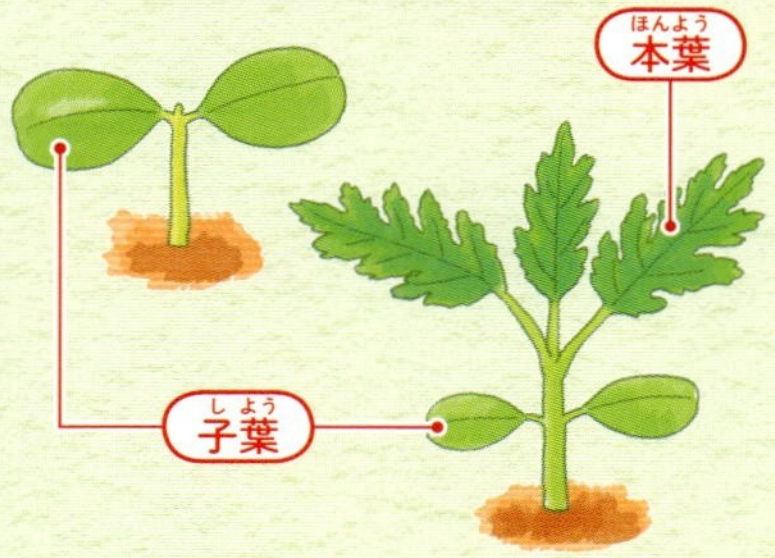

エダマメ等

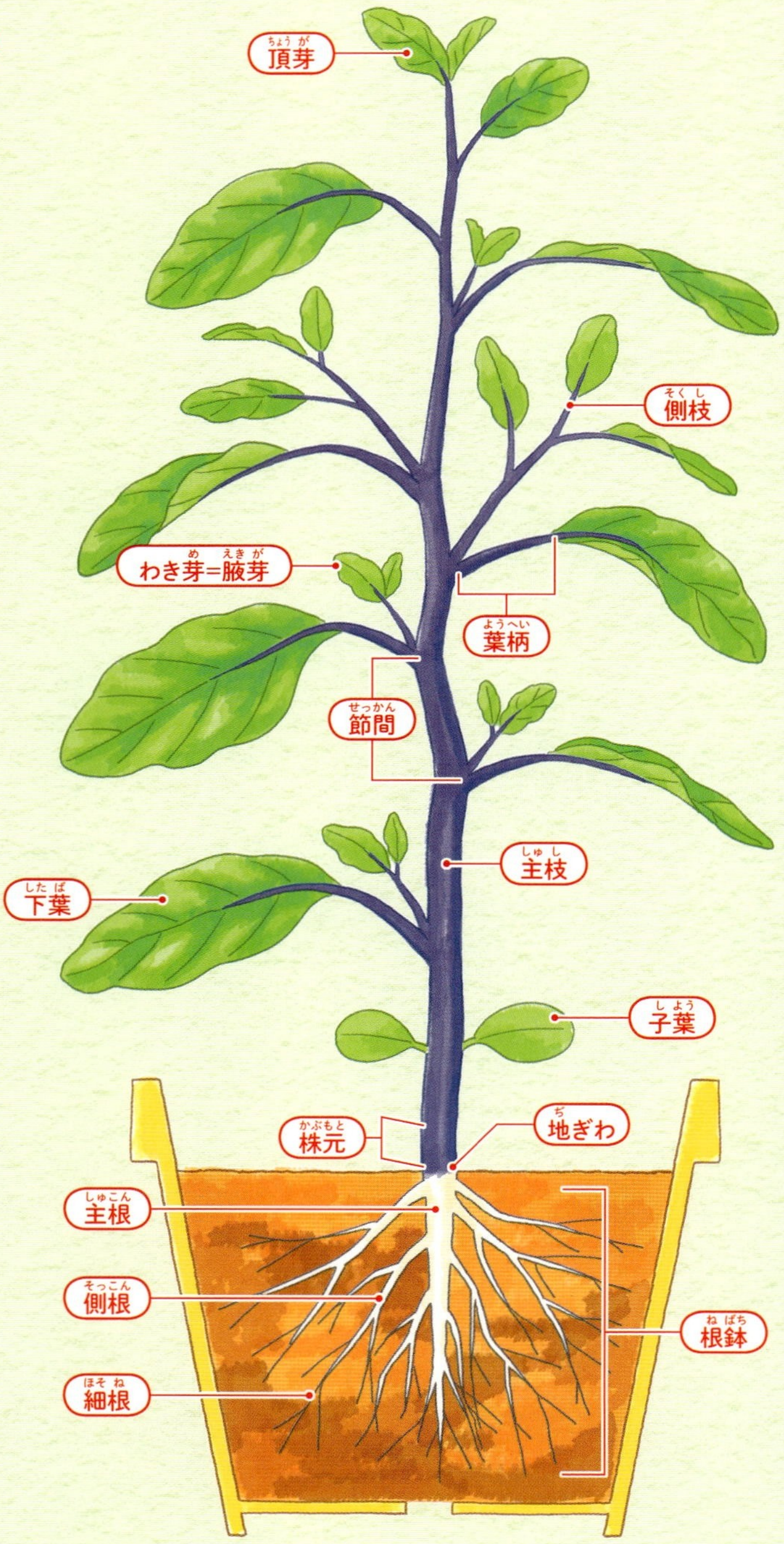

INDEX
索引

著者 **金田初代**（かねだ はつよ）

1945年茨城県に生まれる。東洋大学卒業後、出版社勤務。現在、植物専門のフィルムライブラリー（株）アルスフォト企画に勤務。著書に『花の事典』、『色・季節でひける花の事典820種』、『これだけは知っておきたい 園芸の基礎知識』（以上西東社）、『庭で楽しむ四季の花』、『鉢花&寄せ植えの花』、『花木&庭木図鑑』（以上主婦の友社）、『花のいろいろ』（実業之日本社）、『一日ひとつの花図鑑』、『おいしい山菜・野草の見分け方・食べ方』（PHP研究所）、『季節を知らせる花』（講談社）などがある。

写真 **金田洋一郎**（かねだ よういちろう）

1942年生まれ。滋賀県出身。日本大学芸術学部写真科卒。フィルムライブラリー（株）アルスフォト企画を経営。植物写真を撮って三十余年。園芸植物の写真を中心に撮影活動に従事し、多数の出版物、印刷物に写真を提供。花の写真の撮り方などの著書も多数ある。
ブログ：柿上猿麻呂の「花、菜園、旅」の週間フォトニュース
http://blog.goo.ne.jp/kakinouenosarumaro

撮影協力　日光種苗株式会社、株式会社サカタのタネ
イラスト　西谷 久、竹口睦郁
デザイン　山岸 蒔　北川陽子　宮川柚希　鄭 在仁（スタジオダンク）
編集協力　株式会社帆風社

※本書は、当社ロングセラー『一年中楽しめるコンテナ野菜づくり』（2011年5月発行）を再編集、新たに内容を追加し、書名を変更したものです。

決定版《けっていばん》 一年中《いちねんじゅう》楽《たの》しめるコンテナ野菜《やさい》づくり ８５種《しゅ》

著　者　金田初代
発行者　若松和紀
発行所　株式会社 西東社
〒113-0034　東京都文京区湯島2-3-13
https://www.seitosha.co.jp/
電話　03-5800-3120（代）
※本書に記載のない内容のご質問や著者等の連絡先につきましては、お答えできかねます。

落丁・乱丁本は、小社「営業」宛にご送付ください。送料小社負担にてお取り替えいたします。

ISBN 978-4-7916-2725-7